DIEMAR KÜHN

Empirische Analyse der interregionalen Lohn- und Gehaltsstruktur in der Verarbeitenden Industrie der Bundesrepublik Deutschland

Schriften zu Regional- und Verkehrsproblemen in Industrie- und Entwicklungsländern

Herausgegeben von J. Heinz Müller und Theodor Dams

Band 21

Empirische Analyse der interregionalen Lohn- und Gehaltsstruktur in der Verarbeitenden Industrie der Bundesrepublik Deutschland

Von

Dr. Diemar Kühn

DUNCKER & HUMBLOT / BERLIN

Gedruckt 1977 bei Zippel-Druck in Büro-Technik GmbH, Berlin 61
Printed in Germany

ISBN 3 428 03835 5

Vorwort der Herausgeber

Das zentrale Anliegen dieser Untersuchung besteht darin, die interregionalen Verdienstunterschiede, die innerhalb der Verarbeitenden Industrie der Bundesrepublik Deutschland bestehen, in verdichteter Form zu beschreiben und sie auf ihre Ursachen zurückzuführen.

Ein einleitendes Kapitel liefert die dafür erforderlichen theoretischen Grundlagen. Es gibt auch einen Überblick über die verschiedenen in der Literatur vorhandenen Ansätze, die zur Erklärung der interregionalen Verdienstunterschiede geeignet erscheinen.

In dem sich anschließenden ersten Hauptabschnitt wird der Nachweis geführt, daß – weitgehend unabhängig davon, ob nach Arbeitnehmergruppen und/oder Sektoren oder nach keinem dieser Merkmale disaggregiert wird – die absoluten und die relativen interregionalen Verdienstdifferenzen erheblich sind. Von besonderer Bedeutung sind die Ergebnisse der systematisch durchgeführten Vergleiche zwischen den insgesamt 161 auf der Regierungsbezirksebene berechneten Dispersionspaaren. Sie gewähren zahlreiche interessante Einblicke in den Aufbau der interregionalen Verdienststruktur.

Eine ebenfalls sehr umfassende Übersicht über das interregionale Verdienstgefüge, nunmehr jedoch auf der Ebene der Bundesländer, vermittelt der zweite Hauptabschnitt der Untersuchung. Während zuvor das Schwergewicht auf der Intensität der regionalen Disaggregation lag, steht in diesem Abschnitt die Extensität der Verdienstaufgliederung nach weiteren Merkmalen – zusätzlich zu den Arbeitnehmergruppen und Sektoren werden nunmehr auch die Leistungs- und Geschlechtsgruppen berücksichtigt – im Vordergrund.

Der Erklärung der Verdiensthöhen in den verschiedenen Regionen und damit zugleich der Erklärung der entsprechenden Differenzen ist der dritte Hauptteil gewidmet. Mit Hilfe von Regressionsrechnungen wird in jedem der 51 Sektoren für eine Reihe ausgewählter Faktoren geprüft, ob von ihnen ein Einfluß auf die regionale Lohn- bzw. Gehaltshöhe ausgeht.

Im vierten Hauptteil wird mit Hilfe eigens für die vorliegende Untersuchung entwickelter Verfahren untersucht, auf welche Bestimmungsgründe die auf der Regierungsbezirksebene gemessenen Verdienstdispersionen zurückgeführt werden können. Von erheblichem Interesse für die Wirtschaftstheorie ebenso wie für die Wirtschaftspolitik ist dabei vor allem die Erkenntnis, daß von den verschiedenartigen interregionalen Beschäftigungsstrukturunterschieden zwar in der Regel nicht unbedeutende, in keinem Falle aber überragende Wirkungen ausgehen.

Die im vierten Hauptabschnitt begonnenen Analysen werden im fünften Teil der Untersuchung vervollständigt und abgeschlossen. Durch den Übergang zu den Länderdaten gelingt es, weitere Aufschlüsse über die Einwirkungen der verschiedenartigen interregionalen Unterschiede in der Beschäftigungsstruktur auf die interregionalen Verdienstdispersionen sowie über die entsprechenden Beeinflussungsmöglichkeiten zu gewinnen. Wie schon zuvor runden Aussagen über die Beziehungen zwischen den auf den verschiedenen Aggregationsniveaus gemessenen Dispersionen das Bild ab.

Dem Verfasser gelingt es in der vorliegenden Untersuchung, den komplexen Tatbestand der interregionalen Lohn- und Gehaltsstruktur in seinem Entstehungsbild zu analysieren und die wesentlichen Begründungstatbestände herauszustellen. Er liefert daher Ergebnisse, die für die regionale Wirtschaftspolitik wie für die Sozialpolitik von hoher Bedeutung sind.

Freiburg, im Juni 1977

J. Heinz Müller *Theodor Dams*

Vorwort des Verfassers

Die in jüngerer Zeit auch im deutschen Sprachraum zu beobachtende Wiederbesinnung insbesondere der wissenschaftlichen Wirtschaftspolitik auf die Probleme der Verdienststruktur läßt den weitgehenden Mangel an entsprechenden empirischen Untersuchungen verstärkt spürbar werden. Der vorliegende Beitrag versucht, diese Lücke zumindest für einen Teilbereich – die interregionale Verdienststruktur – zu schließen. Die Grenzen des Erreichbaren werden dabei – wie so oft – vor allem durch die Unvollkommenheiten des verfügbaren statistischen Materials gezogen.

Der Verfasser ist Herrn Professor Dr. J. Heinz Müller für die stete Förderung und für Anregungen mannigfacher Art zu besonderem Dank verpflichtet. Dank gebührt auch Frau Diplom-Volkswirt E. Nieth und Herrn Diplom-Volkswirt D. Hoppen für ihre Mithilfe bei der technischen Abwicklung eines Teils der Berechnungen. Herrn Rolf Nosch sei schließlich für seine großzügige Unterstützung bei der Drucklegung aufrichtig gedankt.

Düsseldorf, im März 1977

Diemar Kühn

Gliederungsübersicht

Inhaltsverzeichnis

0 Einführung

00 Abgrenzung der Themenstellung

Aufgabe der folgenden Untersuchung ist die „Empirische Analyse der interregionalen Lohn- und Gehaltsstruktur in der Verarbeitenden Industrie der Bundesrepublik Deutschland". Einige erläuternde Bemerkungen zu dieser Themenstellung mögen von Nutzen sein.

Der sonst häufig so schillernde Begriff der „Struktur" ist in Verbindung mit den oben genannten Zusätzen „Lohn" und „Gehalt" (die im folgenden unter dem Begriff „Verdienst" zusammengefaßt werden) hinreichend bestimmt. Unter der Struktur der bzw. bestimmter Verdienste wird im internationalen Sprachgebrauch fast durchweg nichts anderes verstanden als die Gesamtheit der entsprechenden Verdienst-Unterschiede. In der vorliegenden Untersuchung sind speziell die Unterschiede zwischen solchen (durchschnittlichen) Verdiensten angesprochen, die verschiedenen Regionen zuzuordnen, im übrigen jedoch von gleicher Art sind.

Diese Verdienstunterschiede sollen nicht nur beschrieben, sondern auch erklärt[1] werden. Es wird indessen nicht eine grundlegend neue theoretische Erklärung auf der Basis der vorhandenen empirischen Befunde gesucht. Untersuchungsziel ist vielmehr umgekehrt eine hinsichtlich der angewandten Verfahren und des erfaßten Bereiches erweiterte empirische Überprüfung und quantitative Ausfüllung der bereits vorliegenden Theorie.

Analysiert werden die Verdienstunterschiede, die im Bereich der Verarbeitenden Industrie zwischen den verschiedenen Teilen des Bundesgebietes[2] bestehen. Eine Einbeziehung anderer Wirtschaftszweige ist aus verschiedenen Gründen überwiegend praktisch-statistischer Art nicht vorteilhaft.

01 Aufbau der Untersuchung

Der Abschnitt 1 der Untersuchung enthält eine vorbereitende theoretische Grundlegung, die nach dem oben Gesagten relativ kurz gehalten werden kann. Es folgt in den Kapiteln 2 bis 6 der eigentliche Kern der Analyse. Den Abschluß bildet der Teil 7 mit einer knappen Zusammenfassung der wichtigsten Ergebnisse.

---

1 Mit einer „vollständigen" Erklärung kann hier allerdings ebensowenig gerechnet werden wie in den meisten anderen Bereichen der Sozialwissenschaften. Dies entwertet die erzielten Teilresultate jedoch keineswegs.

2 West-Berlin nimmt vor allem wegen der Steuerpräferenzen eine Sonderstellung ein und wird deswegen hier nicht berücksichtigt.

Der Aufbau des Kernstücks der Untersuchung kann am zweckmäßigsten mit Hilfe eines einfachen Schemas verdeutlicht werden. Eine Matrix enthalte R Spalten, von denen jeweils eine für jede Region i ($i = 1, 2, \ldots, R$) reserviert sei, sowie vier Zeilen. Die Elemente v_{0i} der ersten Zeile stehen für die nicht weiter disaggregierten Durchschnittsverdienste der einzelnen Regionen. In der zweiten bzw. dritten Zeile sind die regionalen Durchschnittsverdienste dagegen einfach bzw. doppelt disaggregiert[3], die Elemente v_{1i} bzw. v_{2i} demnach Vektoren bzw. ihrerseits Matrizen. Die vierte Zeile schließlich enthält die Matrizen b_i der (möglichen) Bestimmungsfaktoren für die Verdienstwerte der dritten Zeile. Insgesamt ergibt sich das folgende Bild:

	Region				
	1	2	3	. . .	R
nicht disaggregierte Verdienste	v_{01}	v_{02}	v_{03}	. . .	v_{0R}
einfach disaggregierte Verdienste	v_{11}	v_{12}	v_{13}	. . .	v_{1R}
doppelt disaggregierte Verdienste	v_{21}	v_{22}	v_{23}	. . .	v_{2R}
Bestimmungsfaktoren der doppelt disaggregierten Verdienste	b_1	b_2	b_3	. . .	b_R

Abb. 1. Matrix der Verdienste und Bestimmungsfaktoren

Von erheblichem Interesse ist zunächst die Beschreibung der interregionalen Verdienstunterschiede durch geeignete Maße, und zwar gesondert für jede der einzelnen Disaggregationsstufen. Die drei nacheinander zu betrachtenden Ausschnitte können im obigen Schema durch Einrahmen gekennzeichnet werden:

v_{01}	v_{02}	v_{03}	. . .	v_{0R}
v_{11}	v_{12}	v_{13}	. . .	v_{1R}
v_{21}	v_{22}	v_{23}	. . .	v_{2R}
b_1	b_2	b_3	. . .	b_R

Abb. 2. Schema der „horizontalen" Betrachtungsweise

Diese Betrachtungsweise, die als „horizontal[4]" zu charakterisieren ist, liegt der Darstellung in den Kapiteln 2 und 3 zugrunde. Beide Abschnitte unterscheiden sich

3 Eine einfache Disaggregation liegt beispielsweise vor, wenn zwischen den Verdiensten der Arbeiter und der Angestellten unterschieden wird, eine doppelte Disaggregation, wenn *zusätzlich* nach dem Geschlecht untergliedert wird.

4 In Übereinstimmung mit dem üblichen Sprachgebrauch wird hier die Bezeichnung „horizontal" verwendet, da die Analyse mit einer Verknüpfung gleichartiger Größen verbunden ist.

lediglich in der Datenauswahl. Während im Teil 2 das Schwergewicht auf der Intensität der regionalen Disaggregation liegt (Regierungsbezirks-Daten), steht im Abschnitt 3 die Extensität der Disaggregation nach anderen, zusätzlichen Merkmalen im Vordergrund (Länder-Daten).

Eine horizontale Analyse ist nicht dazu geeignet, die Verdiensthöhen in den einzelnen Regionen (und damit zugleich deren Unterschiede) zu erklären. Dazu bedarf es einer „vertikalen[5]" Analyse. Diese läßt sich im Schema der Abb. 1 leicht darstellen durch erneutes Einrahmen der betrachteten Ausschnitte und zusätzliche Kennzeichnung der jeweils analysierten Wirkungszusammenhänge durch Pfeile:

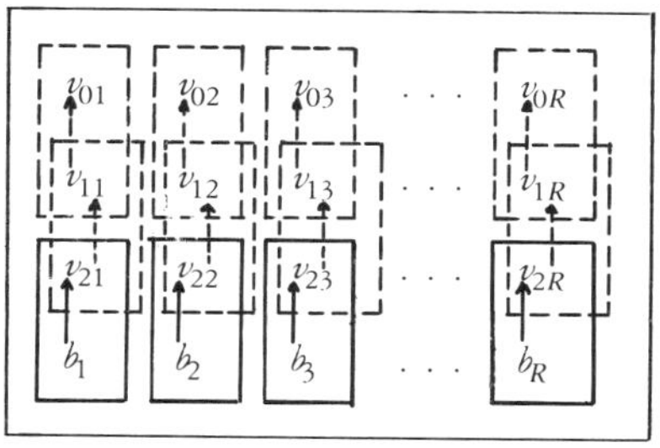

Abb. 3. Schema der „vertikalen" Betrachtungsweise

Während die gestrichelt angedeuteten Teile wegen der Einfachheit der Zusammenhänge keiner besonderen Behandlung bedürfen, sind für den restlichen, mit durchgezogenen Linien gekennzeichneten Teil kompliziertere Analysen erforderlich, die im Abschnitt 4 dargestellt werden. Verwendet werden dort aus schätztheoretischen Gründen nur die Regierungsbezirks-Daten.

Zusätzliche Aufschlüsse liefert die Vereinigung der vertikalen mit der horizontalen Analyse. Die Erklärung (das vertikale Element) gilt in diesem Fall nicht mehr den einzelnen v_{0i}, v_{1i} oder v_{2i}, sondern den Werten der oben bereits kurz erwähnten Maße, die (als Ergebnis einer horizontalen Analyse) jeweils alle interregionalen Verdienstunterschiede auf einer Disaggregationsstufe zusammenfassend beschreiben:

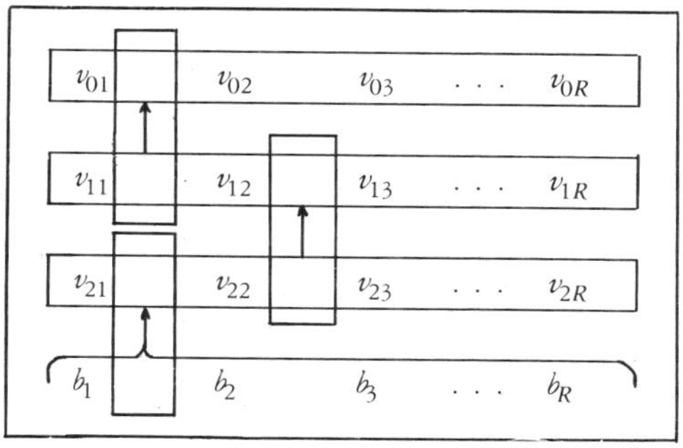

Abb. 4. Schema der Verbindung von horizontaler und vertikaler Analyse

[5] Das Attribut „vertikal" kennzeichnet Verknüpfungen verschiedenartiger Größen.

Die Verbindung von horizontaler und vertikaler Analyse wird im Abschnitt 5 für die Regierungsbezirks-Daten vollzogen und (allerdings ohne jenen Erklärungsschritt, der in der Abbildung 4 durch den unteren der drei Pfeile gekennzeichnet wird) im Teil 6 für die Länder-Daten wiederholt.

1 Theoretische Grundlegung

10 Das Ausgangsmodell

Im folgenden soll das Modell kurz vorgestellt werden, das von weitaus der Mehrzahl der Autoren[1], die sich mit diesem Problemkreis befaßt haben, zur theoretischen Erklärung der Verdienstunterschiede vorgeschlagen wird, die bei Querschnittsbetrachtung festzustellen sind. Der zu deutende Tatbestand ist die in einem Zeitpunkt gegebene Verdienststruktur in einer oder in einigen ihrer zahlreichen Dimensionen. Es werden keine gesamtwirtschaftlichen Verdienstgrößen erklärt, sondern Unterschiede zwischen den Einzelwerten, die insgesamt diese Größen ausmachen.

Das Gleichgewicht des Verdienstgefüges wird unter den folgenden Annahmen betrachtet:

a) Grundsätzliche Homogenität: Die Arbeitseinheiten unterscheiden sich lediglich hinsichtlich bestimmter ausdrücklich genannter Merkmale, die die elementaren Arbeitsmärkte abgrenzen; sie sind im übrigen homogen.

b) Vollständige Transparenz: Alle Informationen stehen den Arbeitnehmern und Arbeitgebern wenigstens insoweit zur Verfügung, als sie geeignet sind, deren Wahl unter den elementaren Arbeitsmärkten zu beeinflussen.

c) Vollständige Mobilität: Die Handlungsfähigkeit der Arbeitgeber und Arbeitnehmer ist nicht durch Mobilitätshindernisse zwischen den Arbeitsmärkten beschränkt.

d) Gewinn- und Nutzenmaximierungsziel: Das konkrete Handeln wird durch die Gewinn- bzw. die Nutzenmaximierung als Ziel der Arbeitgeber bzw. der Arbeitnehmer bestimmt.

Unter diesen Voraussetzungen existiert eine Gleichgewichtsverdienststruktur, die durch das Fehlen „unbegründeter" Verdienstdifferenzen gekennzeichnet ist. Alle in dieser Situation bestehenden Verdienstunterschiede sind erforderlich, um die relativen Vor- bzw. Nachteile der einzelnen elementaren Arbeitsmärkte so zu kompensieren, daß das Beschäftigungsgleichgewicht auf den Arbeitsmärkten nicht durch Arbeitsmarktwechsler gestört wird.

---

[1] Stellvertretend für alle genannt sei Lampert, Heinz: Die Lohnstruktur der Industrie, Berlin 1963. Das Buch vermittelt zugleich einen guten Literaturüberblick.

11 Originäre Erklärung der interregionalen Verdienststruktur

Die Faktoren, die die interregionale Verdienststruktur bestimmen, können eingeteilt werden in solche, die zur „originären" Erklärung geeignet sind, und solche, die lediglich für eine „derivative" Erklärung Verwendung finden können. Unter den hier zunächst angesprochenen Faktoren der ersten Gruppe sollen jene Merkmale verstanden werden, die direkt an die Regionen gebunden sind und bei Betriebsverlagerung und/oder Arbeitskräfteabwanderung nicht „mitgenommen" werden können. Der folgende Katalog enthält die vermutlich wichtigsten dieser Merkmale. Überschneidungen lassen sich nicht völlig vermeiden; sie sind aber hier weitgehend unschädlich.

a) Als wesentliches Merkmal wird häufig der Grad der *Nähe zu den Zulieferern und Abnehmern* angesehen. Kurze Wege können für den Arbeitgeber vielerlei Vorteile bieten (z. B. niedrige Transportkosten), die sich möglicherweise verdienststeigernd niederschlagen.

b) Als zweite Bestimmungsgröße ist das *regionale Preisniveau* zu nennen, das vielfältige Wirkungen auf die Verdiensthöhe ausüben kann. Eine weitere Unterscheidung ist hier sinnvoll. Für die Verbraucher, also hauptsächlich die Arbeitnehmer, spielt das Preisniveau der Lebenshaltung eine Rolle bei der Bewertung des erzielten Nominalverdienstes. Über die Standortentscheidung der Unternehmer können aber auch die Preise bestimmter Einsatzfaktoren (insbesondere der Rohstoffe und Grundstücke) sowie die Preise der eigenen Produkte einen Einfluß auf das Entgelt des Faktors Arbeit ausüben.

c) Die landschaftlichen und klimatischen Bedingungen, aber auch die Verfügbarkeit bestimmter Dienstleistungen machen zusammen den *Wohnwert* einer Region aus. Die entsprechenden Vor- bzw. Nachteile müssen c. p. durch niedrigere bzw. höhere Verdienste ausgeglichen werden, da andernfalls Ausgleichsbewegungen zwischen den Regionen erfolgen. Der Faktor „Wohnwert" ist vor allem für die Ortswahl der Arbeitnehmer relevant, in gewissem Maße jedoch auch für persönlich motivierte Standortentscheidungen der Unternehmer.

d) Hinter dem Terminus *„Infrastruktur"* verbirgt sich eine Reihe heterogener Tatbestände, die starke interregionale Unterschiede aufweisen können. Zu denken ist beispielsweise an den Verkehrsbereich oder an die verschiedenen Aus- und Weiterbildungsmöglichkeiten. Solche Faktoren können die Verdiensthöhe sowohl von der Arbeitsangebots- als auch von der Arbeitsnachfrageseite her beeinflussen.

e) Die letztgenannten Faktoren sind zu einem großen Teil das Ergebnis staatlicher Ausgabeentscheidungen. Es sind jedoch auch Einflüsse auf die interregionale Verdienststruktur denkbar, die von der Einnahmenseite des Staatshaushaltes ausgehen. Eine interregional unterschiedliche *steuerliche Belastung* der Arbeitnehmer und/oder Arbeitgeber übt möglicherweise eine spürbare Wirkung auf die regionalen Verdiensthöhen aus.

f) Da die äußeren Grenzen eines Staates in der Regel mehr oder weniger bedeutende wirtschaftliche Barrieren darstellen, können sich die *Entfernungen von den Grenzen* auf die Verdiensthöhe auswirken. Der Wirkungsumfang hängt nicht zuletzt von der Art der Barrieren ab, etwa davon, ob sie vorwiegend natürliche Ursachen haben (wie z. B. die Meeresküsten) oder durch gesellschaftliche bzw. speziell wirtschaftliche Gegebenheiten bedingt sind (z. B. durch eine andere Sprache oder eine Zollmauer). Der angeführte Faktor dürfte vor allem die Arbeitsnachfrageseite betreffen, er kann aber auch auf der Arbeitsangebotsseite wirksam sein.

12 Derivative Erklärung der interregionalen Verdienststruktur

Der originäre Erklärungsansatz würde für die Analyse der interregionalen Verdienststruktur ausreichen, wenn die Arbeitseinheiten lediglich hinsichtlich der Einsatzregion heterogen, sonst aber homogen wären. Die elementaren Arbeitsmärkte ließen sich dann allein räumlich abgrenzen.

Die offensichtlich weiterreichenden Heterogenitäten machen es jedoch erforderlich, auch Merkmale zu berücksichtigen, die nicht dauerhaft an die Region gebunden sind, sondern bei Umsiedlung eines Arbeitnehmers und/oder eines Betriebs(teiles) „mitgenommen" werden können. Es handelt sich hierbei um jene Merkmale, die in dem oben skizzierten Modell die nichtregionalen Dimensionen der Verdienststruktur begründen. Erst über die interregionalen Unterschiede der entsprechenden Beschäftigungsstrukturen finden sie Eingang in die interregionale Verdienststruktur[2]. Beispielsweise sind gewisse - im Rahmen dieser Untersuchung nicht näher interessierende - Ursachen „originär" für die intersektorale Verdienststruktur verantwortlich. Über interregionale Unterschiede in der Verteilung der Beschäftigten auf die Sektoren wird sodann „derivativ" auch die interregionale Verdienststruktur beeinflußt.

Eine lückenlose Erfassung aller in diesem Zusammenhang relevanten Merkmale wird hier nicht angestrebt. Es soll jedoch versucht werden, die vermutlich wichtigsten unter ihnen aufzuzählen. Ihr gemeinsames Kennzeichen ist, daß mit großer Wahrscheinlichkeit

1. die unterschiedlichen Merkmalsausprägungen die Höhe der Einzelverdienste in erheblichem Umfang beeinflussen *und*
2. die einzelnen Ausprägungen in den verschiedenen Regionen mit sehr unterschiedlicher relativer Häufigkeit anzutreffen sind.

Diese Bedingungen dürften für die folgenden Merkmale erfüllt sein:

a) Sektorzugehörigkeit,
b) Betriebsgröße,
c) Kapitalintensität,

---

[2] Es ist nochmals daran zu erinnern, daß hier stets die Struktur von *Durchschnitts*verdiensten angesprochen ist.

d) Länge der Normalarbeitszeit,
e) Dauer der Überzeitarbeit,
f) Pro-Kopf-Aufwendungen für betriebliche Sozialleistungen,
g) Entlohnungsform,
h) Stellung des Arbeitnehmers im Betrieb[3],
i) Leistungsgruppe,
j) Zugehörigkeitsdauer zum Betrieb,
k) Berufsgruppe,
l) Nationalität, Hautfarbe[4] o. ä.,
m) Geschlecht,
n) Alter des Arbeitnehmers.

13 Berücksichtigung von Einflüssen seitens der Tarifpartner

Nachdem bisher explizit lediglich solche Einflüsse auf die interregionale Verdienststruktur untersucht wurden, die auf das Wirksamwerden von Marktkräften zurückgehen, sind nunmehr noch die Einwirkungen der Tarifpartner zu beleuchten. Eine im Kern empirische Untersuchung ist natürlich nicht der geeignete Rahmen für eine ausführliche Diskussion der verschiedenen theoretischen Vorschläge zu diesem Thema. Es kommt hier vielmehr lediglich auf die Beantwortung der Frage an, ob im Verlauf der sich anschließenden empirischen Analyse, die sich speziell auf das Gebiet der Bundesrepublik Deutschland bezieht, die Einflüsse der Tarifpartner gesondert berücksichtigt werden müssen.

Hinsichtlich eines eventuellen *direkten* Einflusses auf die interregionale Struktur der Effektivverdienste wird man die gestellte Frage verneinen können. Es ist nämlich davon auszugehen,

- daß die Tarifpartner einen entsprechenden Einfluß möglicherweise nicht ausüben können, da die Differenz zwischen Effektiv- und Tarifverdiensten den Marktkräften einen genügenden Spielraum läßt,
- daß sie diesen Einfluß, selbst wenn sie es könnten, u. U. nicht ausüben wollten,
- daß sie, selbst wenn sie eine interregionale Verdienststrukturpolitik betreiben könnten und wollten, sich mit Rücksicht auf die Beschäftigungssituation vermutlich an den regionalen ökonomischen Gegebenheiten orientieren und damit dem Marktergebnis nur vorgreifen würden, sowie
- daß sie, selbst wenn sie eine wirklich „selbständige" Politik auf diesem Gebiet betreiben könnten und wollten, dabei mit größter Wahrscheinlichkeit auf eine Abschwächung der interregionalen Verdienstunterschiede hinarbeiten würden. Der Ansatz der empirischen Analyse könnte auch in diesem Fall unverändert

---

3 Gemeint ist die Einstufung z. B. als Arbeiter, Angestellter oder Lehrling.

4 Dieses Merkmal dürfte z. B. in den USA von größerer Bedeutung sein.

bestehen bleiben und der Messung nunmehr des „Netto-Einflusses" der Marktkräfte dienen.

Indirekt wirksame Einflüsse der Tarifpartner auf die interregionale Verdienststruktur sind im Rahmen dieser Untersuchung ebenfalls nicht explizit zu berücksichtigen. Zwar ist es durchaus wahrscheinlich, daß Bestimmungen der Tarifverträge die Verdienststruktur in einigen der im Abschnitt 12 genannten nichtregionalen Dimensionen beeinflussen und daß sie damit, wie es oben beschrieben wurde, indirekt auch in der regionalen Dimension wirksam werden. Die Ursachen für die Verdienstunterschiede in den nichtregionalen Dimensionen stehen hier aber nicht zur Diskussion; es genügt, die Existenz solcher Unterschiede festzustellen und ihre Auswirkungen auf die interregionale Verdienststruktur zu prüfen.

2 Horizontale Analyse: Messung der interregionalen Verdienstdispersion auf der Ebene von Regierungsbezirken

20 Daten

200 Wahl der Quelle

2000 Kennzeichnung der Anforderungen

Für eine interregionale Lohn- und Gehaltsstrukturuntersuchung der vorgesehenen Art ist es von ausschlaggebender Bedeutung, daß neben den Angaben über die durchschnittlichen Löhne bzw. Gehälter auch die zugehörigen Beschäftigtenzahlen als „Gewichte" verfügbar sind. Selbstverständlich ist ferner, daß beide Gruppen von Daten zumindest die folgenden Bedingungen erfüllen müssen:

- ausreichende regionale Gliederung
- Erhebung am Betriebsort (ersatzweise evtl. auch am Wohnort des Arbeitnehmers, nicht aber am Unternehmenssitz)
- Repräsentativität der Angaben.

Darüber hinaus ist es wünschenswert, daß sowohl die Verdienst- als auch die Beschäftigtenangaben wenigstens nach einigen der im Abschnitt 12 genannten Merkmale disaggregiert[1] sind.

Die Tatsache, daß die Theorie der interregionalen Lohn- und Gehaltsstruktur eine Gleichgewichtstheorie ist, legt es außerdem nahe, den Hypothesen solche Daten gegenüberzustellen, die einer Situation zumindest weitgehenden konjunkturellen Gleichgewichts – hier vor allem auf den Arbeitsmärkten – entstammen. Dies hat zugleich den Vorteil, daß die Ergebnisse für eine „mittlere" Situation gelten und damit die Gesamtheit der in allen konjunkturellen Situationen möglichen Ergebnisse vermutlich am besten vertreten, nicht unähnlich der Art, in der ein statistischer Mittelwert eine statistische Verteilung vertritt. Vernachlässigt man die Jahre vor 1965 als zu weit zurückliegend, so kann unter den genannten Gesichtspunkten die zweite Jahreshälfte 1968 als bestgeeignet angesehen werden[2]. Der Nachteil der im Vergleich zu anderen Jahren geringeren Aktualität dürfte demgegenüber weniger ins Gewicht fallen.

Von ebenfalls großer Wichtigkeit ist die Forderung, einen Zeitraum geringer Bewegungen der Tariflöhne und -gehälter zu wählen. Die Zeitpunkte der Änderun-

---

1 Bei quantitativen Merkmalen setzt dies eine Klassenbildung voraus.

2 Vgl. hierzu z. B. die Angaben im Jahresgutachten 1969/70 des Sachverständigenrates zur Begutachtung der gesamtwirtschaftlichen Entwicklung, Im Sog des Booms, Stuttgart/Mainz 1969, passim.

gen der Effektivverdienste in einer Region werden, auch wenn sich solche Veränderungen auf Grund der Marktkräfte ohnehin ergeben hätten, von den Tarifabschlüssen wesentlich beeinflußt. Da in der Regel die Tariferhöhungen (selbst für den Fall, daß man sie gesamtwirtschaftlich als Teile einer geschlossenen „Welle" betrachten kann) in den einzelnen Regionen zu unterschiedlichen Terminen wirksam werden, können sich bei einer Querschnittsbetrachtung in Zeiten starker Tarifbewegungen erhebliche Fehler ergeben. Eine Prüfung der entsprechenden Entwicklungen hat gezeigt, daß auch unter diesem Gesichtspunkt die zweite Hälfte bzw. speziell das dritte Quartal des Jahres 1968 besonders gut geeignet sind.

Zu beachten ist schließlich, daß - sofern nicht Jahresdaten verwendet werden - der Untersuchungszeitraum so gewählt werden sollte, daß die Ergebnisse nicht durch Urlaubsgelder, Weihnachtsgelder usw. verfälscht werden. Im dritten Quartal sind unter diesem Gesichtspunkt die Daten für den Monat September vorzuziehen.

2001 Kritische Gegenüberstellung der verfügbaren Statistiken

Bei der Auswahl unter den statistischen Quellen, die zum Zeitpunkt des Beginns der Berechnungen zur Verfügung standen[3], war große Sorgfalt geboten, um die Aussagekraft der Ergebnisse nicht bereits durch die Verwendung eines nicht auf die Zwecke der Untersuchung zugeschnittenen Datenmaterials zu vermindern. Im folgenden sollen die einzelnen Statistiken kurz vorgestellt werden; anschließend wird geprüft werden, welche unter ihnen die oben genannten Forderungen am besten zu erfüllen vermögen.

Der vierteljährlich durchgeführte *Mikrozensus* enthält in einer befriedigenden regionalen Gliederung Angaben über die Wohnbevölkerung und die Erwerbstätigen in der Aufteilung nach Einkommensgruppen. Die Klassifizierung ist jedoch für die Zwecke der vorliegenden Untersuchung viel zu grob. „Hauptsächlich wegen des verwendeten Einkommensbegriffes (Nettoeinkommen) und der relativ weit gefaßten Einkommensgruppen können die Angaben ... nicht dazu verwendet werden, eine Einkommenspyramide der erwerbstätigen Personen zu erstellen[4]."

Besser geeignete Angaben werden durch die EWG-einheitlichen *Erhebungen über die Aufwendungen der Arbeitgeber für Personalkosten,* zuletzt für die Jahre 1966 und 1969, zur Verfügung gestellt. Die Ergebnisse - es handelt sich um die durchschnittlichen Aufwendungen für Löhne, Gehälter und Nebenkosten je Arbeitnehmerstunde - liegen in regionaler Gliederung nach Bundesländern vor; die Zuordnung erfolgt nach dem Betriebsort. Es werden im Produzierenden Gewerbe die Betriebe mit 50 und mehr Beschäftigten von etwa 7500 Unternehmen erfaßt. Der Umfang der sektoralen Gliederung kann als eben noch hinreichend angesehen werden; eine weitere Aufspaltung der Werte erfolgt nicht. Angaben über die durchschnittliche jährliche Arbeitszeit, die als Gewichte geeignet sind, stehen zur Verfügung.

---

3 Zu den potentiell geeigneten Quellenwerken, die wegen ihres späten Erscheinungstermins nicht mehr berücksichtigt werden konnten, zählen die Veröffentlichungen über die Volks- und Berufszählung und die Arbeitsstättenzählung, beide durchgeführt am 27. Mai 1970.

4 Statistisches Bundesamt: Fachserie A (Bevölkerung und Kultur), Reihe 6/I, Entwicklung der Erwerbstätigkeit (Ergebnisse des Mikrozensus), April 1970, Stuttgart/Mainz 1971, S. 8.

Weitere Aufschlüsse über die Löhne und Gehälter – hier jedoch über die Jahressummen und in einer regionalen Gliederung bis hinab zu den Gemeinden – gibt der *Zensus im Produzierenden Gewerbe*. Der Betrieb ist wahlweise Darstellungseinheit. Der Erhebungskreis umfaßt im Bereich der Industrie (einschließlich Bergbau, jedoch ohne Bauindustrie) rd. 48 000 industrielle Unternehmen bzw. Industriebetriebe von nichtindustriellen Unternehmen mit jeweils 10 und mehr Beschäftigten. Zusätzlich zu der recht feinen sektoralen Gliederung werden die Angaben nach der Stellung im Betrieb aufgefächert; andere Gliederungsmerkmale werden nicht berücksichtigt[5]. Der Zeitraum, auf den sich die Erhebung bezieht, ist grundsätzlich das ganze Kalenderjahr 1967 bzw. das Geschäftsjahr, das im Jahre 1967 endet. Die Beschäftigtenzahlen geben davon abweichend allerdings den Stand vom Ende September 1967 wieder, so daß eine Verknüpfung der beiden Gruppen von Daten nicht unproblematisch ist.

Die regionale Gliederung der monatlichen *Industrieberichterstattung* reicht hinab bis zu den Kreisen. Aufbereitet wird nach dem Betriebsort. Die Erhebung erstreckt sich auf ca. 56 000 Betriebe mit im allgemeinen 10 und mehr Beschäftigten. Damit werden rd. 56 % aller Industriebetriebe mit einem Anteil von 98 % der Beschäftigten und des Umsatzes erfaßt. In einer recht weitgehenden sektoralen Aufgliederung sind getrennt die Lohn- und die Gehaltssummen erhältlich. Weitere Differenzierungen erfolgen nicht. Geeignete Angaben über die Beschäftigtenzahlen sind zur Bildung der Durchschnittslöhne und -gehälter sowie zu deren Gewichtung verfügbar.

Die vierteljährliche *Verdiensterhebung in Industrie und Handel* liegt in regionaler Gliederung nur nach Ländern vor; die Zuordnung erfolgt auch hier nach dem Betriebsort. Befragt werden rund 28 000 Betriebe der Industrie, des Handels und des Geld- und Versicherungswesens mit im allgemeinen 10 und mehr Beschäftigten. Dies entspricht einem durchschnittlichen Auswahlsatz von 11 %. Die sehr feine sektorale Klassifizierung wird ergänzt durch eine weitere Aufgliederung nach Arbeitern und Angestellten, nach dem Geschlecht sowie nach drei bzw. vier Leistungsgruppen. Passende Beschäftigtenzahlen lassen sich durch Umrechnungen ermitteln. Die Fehlermöglichkeiten, die aus dem Stichprobencharakter der Erhebung resultieren, dürften gering zu veranschlagen sein, da die Stichprobe relativ gut geschichtet ist.

Abschließend ist die *Gehalts- und Lohnstrukturerhebung* in der gewerblichen Wirtschaft und im Dienstleistungsbereich, die zuletzt 1966 durchgeführt wurde, zu nennen. Die Zuordnung bei der regionalen Aufgliederung, hier nach Bundesländern, richtet sich nach dem Betriebsort. Die Erhebung wird auf repräsentativer Grundlage mit einem durchschnittlichen Auswahlsatz von 15 % der beschäftigten Arbeitnehmer durchgeführt. Dabei werden mit geringen Ausnahmen Betriebe mit weniger als 10 Beschäftigten ausgeschlossen. Die sektorale Gliederung ist befriedigend. Die Verdienstangaben sind für Arbeiter und Angestellte sowie nach dem Geschlecht getrennt erhältlich. Sie sind außerdem nach Leistungsgruppen bzw. nach ausgewählten Berufen aufgegliedert. Das Merkmal Betriebsgröße wird nicht berücksichtigt, dafür jedoch die Merkmale Unternehmensgröße, Alter der Beschäftigten sowie Zugehörigkeitsdauer zum Betrieb. Für Arbeiter wird schließlich noch unterschieden zwischen Zeit-, Leistungs- und Mischlohn; ferner werden Überzeitentgelte gesondert ausgewiesen. Beschäftigtenzahlen lassen sich in entsprechender Gliederung abschätzen.

Vergleicht man den Zensus im Produzierenden Gewerbe mit der EWG-Erhebung über die Aufwendungen der Arbeitgeber für Personalkosten, so steht der oben erwähnten mangelhaften Abstimmung der Lohn- bzw. Gehalts- und der Beschäf-

---

5 Grundsätzlich wären die Angaben zwar auch nach Betriebsgrößenklassen getrennt erhältlich; wegen der Geheimhaltungsvorschriften wäre dann jedoch nur noch eine völlig unzureichende sektorale Gliederung möglich.

tigtenangaben und dem weiteren gravierenden Nachteil, daß der Zensus in dem ganz besonders ungeeigneten Rezessionsjahr 1967 durchgeführt wurde, der Vorteil gegenüber, daß die regionale ebenso wie die sonstige Aufgliederung beim Zensus eher zu befriedigen vermag. Die Frage, welche Eigenschaften stärker zu gewichten sind, kann hier jedoch offenbleiben, denn beiden zuvor besprochenen Statistiken ist die Industrieberichterstattung deutlich überlegen. Sie verbindet, ohne wesentliche zusätzliche Nachteile aufzuweisen, mit ihrer günstigen regionalen und sonstigen Aufgliederung, der Verfügbarkeit genau passender Beschäftigungswerte und der Möglichkeit zur Wahl des geeigneten Untersuchungszeitraumes - hier des Septembers 1968 - die Vorteile beider.

Die vierteljährliche Verdiensterhebung weist gegenüber der Industrieberichterstattung den Vorteil einer Aufgliederung der Daten nach dem Geschlecht sowie nach Leistungsgruppen auf. Dem steht jedoch der für eine Untersuchung, die gerade den interregionalen Aspekt der Lohn- und Gehaltsstruktur in den Vordergrund stellen will, grundsätzlich gravierendere Nachteil gegenüber, daß die Daten nur nach Ländern gegliedert erhältlich sind. Neben der geringen Zahl der Regionen wirkt sich auch deren äußerst unterschiedliche Größe - man denke etwa an Bremen und Nordrhein-Westfalen - negativ aus. Der letztere Umstand macht besonders Schätzungen durch Regressionsrechnung wegen des Problems der Heteroskedastizität praktisch unmöglich. Die Industrieberichterstattung ist somit hier grundsätzlich als überlegen einzustufen; sie ist die angemessene Basis für die Berechnungen in den Abschnitten 2, 4 und 5. Die Verdiensterhebung eignet sich jedoch immerhin für eine Verwendung in den ergänzenden Abschnitten 3 und 6.

Da regional nach Ländern gegliederte Daten aus den bereits skizzierten Gründen allein nicht genügen, könnte auch die Lohn- und Gehaltsstrukturerhebung allenfalls ergänzend in den Kapiteln 3 und 6 herangezogen werden. Darauf wird jedoch zugunsten der Verdiensterhebung verzichtet. Die letztere gestattet die Wahl eines, auch isoliert betrachtet, besser geeigneten Bezugszeitraumes, der zudem - und darauf kommt es hier besonders an - mit jenem der in den übrigen Abschnitten verwendeten Daten übereinstimmt.

2002 Charakterisierung der ausgewählten Daten

Die Industrieberichterstattung vom September 1968 ist, wie der Vergleich der einzelnen Statistiken gezeigt hat, die für die vorliegende Untersuchung wichtigste Datenquelle. Mit dem Vollzug dieser Wahl liegen zugleich die inhaltlichen Abgrenzungen[6] der im folgenden verwendeten Lohn-, Gehalts- und Beschäftigtenwerte fest[7].

---

6 Vgl. hierzu z. B. Statistisches Landesamt der Freien und Hansestadt Hamburg: Statistik des Hamburgischen Staates, Heft 94, Hamburgs Industrie 1968/69, Ergebnisse der Industrieberichterstattung, S. 7 ff.

7 Für die regionale und die sektorale Gliederung der Daten gilt dies nur mit Einschränkung; vgl. hierzu den Abschnitt 201.

Die Löhne und Gehälter sind als monatliche Pro-Kopf-Angaben zu verstehen[8]. Sie entsprechen den Quotienten aus den in der Industrieberichterstattung ausgewiesenen „Lohnsummen" bzw. den „Gehaltssummen" einerseits und der zugehörigen „Zahl der Arbeiter" bzw. der „Zahl der Angestellten" andererseits.

Der Begriff „Lohnsumme" ist definiert als die Summe der Bruttobezüge jener Beschäftigten, die in der Arbeiter-Rentenversicherung versicherungspflichtig sind. Zur Lohnsumme zählen nicht die gesetzlichen Arbeitgeberbeiträge zur Sozialversicherung, die allgemeinen sozialen Aufwendungen (z. B. Kantinenzuschüsse), der Ersatz von Spesen und die Pensionen. Einbezogen werden dagegen:

a) Akkord-, Bandarbeits- und Prämienzuschläge, Zuschläge für Mehr-, Nacht-, Schicht- und Sonntagsarbeit, Leistungs-, Schmutz- und Lästigkeitszulagen, Montagezuschläge, Sozialzulagen sowie die sonstigen tariflichen oder frei vereinbarten Vergütungen und Zulagen;

b) Naturalvergütungen;

c) Vergütungen für ausgefallene Arbeitsstunden, Zuschüsse zum Krankengeld, Entschädigungen für nicht gewährten Urlaub;

d) Gratifikationen, Urlaubsbeihilfen, Gewinnbeteiligungen, Erfolgsprämien, Erfindergelder und vermögenswirksame Leistungen.

Die „Gehaltssumme" umfaßt die Bruttobezüge aller Angestellten und der kaufmännischen und technischen Lehrlinge, einschließlich der Provisionen und Tantiemen. Gesellschafter- und Vorstandsgehälter sind einbezogen, soweit sie nicht steuerlich als Unternehmergewinne zu behandeln sind.

Die Zahlen der Arbeiter und Angestellten enthalten neben den „dauernd Anwesenden" auch die „vorübergehend Abwesenden" (z. B. Erkrankte und Urlauber) und die „vorübergehend Anwesenden" (z. B. Saisonarbeiter) sowie die Teilzeitbeschäftigten. Nicht enthalten sind Heimarbeiter, Beschäftigte in den nichtindustriellen Betriebsteilen und Beschäftigte, die den Grundwehrdienst ableisten. Stichtag ist der letzte Arbeitstag des Berichtsmonats. Unter dem Begriff „Arbeiter" wird die Gesamtheit aller in der Arbeiter-Rentenversicherung versicherungspflichtigen Beschäftigten einschließlich der gewerblichen Lehrlinge erfaßt. Die Zahl der Angestellten entspricht der Zahl der „Beschäftigten" abzüglich der Zahl der „Arbeiter" im oben erläuterten Sinne. Als „Beschäftigte" gelten dabei im wesentlichen die Personen, die in einem arbeitsrechtlichen Verhältnis zum Betrieb stehen, sowie daneben auch die tätigen Inhaber und Teilhaber[9].

---

[8] Bei den Arbeitern wäre auch die Berechnung der Löhne pro geleistete Arbeiterstunde möglich gewesen. Dies hätte jedoch die Vergleichbarkeit mit den Werten für die Angestellten, auf die es im folgenden sehr wesentlich ankommt, erschwert.

[9] Die Berücksichtigung auch der mithelfenden Familienangehörigen, die in einem arbeitsrechtlichen Verhältnis zum Betrieb stehen, sowie der tätigen Inhaber und Teilhaber und ihrer Gehälter, soweit sie nicht als Gewinne zu behandeln sind, mag evtl. als störend angesehen werden. Sie dürfte aber an den Ergebnissen nichts Wesentliches ändern, zumal der Anteil an der Gesamtzahl der „Angestellten" in den hier betrachteten Industriebetrieben mit 10 und mehr Beschäftigten nur 2,6 % erreicht. – Vgl. Statistisches Bundesamt:

201 Abstimmung zwischen der regionalen und der sektoralen Gliederung

2010 Skizzierung des Problems

Die Industrieberichterstattung wird in einer regionalen Aufgliederung nach Kreisen und einer sektoralen Aufgliederung nach 96 Industriezweigen erhoben und aufbereitet. Die Ergebnisse sind jedoch in dieser Form nicht allgemein zugänglich; bei den Unterlagen, die von den Statistischen Landesämtern auf Anforderung herausgegeben werden, kommt vielmehr die Geheimhaltungsvorschrift zum Tragen. Sie untersagt, für jene Gebiete Lohn- und Beschäftigtenzahlen auszuweisen, in denen nur ein oder zwei Betriebe des betrachteten Sektors ansässig sind. Es ist offensichtlich, daß um so mehr Daten fehlen, je feiner die regionale und die sektorale Gliederung ist. Somit stellt sich das Problem, durch geeignete Zusammenfassung oder Selektion eine regionale mit einer sektoralen Gliederung derart zu kombinieren, daß einerseits die Geheimhaltungsvorschrift sich möglichst wenig störend auswirkt und andererseits die Ergebnisse der Untersuchung aussagekräftig genug bleiben.

Zu berücksichtigen ist ferner, daß die Anwendung bestimmter statistischer Verfahren erst bei einer gewissen Mindestzahl von Beobachtungen sinnvoll wird. Im vorliegenden Zusammenhang bedeutet dies unter anderem, daß jeder überhaupt erfaßte Sektor in einer nicht zu geringen Zahl von Regionen vertreten sein muß.

2011 Prüfung der Lösungsmöglichkeiten

Für die Wahl der regionalen Aufgliederung bieten sich vier grundsätzliche Möglichkeiten an, nämlich

(a) die unveränderte Übernahme der Daten aller Kreise,

(b) die Zusammenfassung nach Regierungsbezirken,

(c) die Zusammenfassung nach anderen Gesichtspunkten und

(d) die Selektion der Daten bestimmter Kreise.

Berücksichtigt man auch die entsprechenden Möglichkeiten der sektoralen Einteilung, d. h.

(A) die unveränderte Übernahme der Daten aller („vierstelligen") Sektoren,

(B) die Zusammenfassung entsprechend den Obergruppen der „offiziellen" Systematik,

(C) die Zusammenfassung nach anderen Kriterien und

(D) die Selektion der Daten bestimmter Sektoren,

so ergeben sich insgesamt 16 verschiedene Kombinationen, die der Untersuchung zugrunde gelegt werden könnten.

Fachserie D (Industrie und Handwerk), Reihe 4, Sonderbeiträge zur Industriestatistik, Beschäftigte nach der Stellung im Betrieb, September 1968, Stuttgart/Mainz 1970, S. 14.

Die Verwendung der feinstmöglichen Gliederung (a verbunden mit A) scheidet aus, da wegen der Geheimhaltungsvorschrift unverhältnismäßig viele Angaben fehlen.

Man könnte versuchen, durch Zusammenfassung der Regionen und/oder Sektoren den Grad der Repräsentativität zu steigern. Hält man sich dabei nicht an die „offiziellen" Abgrenzungen (Regierungsbezirke bzw. zweistellige Industriegruppen, vgl. b bzw. B), sondern wählt eine sinnvolle andere Zusammenfassung (c bzw. C), so wird das Ergebnis schlechter, nicht besser[10].

Für die somit noch verbleibenden acht Alternativen[11] wurden umfangreiche Proberechnungen durchgeführt. Im Falle d wurden dabei zunächst alle kreisfreien Städte ausgewählt. Alternativ wurden auch alle kreisfreien Städte mit mehr als 60 000, 80 000 oder 100 000 Einwohnern betrachtet, wobei zu beachten ist, daß nahezu alle in der BRD existierenden Städte dieser Größenordnungen zugleich kreisfrei sind. Als sektorales Selektionskriterium im Falle D diente die Forderung, daß in jedem Sektor die Werte für eine bestimmte Mindestzahl von Regionen (wahlweise 11, 13 oder 16) vorliegen und daß gleichzeitig (ebenfalls wahlweise) mindestens 80 %, 85 % oder 90 % der tatsächlichen Sektorbeschäftigten erfaßt werden.

Die Proberechnungen erwiesen sich als ebenso aufwendig wie lohnend. Vor allem das Verhältnis von insgesamt erfaßten zu insgesamt (bzw. in den ausgewählten Städten) vorhandenen Industriebeschäftigten, daneben in geringerem Maße auch der Grad der regionalen und sektoralen Gleichmäßigkeit der Erfassung, waren bei den einzelnen Kombinationen sehr unterschiedlich.

Die weitaus besten Ergebnisse lieferte die Alternative b/D mit Schwellen von 11 für die Mindestzahl der Werte pro Sektor und 15 % für den Höchstanteil der nicht erfaßten Beschäftigten in jedem Sektor. Die beiden Schwellen führten zwar dazu, daß 45 von 96 Sektoren ausgeschlossen werden mußten. Dieser Umstand ist jedoch bei weitem nicht so nachteilig, wie es zunächst den Anschein haben mag, da den eliminierten Sektoren nur 16,3 % der Beschäftigten in den befragten Betrieben mit 10 und mehr Beschäftigten angehören. Mehr als vier Fünftel der Gesamtbeschäftigten in der Verarbeitenden Industrie können erfaßt werden, ein vergleichsweise sehr gutes Resultat.

2012 Darstellung der ausgewählten Gliederungen

Die oben skizzierten Überlegungen haben ergeben, daß für die im folgenden verwendeten Daten eine regionale Aufgliederung nach 36 Regierungsbezirken und eine sektorale Aufgliederung nach 51 ausgewählten Industriezweigen als am besten geeignet anzusehen sind. Da alle Werte ohnehin für die Arbeiter und die Angestell-

---

10 Sollen z. B. drei Elemente zusammengefaßt werden und trifft für eines davon die Geheimhaltungsbedingung zu, so können die Statistischen Landesämter wegen der Möglichkeit der Rückrechnung die Daten für die ganze Gruppe nicht zur Verfügung stellen, obwohl sie für zwei der drei Elemente isoliert erhältlich gewesen wären. Fälle dieser Art treten sehr häufig auf.

11 Es sind dies die Kombinationen a/B, a/D, b/A, b/B, b/D, d/A, d/B und d/D.

ten getrennt ausgewiesen werden, liegt insgesamt eine Dreifachklassifikation mit 3672 Einzelpositionen vor. Nachstehend wird zunächst eine Übersicht über die regionale Aufgliederung gegeben:

Regionen

$r =$ 1 Ld. Schleswig-Holstein
2 Ld. Hamburg
3 RB Hannover
4 RB Hildesheim
5 RB Lüneburg
6 RB Stade
7 RB Osnabrück
8 RB Aurich
9 VB Braunschweig
10 VB Oldenburg
11 Ld. Bremen
12 RB Düsseldorf
13 RB Köln
14 RB Aachen
15 RB Münster
16 RB Detmold
17 RB Arnsberg
18 RB Darmstadt

$r =$ 19 RB Kassel
20 RB Wiesbaden
21 RB Koblenz (einschl. Montabaur)
22 RB Trier
23 RB Rheinhessen
24 RB Pfalz
25 RB Nordwürttemberg
26 RB Nordbaden
27 RB Südbaden
28 RB Südwürttemberg-Hohenzollern
29 RB Oberbayern
30 RB Niederbayern
31 RB Oberpfalz
32 RB Oberfranken
33 RB Mittelfranken
34 RB Unterfranken
35 RB Schwaben
36 Ld. Saarland

Zu dieser Aufstellung ist zu bemerken, daß Länder, die wegen ihrer geringen Größe nicht in Regierungsbezirke aufgegliedert sind, selbst wie Regierungsbezirke behandelt werden. Die Verwaltungsbezirke (VB) in Niedersachsen entsprechen den Regierungsbezirken (RB) anderer Bundesländer.

Die Liste der Sektoren lautet wie folgt:

Sektoren

$s =$ 1 Natursteinindustrie
2 Sand- und Kiesindustrie
3 Gewinnung und Aufbereitung von Rohton, Farberden, Schiefer, Asphalt, Quarzit und ähnlichen Steinen und Erden
4 Kalkindustrie
5 Ziegelindustrie
6 Betonsteinindustrie
7 Bims- und Bimssteinindustrie
8 Sonstige Industrien der Steine und Erden
9 Eisen-, Stahl- und Tempergießerei
10 NE-Metallgießerei
11 Ziehereien und Kaltwalzwerke
12 Stahlverformung
13 Stahl- und Leichtmetallbau
14 Maschinenbau
15 Straßenfahrzeugbau
16 Schiffbau
17 Elektrotechnische Industrie
18 Feinmechanische und optische sowie Uhrenindustrie
19 Werkzeugindustrie
20 Heiz- und Kochgeräteindustrie

21 Stahlblechwarenindustrie
22 Stahlrohrmöbelindustrie
23 NE-Metallblechwarenindustrie
24 Schloß- und Beschlagindustrie
25 Metallwarenindustrie (ohne Füllhalter- und Kugelschreiberindustrie)
26 Metallkurzwarenindustrie
27 Spielwarenindustrie (einschließlich Herstellung von Christbaumschmuck)
28 Chemische Industrie (ohne Kohlenwertstoffindustrie)
29 Feinkeramische Industrie
30 Glasindustrie
31 Säge-, Hobel-, Holzimprägnier- und Furnierwerke
32 Holzverarbeitende Industrie
33 Holzschliff, Zellstoff, Papier und Pappe erzeugende Industrie
34 Papier- und pappeverarbeitende Industrie
35 Druckerei- und Vervielfältigungsindustrie
36 Kunststoffverarbeitende Industrie
37 Gummi- und asbestverarbeitende Industrie
38 Ledererzeugende Industrie
39 Lederverarbeitende Industrie
40 Schuhindustrie
41 Textilindustrie
42 Bekleidungsindustrie
43 Mahl- und Schälmühlenindustrie
44 Nährmittelindustrie
45 Obst- und gemüseverarbeitende Industrie
46 Süßwarenindustrie
47 Brauereien
48 Spirituosenindustrie
49 Mineralbrunnen-, Mineralwasser- und Limonadenindustrie
50 Futtermittelindustrie
51 Zigarrenindustrie.

Hierzu ist ergänzend anzumerken, daß die Industrieberichterstattung bei den im Rahmen dieser Untersuchung verwandten Angaben dem „Hauptbeteiligungsprinzip“ folgt. Betriebe, deren Produkte zwei oder mehr Sektoren zuzuordnen sind, werden also ganz dem Sektor zugerechnet, in dem das Schwergewicht, gemessen an den Beschäftigtenzahlen, liegt.

21 Verfahren

210 Wahl eines Verfahrens zur Strukturbeschreibung

2100 Vorbereitende Auswahl

In Anlehnung an Adam, Helten und Scholl[12] könnte der Begriff „Struktur“ formal als die Menge der Relationen zwischen den Elementen einer Menge definiert werden. Unter „Analyse der interregionalen Lohn- und Gehaltsstruktur“ wäre dann die Aufdeckung, Ordnung und eventuell Erklärung der einzelnen Beziehungen zu verstehen, welche zwischen Löhnen bzw. Gehältern bestehen, die in verschiedenen Regionen gezahlt werden.

---

[12] Vgl. Adam, Adolf, Helten, Elmar und Scholl, Friedrich: Kybernetische Modelle und Methoden, Köln/Opladen 1970, S. 115.

Für die Zwecke einer empirischen Untersuchung ist eine solche Abgrenzung aus praktischen Gründen zu weit gefaßt. Es ist einschränkend festzulegen,

(1) auf welche Arten von Beziehungen sich die Untersuchung konzentrieren soll und

(2) wie diese Beziehungen in verdichteter Form erfaßt werden können.

Auswahlkriterium zu (1) ist, daß jene Arten von Beziehungen berücksichtigt werden sollten, die in Theorie und Politik das größte Interesse beanspruchen. Daneben muß (2a) die Darstellung in einer Form erfolgen, die der beschränkten Aufnahmekapazität des Menschen entgegenkommt. Andererseits soll aber (2b) der damit notwendigerweise verbundene Informationsverlust nicht größer sein, als es bei dem jeweiligen Grad der Verdichtung unumgänglich ist.

Aufgabe der folgenden Kapitel wird es sein, ein Strukturmaß auszuwählen, das den genannten Bedingungen genügt. Die Forderungen (2a) und (2b) legen es nahe, eines jener statistischen Maße zu verwenden, die unter entsprechenden Gesichtspunkten entwickelt worden sind. Grundsätzlich kommen die Größen, die eine Verteilung charakterisieren, in Betracht. Dies sind

(a) die Lokalisationsmaße,

(b) die Dispersions- bzw. Konzentrationsmaße,

(c) die Assoziationsmaße und

(d) die Maße der Schiefe und Asymmetrie.

Unter den genannten Gruppen weist die Bedingung (1) im hier gegebenen Zusammenhang den Dispersions- bzw. Konzentrationsmaßen die bestimmende Rolle zu. Demgegenüber treten die übrigen Maße – abgesehen davon, daß sie nicht alle als Maße der Struktur im Sinne der obigen Definition gelten können – an Bedeutung zurück. Mit dieser Schwerpunktsetzung wird zugleich der Anschluß an den internationalen Sprachgebrauch erreicht, in dem „Maß der Verdienststruktur" soviel wie „Maß der Verdienstunterschiede" bedeutet.

Da die Elemente, deren Dispersion gemessen werden soll, hier alle als Werte auf ein und derselben Skala definiert sind und diese Skala eine Verhältnisskala ist, kommen grundsätzlich alle vorhandenen Dispersions- bzw. Konzentrationsmaße[13] für eine Verwendung an dieser Stelle in Betracht[14]. Eine erste Vorauswahl ist dennoch verhältnismäßig leicht zu treffen, wenn man etwas strengere Kriterien anwendet. Zu streichen sind dann (in Klammern jeweils einige der wichtigeren Beispiele):

[13] Übersichten über Dispersions- bzw. Konzentrationsmaße finden sich bei Arndt, Helmut und Ollenburg, Günter: Begriff und Arten der Konzentration, in: Die Konzentration in der Wirtschaft, Band 1, Berlin 1960, S. 8 ff.; Kendall, Maurice und Stuart, Alan: The Advanced Theory of Statistics, Bd. 1, London 1958, S. 42 ff.; Marfels, Christian: Probleme der Messung der Unternehmenskonzentration, Diss. FU Berlin 1966, S. 18 ff.; Yntema, Dwight: Measures of the Inequality in the Personal Distribution of Wealth or Income, in: Journal of the American Statistical Association, 1933, S. 423 ff.; Müller, J. Heinz: Nivellierung und Differenzierung der Arbeitseinkommen in Deutschland seit 1925, Berlin 1954, S. 144 ff.

[14] Vgl. auch Bihn, Willi: Die informationstheoretische Messung von Struktursystemen des internationalen Handels, Freiburg 1967, S. 41 ff.

(a) jene Maße, die nicht alle Elemente der gegebenen Menge berücksichtigen (die üblichen Maße der sog. „absoluten“ Konzentration);

(b) alle zweidimensionalen Maße, da sie bei der großen Zahl von Vergleichen, die im folgenden erforderlich ist, zu unübersichtlich sind[15] (die Lorenz- und Durand-Kurven);

(c) solche Maße, die von unnötig strengen a priori-Annahmen über die Form der Verteilung ausgehen (der Konzentrationsindex von Gini und Paretos α).

Zwischen den verbleibenden Maßgrößen wird man am besten durch paarweisen Vergleich auswählen, und zwar in der folgenden Reihenfolge:

- Variationskoeffizient bezogen auf das Standardmerkmal versus Variationskoeffizient bezogen auf das arithmetische Mittel
- Entropie versus Varianz (bzw. Standardabweichung)
- relative mittlere Abweichung versus normiertes Konzentrationsverhältnis von Gini
- einfache mittlere Abweichung versus nicht normiertes Konzentrationsverhältnis von Gini
- mittlere Differenz versus nicht normiertes Konzentrationsverhältnis von Gini.

Es fällt nicht schwer, sich unter den beiden Variationskoeffizienten für den auf das arithmetische Mittel und gegen den auf das sog. Standardmerkmal[16] bezogenen zu entscheiden, da sich der erstere wesentlich leichter sinnvoll interpretieren läßt. Die fehlende Normiertheit auf einen festen Bereich fällt demgegenüber kaum ins Gewicht.

Bei einem Vergleich zwischen dem auf der Entropie aufbauenden Dispersionsmaß[17] und der Varianz (bzw. Standardabweichung) ist zu berücksichtigen, daß sich das erstere nur verhältnismäßig schwer explizit als Strukturmaß im Sinne der oben angeführten Definition deuten läßt, während dies bei der Varianz keine Schwierigkeiten bereitet. Es wird daher der letzteren hier der Vorzug gegeben.

Ein drittes Paar, die relative mittlere Abweichung[18] und das normierte Konzentrationsverhältnis von Gini[19], läßt sich anhand des Lorenz-Schemas[20] geometrisch leicht interpretieren, und zwar die relative mittlere Abweichung als das Zweifache

[15] Vgl. auch Yntema, Dwight, S. 423 f.

[16] Man versteht darunter das Mittel aus den quadrierten Werten. Vgl. hierzu z. B. Arndt, Helmut und Ollenburg, Günter, S. 10 f.

[17] Vgl. Theil, Henri: Economics and Information Theory, Amsterdam 1961, S. 91.

[18] Vgl. z. B. Yntema, Dwight, S. 425.

[19] Vgl. z. B. Kendall, Maurice und Stuart, Alan, S. 48 ff. Das Konzentrationsverhältnis von Gini darf nicht mit dem Konzentrationsindex des gleichen Autors verwechselt werden.

[20] Die Merkmalswerte werden der Größe nach geordnet. Auf der Ordinate (Abszisse) eines rechtwinkligen Koordinatensystems werden sodann die kumulierten Merkmalswerte (die zugehörigen kumulierten Häufigkeiten) in Prozent ihres Höchstwertes abgetragen.

der größten vertikalen Entfernung[21] zwischen Lorenz-Kurve und 45 °-Linie, das Gini-Maß als das Verhältnis der Fläche zwischen Kurve und 45 °-Linie zu der Fläche des Dreiecks unterhalb der 45 °-Linie. Da, wie sich leicht erkennen läßt, Ginis Konzentrationsverhältnis die Form der Kurve, also die Einzelheiten der Verteilung, besser berücksichtigt, sollte dieses Maß bevorzugt werden.

Ganz entsprechend ist bei einem Vergleich zwischen der einfachen mittleren Abweichung und dem nicht normierten Konzentrationsverhältnis von Gini zu entscheiden.

Da schließlich die mittlere Differenz ohne Wiederholungen gleich dem doppelten Gini-Maß ist[22], braucht diese nicht gesondert betrachtet zu werden.

2101 Erläuterungen zur Normierung

In der engeren Wahl verbleiben nach den angeführten Überlegungen die Varianz bzw. die Standardabweichung sowie das Konzentrationsverhältnis von Gini, und zwar jeweils entweder in der einfachen oder in einer durch Division der Daten mit dem arithmetischen Mittel normierten Form. Es ist nunmehr zu prüfen, welche Bedeutung dem zuletzt angesprochenen Aspekt zukommt.

Ein Argument zugunsten der nicht normierten Form, und zwar speziell jener der Varianz, könnte sich zunächst aus deren überlegenen Eigenschaften im Hinblick auf eine Zerlegung der Gesamtdispersion in Intra- und Intergruppendispersion[23] ergeben. Dieser im allgemeinen nicht zu unterschätzende Vorteil ist jedoch im Rahmen dieser Untersuchung nicht entscheidend.

---

21 Das von Schutz vorgeschlagene Maß ist dieser Entfernung gleich, wie sich durch einfache Umrechnungen zeigen läßt. Vgl. Schutz, Robert: On the Measurement of Income Inequality, in: American Economic Review, 1951, S. 107 ff.

22 Vgl. z. B. Kendall, Maurice und Stuart, Alan, S. 47.

23 Zu beachten ist, daß die hier betrachteten Elemente Durchschnitte sind, so daß bei der Berechnung der Varianz die Gewichte berücksichtigt werden müssen. Die Varianzzerlegung wird dadurch erschwert, bleibt aber möglich. Man setze z. B.:

$$n = \sum_i \sum_j n_{ij}; \; n_i = \sum_j n_{ij}; \; n_j = \sum_i n_{ij}$$

$$\bar{\bar{l}} = \frac{1}{n} \sum_i \sum_j n_{ij} \, l_{ij}; \; \bar{l}_i = \frac{1}{n_i} \sum_j n_{ij} \, l_{ij};$$

$$\bar{l}_j = \frac{1}{n_j} \sum_i n_{ij} \, l_{ij}$$

Dann gilt:

$$\frac{1}{n} \sum_i \sum_j n_{ij} (l_{ij} - \bar{\bar{l}})^2 =$$

$$= \frac{1}{n} \sum_i n_i (\bar{l}_i - \bar{\bar{l}})^2 + \frac{1}{n} \sum_j n_j (\bar{l}_j - \bar{\bar{l}})^2 +$$

$$+ \frac{1}{n} \sum_i \sum_j n_{ij} (l_{ij} - \bar{l}_i)(l_{ij} - \bar{l}_j) -$$

$$- \frac{1}{n} \sum_i \sum_j n_{ij} (\bar{l}_i - \bar{\bar{l}})(\bar{l}_j - \bar{\bar{l}})$$

Ein umgekehrtes Argument für die Verwendung der normierten Form ließe sich aus der häufig genannten Bedingung[24] ableiten, daß das Dispersionsmaß von der Maßeinheit der Merkmalswerte unabhängig sein sollte. Dieses Kriterium ist hier jedoch insofern von vergleichsweise geringerem Gewicht, als sich die Betrachtung nur auf *einen* Zeitpunkt bezieht. Wichtiger erscheint die sich mit der obigen überschneidende Forderung, nicht gleiche absolute, sondern gleiche relative Unterschiede der Löhne bzw. Gehälter als äquivalent einzuschätzen[25]. Die Wahl einer solchen Betrachtungsweise ist natürlich wertend und somit in gewisser Weise subjektiv[26], doch wird sie vermutlich der Ansicht einer Mehrheit der Betrachter entsprechen. Es läge demnach nahe, den Variationskoeffizienten bzw. das normierte Konzentrationsverhältnis von Gini zu verwenden.

Ein solches Vorgehen ist unproblematisch, solange man sich auf die bloße Beschreibung einer empirischen oder theoretischen Verteilung beschränkt. Versucht man jedoch, von der einen auf die andere zu schließen, so erhält man als Schätzfunktion einen Quotienten zweier Stichprobenfunktionen, die nicht unabhängig voneinander sind. Die Eigenschaften solcher Schätzfunktionen sind nicht günstig.

Im Nenner der Schätzfunktion steht das arithmetische Mittel $\bar{x}$, mit dem Erwartungswert $E(\bar{x}) = \mu$ und der Varianz $var(\bar{x}) = \frac{\sigma^2}{n}$. Dabei kennzeichnet

- n den Stichprobenumfang,
- μ den Erwartungswert von x in der Grundgesamtheit und
- σ^2 die Varianz von x in der Grundgesamtheit.

$\bar{x}$ ist also eine erwartungstreue und konsistente Schätzung für μ.

Im Zähler der Schätzfunktion steht entweder die Standardabweichung:

$$s = \left[\frac{1}{n-1} \sum_i (x_i - \bar{x})^2\right]^{\frac{1}{2}}.$$

oder das noch unnormierte Gini-Konzentrationsverhältnis:

$$G = \frac{1}{2n\,(n-1)} \sum_i \sum_j |x_i - x_j| \qquad i \neq j$$

Beide sind erwartungstreue Schätzungen für die entsprechenden Werte σ bzw. Γ in der Grundgesamtheit.

---

[24] Vgl. z. B. Yntema, Dwight, S. 423, und Mansfield, Edwin: The Measurement of Wage Differentials, in: Journal of Political Economy, Bd. 62, 1954, S. 346 f.

[25] Es sollten demnach z. B. im folgenden Schema die Situationen in den beiden Sektoren A und B, nicht aber in A und C als einander entsprechend angesehen werden:

	Löhne	
Sektor A	2	3
Sektor B	6	9
Sektor C	8	9

[26] Koller weist darauf hin, daß gleiche relative Unterschiede (Quotienten) ebensowenig als gleichwertig angesehen werden *müssen* wie gleiche absolute Unterschiede (Differenzen). Vgl. Koller, Siegfried: Zur Problematik des statistischen Messens, in: Allgemeines Statistisches Archiv, 1956, S. 322 ff.

Bezeichnen wir mit $f(x)$ die Dichtefunktion von x, so erhalten wir für die Varianzen[27]:

$$var\,(s) = \frac{\int_{-\infty}^{+\infty} (x-\mu)^4 f(x)\,dx - \left[\int_{-\infty}^{+\infty} (x-\mu)^2 f(x)\,dx\right]^2}{4n \int_{-\infty}^{+\infty} (x-\mu)^2 f(x)\,dx}$$

$$var\,(G) = \frac{1}{n\,(n-1)} \left[\sigma^2 + (n-2) \int_{-\infty}^{\infty}\int_{-\infty}^{\infty}\int_{-\infty}^{\infty} |x-y| \cdot \right.$$

$$\cdot\, |x-z|\, f(x)\, f(y)\, f(z)\, dx\, dy\, dz -$$

$$\left. -\, 2\,(2n-3)\, \Gamma^2 \right].$$

Beide Schätzungen sind konsistent.

Die endgültige Schätzfunktion ist demnach der Quotient zweier einfacherer Schätzfunktionen, die erwartungstreu und konsistent, aber voneinander abhängig sind. Schreibt man

$$\hat{M} = \frac{\hat{\alpha}}{\bar{x}},$$

wobei $\hat{\alpha}$ entweder für s oder G, α für die entsprechenden Werte in der Grundgesamtheit und $\hat{M}$ entweder für den Variationskoeffizienten V oder das normierte Konzentrationsverhältnis GN steht, so ergibt sich[28]:

$$E\,(\hat{M}) = \frac{\alpha}{\mu}\left[1 + \frac{\sigma^2}{n\mu^2} - \frac{cov\,(\hat{\alpha}, \bar{x})}{\alpha\mu}\right]$$

$$var\,(\hat{M}) \approx \left(\frac{\alpha}{\mu}\right)^2 \left[\frac{var(\hat{\alpha})}{\alpha^2} + \frac{\sigma^2}{n\mu^2} - 2\frac{cov\,(\hat{\alpha}, \bar{x})}{\alpha\mu}\right].$$

$\hat{M}$ ist also eine zwar konsistente, aber nur asymptotisch erwartungstreue Schätzfunktion für $M = \frac{\alpha}{\mu}$. Dieser Mangel kann vernachlässigt werden, wenn

$$\frac{\sigma^2}{n\mu^2} \text{ und } \frac{cov\,(\hat{\alpha}, \bar{x})}{\alpha\mu}$$

unter der Annahme plausibler Werte sehr klein werden.

Für den ersten Ausdruck ist diese Bedingung sicherlich erfüllt. Nimmt man beispielsweise

$$\sigma = 100,\ n = 25 \text{ und } \mu = 1000$$

an, so ergibt sich auf Grund dieses Ausdruckes ein Fehler von lediglich 0,4 ‰.

---

27 Vgl. Kendall, M. und Stuart, A., S. 241 ff.

28 Vgl. Stange, Kurt: Angewandte Statistik, 1. Band, Berlin-Heidelberg-New York 1970, S. 175.

Schwieriger gestalten sich die Verhältnisse bei dem anderen Ausdruck. Für symmetrische Verteilungen von x ist er Null, für asymmetrische Verteilungen wird dagegen eine weitere Abschätzung erforderlich. Es gilt[29]:

$$\frac{cov\,(s,\bar{x})}{\sigma\mu} = \frac{E\,[(x-\mu)^3]}{2n\mu\sigma^2}$$

und, wenn man mit γ das Schiefemaß $\frac{E\,[(x-\mu)^3]}{\sigma^3}$ bezeichnet,

$$\frac{cov\,(s,\bar{x})}{\sigma\mu} = \frac{\gamma\sigma}{2n\mu}.$$

Da nicht auszuschließen ist, daß γ hier verhältnismäßig hohe Werte annimmt, ist auch eine wenigstens approximative Erwartungstreue des Variationskoeffizienten nicht gesichert. Für

$$\frac{cov\,(G,\bar{x})}{\Gamma\mu}$$

sind, wie sich nach längeren Umrechnungen zeigen läßt, ebenfalls entsprechend hohe Werte möglich.

Es werden daher im folgenden jeweils nebeneinander sowohl das normierte Maß als auch das korrespondierende nicht normierte Maß errechnet. Der Leser kann dann selbst zwischen der leichter interpretierbaren und der schätztheoretisch günstigeren Größe wählen.

2102 Endgültige Auswahl

Die endgültige Entscheidung hat nunmehr zwischen der Standardabweichung s (bzw. dem Variationskoeffizienten) einerseits und dem einfachen (bzw. dem normierten) Konzentrationsverhältnis G andererseits zu fallen. Sie wird erleichtert, wenn man σ und Γ, d. h. jene Werte, auf deren Schätzung s und G abzielen, in der folgenden Form darstellt[30]:

$$\Gamma = \frac{1}{2}\int_{-\infty}^{\infty}\int_{-\infty}^{\infty} |x-y|\,f(x)\,f(y)\,dx\,dy,$$

$$\sigma = [\frac{1}{2}\int_{-\infty}^{\infty}\int_{-\infty}^{\infty} |x-y|^2\,f(x)\,f(y)\,dx\,dy]^{\frac{1}{2}}.$$

Beide Größen erfassen, wie es gefordert war, in komprimierter Form Beziehungen zwischen den Elementen einer Menge, und zwar im einen Fall die Differenzen, im anderen die Quadrate der Differenzen. Bei der Berechnung von σ werden also steigende Verdienstdifferenzen mit wachsenden Gewichten versehen. Γ bzw. G hat, damit zusammenhängend, den nicht unwichtigen Vorteil, die anschauliche Interpretation der Ergebnisse zu erleichtern. Darüber hinaus ist die Wahl zwischen

---

29 Vgl. Kendall, M. und Stuart, A., S. 233.

30 Vgl. z. B. Kendall, M. und Stuart, A., S. 46. x und y sind Variable, die die gleiche Verteilung mit der Dichtefunktion f aufweisen.

den beiden Maßen aber weitgehend eine Frage des Geschmacks, die hier, auch wegen des genannten Vorteils, zugunsten von G entschieden wird.

Die Berechnung von G aus den Stichprobenwerten kann, wenn n_i (n_j) die Häufigkeit des Wertes x_i (x_j) darstellt, gemäß der Formel[31]

$$G = \frac{1}{2n^2} \sum_i \sum_j n_i \, n_j \, | x_i - x_j |,$$

$$n = \sum_i n_i = \sum_j n_j,$$

erfolgen. Der Wertebereich reicht von 0 bei Gleichverteilung bis $(\frac{n-1}{n})\ \bar{x}$ bei extremer Konzentration. Das normierte Maß erhält man, indem man G durch $\bar{x}$ teilt. Grenzwerte sind dann 0 und $\frac{n-1}{n}$ (≈ 1 für ausreichend großes n).

211 Konkretisierung des ausgewählten Verfahrens

2110 Vorbemerkungen

21100 Aggregation und Disaggregation der Verdienste

Im vorliegenden Fall einer Unterscheidung dreier Merkmale (Region *r*, Sektor *s* und Stellung als Arbeiter oder Angestellter bzw., wie im folgenden kurz gesagt wird, „Arbeitnehmergruppe" *a*), von denen eines (*r*) insofern eine Sonderstellung einnimmt, als es die zu analysierende Strukturdimension begründet, lassen sich grundsätzlich sinnvoll betrachten

1. der globale Einfluß der Disaggregation nach dem *a*-Merkmal (Vergleich der Dispersion bei vollständiger Aggregation mit jener bei Disaggregation nach *a*),
2. der globale Einfluß der Disaggregation nach dem *s*-Merkmal (Vergleich der Dispersion bei vollständiger Aggregation mit jener bei Disaggregation nach *s*),
3. der Einfluß der Disaggregation nach dem *s*-Merkmal in den einzelnen Arbeitnehmergruppen (Vergleich der Dispersion bei Disaggregation nach *a* mit jener bei Disaggregation nach *a* und *s*) und
4. der Einfluß der Disaggregation nach dem *a*-Merkmal in den einzelnen Sektoren (Vergleich der Dispersion bei Disaggregation nach *s* mit jener bei Disaggregation nach *a* und *s*).

Im folgenden werden nicht alle vier Kombinationen von Aggregation und Disaggregation bezüglich der einzelnen Merkmale betrachtet. Wollte man nämlich alle ihnen entsprechenden Maßzahlen berechnen, so wäre nicht nur der Aufwand relativ groß, sondern es würden vor allem auch derart viele Werte anfallen, daß eine übersichtliche Interpretation praktisch ausgeschlossen wäre.

Das Interesse gilt in den nachfolgenden Abschnitten zunächst den beiden globalen Betrachtungsweisen, da mit ihrer Hilfe die Bedeutung der Merkmale für die

[31] Man könnte auch das sog. „Gini-Konzentrationsverhältnis ohne Wiederholung" verwenden, das statt $1/2n^2$ den Faktor $1/2n(n-1)$ enthält. Beide Maße unterscheiden sich aber hier praktisch nicht, so daß sich eine Diskussion der Vor- und Nachteile erübrigt.

interregionale Dispersion besonders klar herausgestellt werden kann. Zusätzlich wird die Betrachtungsweise 3 gewählt. Diese Wahl stützt sich auf die folgenden Überlegungen: Die getrennte Betrachtung von Arbeitern und Angestellten postuliert eine größere a priori-Relevanz des Arbeitnehmergruppenmerkmals gegenüber dem Sektorenmerkmal. Dies scheint berechtigt, da die Arbeiter bzw. Angestellten aufgrund ähnlicher Berufe bzw. Tätigkeiten in sich homogenere Gruppen darstellen dürften als die verschiedenen Beschäftigten eines Sektors. Hinzu kommt, daß die Aufgliederung zuerst nach den Arbeitnehmergruppen (Betrachtungsweise 3) lediglich zu zwei Ergebnisgruppen, die umgekehrte Aufgliederung zuerst nach den Sektoren (4) dagegen zu 51 Ergebnisgruppen führt. Durch eine andere als die getroffene Wahl würde die Übersichtlichkeit, vor allem im Abschnitt 5, erheblich beeinträchtigt werden.

21101 Bezeichnungen der Daten und Maße

Die folgenden Abkürzungen werden vereinbart:

(a) Datenbezeichnungen:

n_{ars} = Zahl der Arbeitnehmer
in der Arbeitnehmergruppe a ($a = 1, 2$)
in der Region r ($r = 1, 2, \ldots, 36$)
im Sektor s ($s = 1, 2, \ldots, 51$).

Steht an Stelle eines Indexes ein *Punkt*, so bedeutet dies eine Summenbildung über das betreffende Merkmal[32].

l_{ars} = monatlicher Verdienst pro Kopf
in der Arbeitnehmergruppe a
in der Region r
im Sektor s.

Steht an Stelle eines Indexes ein *Ø-Zeichen*, so bedeutet dies eine gewogene Verdienstdurchschnittsbildung über das betreffende Merkmal[33].

(b) Maßbezeichnungen:

G = nicht normiertes Konzentrationsverhältnis von Gini
(kurz: nicht normiertes Gini-Maß)

GN = normiertes Gini-Maß

Die Gini-Maße haben maximal vier *Indizes*.

Die beiden ersten Indizes kennzeichnen die Aggregation/Disaggregation der verwendeten Daten[34]. Es steht an der

---

32 Z. B. gilt: $n_{ar.} = \sum_{s=1}^{51} n_{ars}$

33 Z. B. gilt: $l_{arØ} = \frac{1}{n_{ar.}} \sum_{s=1}^{51} n_{ars}\, l_{ars}$

1. Stelle: allgemein *a* oder speziell 1 bzw. 2 im Falle der Disaggregation bezüglich *a*,

x im Falle der Aggregation bezüglich *a*;

2. Stelle: allgemein *s* oder speziell 1, 2, . . ., 51 im Falle der Disaggregation bezüglich *s*,

x im Falle der Aggregation bezüglich *s*.

Der dritte Index kennzeichnet die Standardisierung. Da zunächst nur unstandardisierte Daten verwendet werden, steht an der

3. Stelle vorerst immer ein „*u*".

Der vierte Index ist erforderlich, wenn nicht ein einzelnes Gini-Maß, sondern der Durchschnitt mehrerer solcher Einzelmaße vorliegt. Es steht an der

4. Stelle: *a* für einen gewogenen Durchschnitt der *G (GN)*, die in den einzelnen Arbeitnehmergruppen errechnet wurden,

s für einen gewogenen Durchschnitt der *G (GN)*, die in den einzelnen Sektoren errechnet wurden,

kein Index, wenn eine Durchschnittsbildung der *G (GN)* unterbleibt.

2111 Die Meßtechniken im einzelnen

21110 Globale Einflüsse der Disaggregation nach Arbeitnehmergruppen

Im folgenden werden die Formeln im einzelnen aufgeführt, die den Messungen des Abschnitts 2 zugrunde liegen.

Den Überlegungen im Abschnitt 21100 gemäß sind in einem ersten Schritt die globalen Einflüsse der Disaggregation nach Arbeitnehmergruppen zu prüfen. Es wird zunächst die „Ausgangsdispersion" gemessen, d. h. im vorliegenden Fall die Dispersion der nicht weiter disaggregierten regionalen Durchschnittsverdienste:

$$\text{(a)}\quad G_{xx,\,u} = \frac{1}{2n^2_{...}} \sum_r \sum_{r'} n_{.r.}\; n_{.r'.}\, | l_{\varnothing r \varnothing} - l_{\varnothing r' \varnothing} |$$

(1) bzw. normiert:

$$\text{(b)}\quad GN_{xx,\,u} = \frac{G_{xx,\,u}}{l_{\varnothing\varnothing\varnothing}}$$

Davon zu unterscheiden sind die Einzeldispersionen der nach Arbeitnehmergruppen aufgegliederten Verdienste:

---

[34] Eine solche Kennzeichnung ist nur bezüglich *a* und *s* erforderlich, da die Daten stets nach *r* disaggregiert sind.

(2)
$$\left.\begin{aligned}&(a)\ G_{ax,\,u} = \frac{1}{2n^2_{a..}} \sum_r \sum_{r'} n_{ar.}\ n_{ar'.} \mid l_{ar\varnothing} - l_{ar'\varnothing} \mid \\ &(b)\ GN_{ax,\,u} = \frac{G_{ax,\,u}}{l_{a\varnothing\varnothing}}\end{aligned}\right\}\ \text{für beide } a$$

Diese können zusammengefaßt werden zur durchschnittlichen Dispersion der nach Arbeitnehmergruppen aufgegliederten Verdienste:

(3)
$$(a)\ G_{ax,\,u,\,a} = \frac{1}{n_{...}} \sum_a n_{a..}\ G_{ax,\,u}$$
$$(b)\ GN_{ax,\,u,\,a} = \frac{1}{n_{...}} \sum_a n_{a..}\ GN_{ax,\,u}\,.$$

Eine Gegenüberstellung mit der Ausgangsdispersion läßt den globalen Einfluß der Disaggregation nach den Arbeitnehmergruppen erkennen.

21111 Globale Einflüsse der Disaggregation nach Sektoren

In einem zweiten Schritt werden die globalen Einflüsse der sektoralen Disaggregation geprüft. Die Ausgangsdispersion ist die gleiche wie im vorangegangenen Abschnitt:

(1)
$$(a)\ G_{xx,\,u} = \frac{1}{2n^2_{...}} \sum_r \sum_{r'} n_{.r.}\ n_{.r'.} \mid l_{\varnothing r\varnothing} - l_{\varnothing r'\varnothing} \mid$$
$$(b)\ GN_{xx,\,u} = \frac{G_{xx,\,u}}{l_{\varnothing\varnothing\varnothing}}$$

Bei allen anderen Maßen wird dagegen nach den Sektoren anstatt, wie bisher, nach den Arbeitnehmergruppen disaggregiert. Man erhält dann die Einzeldispersionen der nach Sektoren aufgegliederten Verdienste:

(2)
$$\left.\begin{aligned}&(a)\ G_{xs,\,u} = \frac{1}{2n^2_{..s}} \sum_r \sum_{r'} n_{.rs}\ n_{.r's} \mid l_{\varnothing rs} - l_{\varnothing r's} \mid \\ &(b)\ GN_{xs,\,u} = \frac{G_{xs,\,u}}{l_{\varnothing\varnothing s}}\end{aligned}\right\}\ \text{für jedes } s$$

sowie die durchschnittliche Dispersion der nach Sektoren aufgegliederten Verdienste:

(3)
$$(a)\ G_{xs,\,u,\,s} = \frac{1}{n_{...}} \sum_s n_{..s}\ G_{xs,\,u}$$
$$(b)\ GN_{xs,\,u,\,s} = \frac{1}{n_{...}} \sum_s n_{..s}\ GN_{xs,\,u}\,.$$

Die durchschnittliche Dispersion (3) ist, wie oben, der Ausgangsdispersion (1) vergleichend gegenüberzustellen.

21112 Einflüsse der Disaggregation nach Sektoren in den beiden Arbeitnehmergruppen

Entsprechende Berechnungen können auch für die Arbeiter und die Angestellten getrennt durchgeführt werden. Sie werden hier exemplarisch für $a = 1$ (Arbeiter) erläutert. Auszugehen ist nunmehr von der Dispersion der Durchschnittslöhne:

(1)

$$\text{(a)}\ G_{1x.\,u} = \frac{1}{2n_{1..}^2} \sum_r \sum_{r'} n_{1r.}\, n_{1r'.} \,|\, l_{1r\varnothing} - l_{1r'\varnothing} \,|$$

$$\text{(b)}\ GN_{1x.\,u} = \frac{G_{1x.\,u}}{l_{1\varnothing\varnothing}} .$$

Diese ist identisch mit der Dispersion (2) aus Kapitel 21110 für $a = 1$, worin sich der schrittweise Charakter des Vorgehens äußert.

In der nächsten Stufe wird zusätzlich nach s disaggregiert. Gemessen werden die Einzeldispersionen der nach Sektoren aufgegliederten Löhne:

(2)

$$\text{(a)}\ G_{1s.\,u} = \frac{1}{2n_{1.s}^2} \sum_r \sum_{r'} n_{1rs}\, n_{1r's} \,|\, l_{1rs} - l_{1r's} \,|$$

$$\text{(b)}\ GN_{1s.\,u} = \frac{G_{1s.\,u}}{l_{1\varnothing s}}$$

für jedes s

sowie die durchschnittliche Dispersion der nach Sektoren aufgegliederten Löhne:

(3)

$$\text{(a)}\ G_{1s.\,u.\,s} = \frac{1}{n_{1..}} \sum_s n_{1.s}\, G_{1s.\,u}$$

$$\text{(b)}\ GN_{1s.\,u.\,s} = \frac{1}{n_{1..}} \sum_s n_{1.s}\, GN_{1s.\,u}$$

Ein Vergleich zwischen (3) und (1) gibt Aufschluß über die Auswirkungen der Disaggregation nach Sektoren auf die interregionale Dispersion speziell der Löhne.

22 Ergebnisse

220 Zusammenfassende Übersicht

Im Interesse der Übersichtlichkeit sollen die Ergebnisse der Messungen zunächst unkommentiert in drei Tabellen zusammengestellt werden[35].

Die Ergebnisse der Tabelle 1, die weitgehend für sich selbst sprechen, werden im Abschnitt 221 kurz erläutert.

Wichtiger und auch schwieriger ist die Auswertung der Tabellen 2 und 3. Beide werden im folgenden jeweils zusammen betrachtet, doch erfolgt die gemeinsame Auswertung in mehreren Schritten. Das nachfolgende Schema, dessen Aufbau jenem der beiden Tabellen gleicht, verzeichnet die einzelnen Auswertungsschritte nach Gegenstand und Reihenfolge:

[35] Vgl. S. 41 ff.

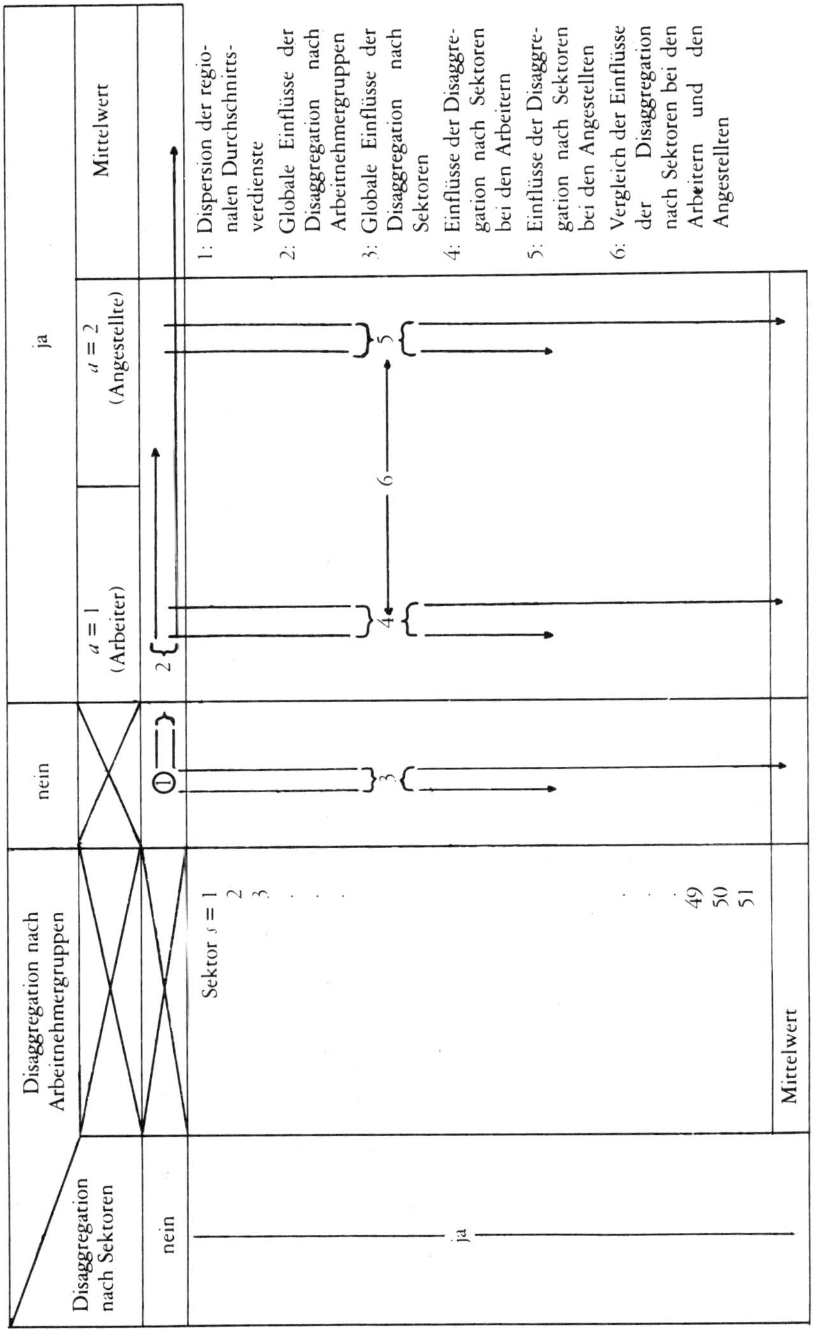

Abb. 5. Auswertungsschema zu den Tabellen 2 und 3

Tabelle 1

Regionen, geordnet nach ihren Durchschnittsverdiensten

Rang	Region	Durchschnittsverdienst pro Kopf im Sept. 1968 in DM
1	Köln	1064
2	Hamburg	1059
3	Düsseldorf	1042
4	Wiesbaden	1010
5	Nordwürttemberg	981
6	Hannover	966
7	Bremen	966
8	Rheinhessen	964
9	Arnsberg	963
10	Darmstadt	946
11	Pfalz	940
12	Oberbayern	938
13	Nordbaden	937
14	Braunschweig	916
15	Schleswig-Holstein	906
16	Münster	901
17	Saarland	894
18	Detmold	871
19	Lüneburg	870
20	Kassel	870
21	Mittelfranken	866
22	Hildesheim	864
23	Aachen	864
24	Südbaden	861
25	Koblenz (incl. Montabaur)	858
26	Südwürttemberg-Hohenzollern	856
27	Stade	852
28	Unterfranken	850
29	Schwaben	841
30	Aurich	840
31	Osnabrück	811
32	Oldenburg	808
33	Trier	760
34	Oberpfalz	726
35	Oberfranken	724
36	Niederbayern	699
	BRD ohne Berlin	$l_{\varnothing\varnothing\varnothing} = 931$

Tabelle 2

Nicht normierte Verdienstdispersionen, berechnet auf der Basis der Angaben der Industrieberichterstattung (Werte in DM)

Disaggregation nach Sektoren \ Disaggregation nach Arbeitnehmergruppen		nein	ja		
			$a = 1$ (Arbeiter)	$a = 2$ (Angestellte)	Mittelwert
nein		Dispersion der regionalen Durchschnittsverdienste: $G_{x\,x,\,u} = 47{,}37$	Einzeldispersionen der nach Arbeitnehmergruppen aufgegliederten Verdienste: $G_{1\,x,\,u} = 39{,}40$	$G_{2\,x,\,u} = 52{,}62$	Durchschnittsdispersion der nach Arbeitnehmergruppen aufgegl. Verdienste $G_{ax,\,u,\,a} = 42{,}68$
		Einzeldispersionen der nach Sektoren aufgegliederten Verdienste:	Einzeldispersionen der nach beiden Merkmalen aufgegliederten Verdienste:		
	Sektor[36] $s =$ 1	$G_{xs,\,u} = 57{,}65$	$G_{1s,\,u} = 54{,}05$	$G_{2s,\,u} = 83{,}93$	
	2	40,15	45,87	87,08	
	3	42,29	45,44	83,53	
	4	67,23	59,66	85,65	
	5	37,10	36,34	77,62	
	6	44,12	46,69	65,47	
	7	48,21	47,92	74,17	
	8	62,99	72,50	70,21	
	9	31,80	29,75	47,04	
	10	36,43	29,07	83,71	
	11	41,16	41,19	63,77	
	12	33,31	34,85	36,51	
	13	42,80	43,13	47,72	
	14	43,51	34,92	56,93	
	15	44,71	34,93	91,98	
	16	62,08	70,97	31,31	
	17	45,89	37,30	42,99	
	18	40,33	27,68	60,17	
	19	36,25	31,44	56,79	
	20	24,19	25,58	58,32	
	21	37,06	36,45	48,23	
	22	58,43	62,11	71,59	

ja	23	51,12	57,84	45,66
	24	51,40	46,57	67,48
	25	55,39	56,14	63,29
	26	24,58	27,35	46,80
	27	40,58	28,07	80,06
	28	73,79	63,85	85,51
	29	75,41	60,62	96,86
	30	69,66	65,97	111,73
	31	44,56	30,78	112,89
	32	39,33	39,17	44,79
	33	51,13	47,95	48,83
	34	37,46	34,18	50,55
	35	36,34	35,42	51,99
	36	55,10	39,19	84,69
	37	38,54	38,97	53,18
	38	42,38	42,48	74,80
	39	43,26	41,15	55,24
	40	32,41	27,99	48,92
	41	35,43	29,34	43,99
	42	27,05	21,69	39,41
	43	56,69	49,89	87,34
	44	72,77	48,09	117,68
	45	75,41	69,76	75,05
	46	49,53	39,30	91,84
	47	49,90	36,62	69,36
	48	57,65	32,64	75,04
	49	44,23	26,24	111,93
	50	63,61	45,22	101,04
	51	55,23	45,31	42,57
	Mittelwert	Durchschnittsdispersion der nach Sektoren aufgegliederten Verdienste: $G_{xs,u,s} = 45{,}32$	Durchschnittsdispersion der nach Sektoren aufgegliederten Löhne: $G_{1s,u,s} = 38{,}47$	Gehälter: $G_{2s,u,s} = 60{,}79$
			Mittelwert (Löhne und Gehälter): $(G_{as,u,s})_{\varnothing} = 44{,}01$	

[36] Vgl. hierzu das Sektorenverzeichnis auf S. 27 f.

Tabelle 3

Normierte Verdienstdispersionen, berechnet auf der Basis der Angaben der Industrieberichterstattung

Disaggregation nach Sektoren \ Disaggregation nach Arbeitnehmergruppen		nein	ja		
			$a = 1$ (Arbeiter)	$a = 2$ (Angestellte)	Mittelwert
nein		Dispersion der regionalen Durchschnittsverdienste: $GN_{x\,x,\,u} = 0{,}05091$	Einzeldispersionen der nach Arbeitnehmergruppen aufgegliederten Verdienste: $GN_{1\,x,\,u} = 0{,}04771$	$GN_{2\,x,\,u} = 0{,}04215$	Durchschnittsdispersion der nach Arbeitnehmergruppen aufgegl. Verdienste $GN_{ax,\,u,\,a} = 0{,}04633$
		Einzeldispersionen der nach Sektoren aufgegliederten Verdienste:	.Einzeldispersionen der nach beiden Merkmalen aufgegliederten Verdienste:		
	Sektor[37] $s =$ 1	$GN_{xs,\,u} = 0{,}05993$	$GN_{1s,\,u} = 0{,}05740$	$GN_{2s,\,u} = 0{,}07925$	
	2	0,03553	0,04050	0,07777	
	3	0,04721	0,05318	0,07561	
	4	0,05870	0,05642	0,05933	
	5	0,03847	0,03823	0,07398	
	6	0,04123	0,04464	0,05572	
	7	0,04471	0,04408	0,07091	
	8	0,05423	0,06514	0,05370	
	9	0,03167	0,03145	0,03691	
	10	0,03814	0,03204	0,07149	
	11	0,04078	0,04302	0,05232	
	12	0,03580	0,03997	0,03124	
	13	0,03949	0,04235	0,03769	
	14	0,04294	0,03886	0,04471	
	15	0,04223	0,03662	0,06270	
	16	0,05741	0,06783	0,02553	
	17	0,05012	0,04897	0,03380	
	18	0,04784	0,03809	0,05110	
	19	0,03947	0,03717	0,04915	
	20	0,02563	0,02978	0,04752	
	21	0,03862	0,04071	0,04108	
	22	0,06845	0,07705	0,06628	

ja		23	0,05876	0,07209	0,04260
		24	0,05742	0,05658	0,05730
		25	0,06432	0,07225	0,05546
		26	0,03077	0,03788	0,04291
		27	0,06239	0,04788	0,08431
		28	0,06602	0,06892	0,05963
		29	0,09362	0,08333	0,08362
		30	0,07445	0,07526	0,09036
		31	0,05925	0,04076	0,15240
		32	0,04515	0,04708	0,04319
		33	0,04840	0,04905	0,03455
		34	0,04607	0,04718	0,04381
		35	0,03669	0,03824	0,04220
		36	0,06440	0,05188	0,07159
		37	0,04057	0,04516	0,04213
		38	0,04975	0,05365	0,06511
		39	0,06457	0,06714	0,05887
		40	0,04585	0,04275	0,04827
		41	0,04680	0,04331	0,04033
		42	0,04469	0,03977	0,04201
		43	0,05664	0,05438	0,07597
		44	0,07585	0,06461	0,09466
		45	0,10177	0,10491	0,07322
		46	0,06985	0,06645	0,07783
		47	0,04794	0,03935	0,05101
		48	0,06696	0,04984	0,06979
		49	0,05042	0,03250	0,10594
		50	0,06263	0,05101	0,08381
		51	0,09817	0,09218	0,04539
		Mittelwert	Durchschnitts-dispersion der nach Sektoren aufgegliederten Verdienste: $GN_{xs,u,s} = 0{,}04881$	Durchschnittsdispersion der nach Sektoren aufgegliederten Löhne: $GN_{1s,u,s} = 0{,}04670$	Gehälter: $GN_{2s,u,s} = 0{,}04868$
				Mittelwert: $(GN_{as,u,s})_{\varnothing} = 0{,}04719$	

37 Vgl. hierzu wieder das Sektorenverzeichnis auf S. 27 f.

221 Regionale Durchschnittsverdienste

Die höchste interregionale Verdienstdifferenz (Spannweite) tritt zwischen den Regierungsbezirken Köln mit 1064 DM und Niederbayern mit 699 DM Pro-Kopf-Monatsverdienst auf. Die Differenz von 365 DM macht immerhin 34,3 % des höchsten, 39,2 % des durchschnittlichen und 52,2 % des niedrigsten Wertes aus, also Beträge, die sicherlich nicht zu vernachlässigen sind.

Bei einer Gewichtung mit den Beschäftigtenzahlen ergibt sich ein arithmetisches Mittel von 931 DM sowie ein Median von 939 DM. Daraus folgt, daß die korrespondierende Verteilung der Verdienste nur eine recht schwache Schiefe aufweist, und zwar dergestalt, daß die höheren Verdienste etwas näher beieinander liegen als die niedrigeren.

222 Dispersion der regionalen Durchschnittsverdienste

Die Dispersion der regionalen Durchschnittsverdienste betrug im September 1968 DM 47,37 (unnormiert) bzw. 0,05091 (normiert). Diese Werte mögen auf den ersten Blick niedrig erscheinen, erreichen sie doch beide nur wenig mehr als 5 % ihrer möglichen Maxima. Es ist jedoch zu bedenken, daß diese Maxima erst bei vollständiger Konzentration des Gesamtverdienstes (nicht aber der Beschäftigten!) auf eine einzige der 36 Regionen erreicht würden, d. h. in einem völlig unmöglichen Fall.

Die absolute Differenz, die zwischen den Durchschnittsverdiensten zweier willkürlich herausgegriffener Regionen im gewogenen Mittel zu erwarten wäre, erhält man durch einfache Verdoppelung des unnormierten Gini-Maßes. Sie beträgt 94,74 DM. Dies sind immerhin etwas mehr als 10 % des Durchschnittsverdienstes im Gesamtgebiet. Differenzen dieser Größenordnung dürften in den einzelnen Arbeitnehmerbudgets sowie insgesamt auch für die interregionale Kaufkraftverteilung deutlich spürbar sein.

Eine Umrechnung kann eine zusätzliche Vorstellung von der Höhe der Dispersion vermitteln. Die „einfache Verdienstdifferenz" sei definiert als die Differenz $l_2 - l_1$, die bestünde, wenn bei unveränderter Gültigkeit der gemessenen Dispersion die Hälfte aller Arbeitnehmer den Verdienst l_1, die andere Hälfte den Verdienst l_2 bezöge. Die Verdienste berechnen sich dann wie folgt:

$$l_1 = l_{øøø} (1 - 2GN_{xx,\,u})$$

$$l_2 = 2\, l_{øøø} - l_1$$

Für die vorliegenden Daten erhält man:

$$l_1 = 836 \text{ DM}; \qquad l_2 = 1026 \text{ DM}.$$

Einem $G_{xx,\,u}$ von 47,37 DM bzw. einem $GN_{xx,\,u}$ von 0,05091 entspricht demnach eine „einfache Verdienstdifferenz" von 190 DM pro Kopf und Monat oder von 20,4 % des Durchschnittsverdienstes[38].

223 Globale Einflüsse der Disaggregation nach Arbeitnehmergruppen bzw. Sektoren

2230 Disaggregation nach Arbeitnehmergruppen

Die Dispersion der regionalen Durchschnittsverdienste ist das geeignete Maß zur Beantwortung bestimmter regionalpolitischer Fragestellungen, die die Regionen jeweils als „Ganzheiten" betreffen. Interessiert man sich dagegen mehr für die einzelnen Arbeitnehmer, so vergleicht man sie am besten mit den Angehörigen der jeweils gleichen Arbeitnehmergruppe in den anderen Regionen. Die Dispersion der regionalen Durchschnittsverdienste ist in diesem Fall weniger als Maßgröße geeignet als die durchschnittliche Dispersion der nach Arbeitnehmergruppen disaggregierten Werte.

Ein wichtiges und interessantes Ergebnis ist, daß die letztere sowohl bei normierter als auch bei unnormierter Messung geringere Werte aufweist als die erstere:

$$G(N)_{xx,\,u} > G(N)_{ax,\,u,\,a}$$

Die entsprechenden Quotienten lauten:

$$\frac{G_{ax,\,u,\,a}}{G_{xx,\,u}} = 0{,}90 \text{ und } \frac{GN_{ax,\,u,\,a}}{GN_{xx,\,u}} = 0{,}91$$

Die Ausgangsdispersion stellt sich somit aus der oben erläuterten Sicht zu einem gewissen, wenn auch nicht sehr großen Teil als „Scheindispersion" heraus.

Immerhin erreicht aber die (unnormierte bzw. normierte) Dispersion noch eine Höhe von 39,40 DM bzw. 0,04771 bei den Arbeitern und von 52,62 DM bzw. 0,04215 bei den Angestellten. Die absolute Differenz, die zwischen den Durchschnittslöhnen zweier zufällig ausgewählter Regionen im gewogenen Mittel zu erwarten ist, beträgt 78,80 DM. Dies sind etwa 9,5 % des Durchschnittslohnes in der BRD ohne Berlin. Bei den Gehältern lauten die entsprechenden Werte 105,24 DM bzw. 8,4 %. Obgleich zumindest die relativen Differenzen kleiner sind als bei den über die Arbeitnehmergruppen aggregierten Verdiensten, bleiben die interregionalen Unterschiede dennoch auch im vorliegenden Fall beachtenswert.

Ein Vergleich der Einzeldispersionen für die Arbeiter mit jenen für die Angestellten zeigt, daß die Beziehungen

$$G_{1x,\,u} < G_{2x,\,u}$$

$$GN_{1x,\,u} > GN_{2x,\,u}$$

---

38 Diese Werte sind (abgesehen von einem eventuellen Rundungsfehler) stets gleich dem Vierfachen der zugehörigen Dispersion.

gelten. Der Unterschied der unnormierten Dispersionen ist beträchtlich. Den 39,40 DM bei den Löhnen steht mit 52,62 DM bei den Gehältern ein um rund ein Drittel höherer Wert gegenüber. Dennoch kehrt sich die Relation bei der Normierung um, denn das normierte Ergebnis für die Angestellten liegt mit 0,04215 um rund ein Neuntel unter jenem für die Arbeiter mit 0,04771. Da der im Gesamtgebiet gemessene Durchschnittslohn erheblich hinter dem entsprechenden Durchschnittsgehalt zurückbleibt[39], ist die Dispersion, relativ zum Verdienst gesehen, für die Arbeiter größer als für die Angestellten, obwohl die absoluten Differenzen zwischen den regionalen Gehältern im Mittel bedeutend höher sind als zwischen den regionalen Löhnen.

2231 Disaggregation nach Sektoren

Die Einflüsse der Disaggregation nach Sektoren lassen sich in formal ähnlicher Weise prüfen wie die Einflüsse der Disaggregation nach Arbeitnehmergruppen. Das Gewicht liegt allerdings bei der Interpretation von interregionalen Dispersionen sektoral disaggregierter Verdienste nicht primär auf der Betrachtung der Situation aus der Sicht der Beschäftigten. Die Arbeitnehmer dürften in der Mehrzahl intersektoral mobiler sein als interregional sowie zwischen den Regionen mobiler als zwischen den Gruppen der Arbeiter und Angestellten; ihre interregionalen Verdienstvergleiche sind daher vermutlich sektorüberschreitend und auf die eigene Arbeitnehmergruppe beschränkt. Für die Arbeitgeberseite ist dagegen, wie ohne weiteres einzusehen ist, die sektoral disaggregierte interregionale Analyse von besonders großer Bedeutung.

Ähnlich wie im vorigen Abschnitt zeigt sich auch bei dieser Form der Analyse, daß die Durchschnittsdispersion der disaggregierten Verdienste kleiner ist als die Dispersion der Durchschnittsverdienste:

$$G(N)_{xx,\,u} > G(N)_{xs,\,u,\,s}\,.$$

Die Quoten lauten:

$$\frac{G_{xs,\,u,\,s}}{G_{xx,\,u}} = \frac{GN_{xs,\,u,\,s}}{GN_{xx,\,u}} = 0{,}96;$$

lediglich 4 % der Ausgangsdispersion lassen sich also in der oben angesprochenen Sicht vor allem der Arbeitgeberseite als „Scheindispersion“ einordnen. Die Differenz, die zwischen den Durchschnittsverdiensten im gleichen Sektor, aber in zwei verschiedenen Regionen im gewogenen Mittel zu erwarten ist, bleibt beachtlich groß. Sie beträgt absolut 90,64 DM und relativ zum jeweiligen sektoralen Verdienstdurchschnitt 9,76 %.

Die Rangplätze der Sektoren hinsichtlich der Höhe der Verdienstdispersionen bzw. der Höhe der Durchschnittsverdienste lauten wie folgt:

39 Während der Durchschnittslohn mit 826 DM nur rund 89 % des Durchschnittsverdienstes (931 DM) erreicht, sind es für das Durchschnittsgehalt 1248 DM bzw. 134 %.

Tabelle 4

Rangordnungen der sektoralen Verdienstdispersionen und Durchschnittsverdienste

Sektor[40]	Rangplätze Dispersion nicht normiert	Rangplätze Dispersion normiert	Rangplätze Durchschnitts-verdienst	Sektor[40]	Rangplätze Dispersion nicht normiert	Rangplätze Dispersion normiert	Rangplätze Durchschnitts-verdienst
1	11/12	15	19	26	50	50	42
2	36	48	3	27	34	14	49
3	32	29	29	28	3	9	4
4	6	18	2	29	1/2	3	41
5	40	44	18	30	5	5	25
6	27	38	8	31	25	16	44
7	22	34	7	32	37	33	32
8	8	22	1	33	18	26	10
9	48	49	15	34	39	31	40
10	42	45	22	35	43	46	17
11	33	39	14	36	16	11	36
12	46	47	26	37	38	40	23
13	30	41	5	38	31	25	38
14	28	36	13	39	29	10	48
15	24	37	9	40	47	32	47
16	9	20	6	41	45	30	43
17	23	24	28	42	49	35	50
18	35	28	39	43	13	21	16
19	44	42	27	44	4	4	21
20	51	51	24	45	1/2	1	45
21	41	43	20	46	21	6	46
22	10	7	37	47	20	27	11
23	19	17	33	48	11/12	8	35
24	17	19	30	49	26	23	31
25	14	12	34	50	7	13	12
				51	15	2	51

[40] Vgl. S. 27 f.

Der über die Sektoren hinweg berechnete Rangkorrelationskoeffizient zwischen den nicht normierten Dispersionen und den Durchschnittsverdiensten beträgt +0,19. Für die normierten Dispersionen erhält man einen entsprechenden Wert von -0,34.

Trotz des negativen Vorzeichens bei den normierten Werten ergibt sich keine ausreichende Stütze für die Hypothese, die Verdienstdispersion in einem Sektor müsse um so größer sein, je geringere Verdienste dort im Durchschnitt bezogen würden. Als Begründung für diese Behauptung war angeführt worden[41], Niedrigverdienstindustrien beschäftigten relativ mehr Arbeitseinheiten geringerer Qualität, und für diese sei die Tendenz zum Ausgleich „unbegründeter" interregionaler Verdienstdifferenzen infolge verminderter Markttransparenz auf der Arbeitsangebotsseite schwach[42].

Es lohnt sich, die normierten Einzeldispersionen der nach Sektoren aufgegliederten Verdienste noch etwas näher zu betrachten. Um sich ein ungefähres Bild von der Verteilung zu machen, kann man zunächst die Extremwerte vergleichen. Die geringste Dispersion ist im Sektor 20 (Heiz- und Kochgeräte-Industrie) mit 0,02563 zu finden. Die höchste Dispersion weist der Sektor 45 (obst- und gemüseverarbeitende Industrie) mit 0,10177 auf. Die Differenz dieser Extremwerte ist zwar recht hoch, aber verhältnismäßig wenig aussagekräftig, da es sich um ausgefallene Werte handelt, die zudem wegen der geringen Beschäftigtenzahlen in diesen Sektoren wenig gewichtig sind. Aufschlußreicher ist eine Zusammenfassung nach Dispersionsgruppen, wie sie die folgende Tabelle zeigt:

Tabelle 5

Absolute und relative Bedeutung der einzelnen Verdienstdispersionsgruppen

$GN_{xs,\,u}$	Anzahl der Sektoren		Beschäftigte	
	absolut	relativ (%)	absolut	relativ (%)
0,02 bis unter 0,03	1	2,0	27 737	0,4
0,03 bis unter 0,04	10	19,6	853 803	13,3
0,04 bis unter 0,05	16	31,4	3 317 951	51,7
0,05 bis unter 0,06	10	19,6	1 120 453	17,5
0,06 bis unter 0,07	9	17,6	885 420	13,8
0,07 bis unter 0,08	2	3,9	103 544	1,6
0,08 bis unter 0,09	0	0,0	0	0,0
0,09 bis unter 0,10	2	3,9	78 975	1,2
0,10 bis unter 0,11	1	2,0	27 969	0,4

41 Vgl. z. B. Chimerine, Lawrence: An Econometric Analysis of Regional Wage Differentials, Diss. Brown University 1965, S. 41.

42 Hätte sich herausgestellt, daß die Hypothese als bestätigt angesehen werden kann, so hätte der weitere Gang der Untersuchung verändert werden müssen. Insofern erschien ein kurzer Hinweis, trotz des damit verbundenen Vorgriffs auf den Themenbereich des Abschnittes 5, bereits an dieser Stelle sinnvoll.

Die meisten Sektoren (88 %) sind im Bereich von 0,03 bis unter 0,07 einzuordnen. In diesen Sektoren sind sogar 96 % aller Arbeitnehmer beschäftigt. 51 % der Sektoren mit 69 % der Beschäftigten weisen Dispersionen zwischen 0,04 und 0,06 auf. Am gewichtigsten von den Einzelgruppen ist jene von 0,04 bis unter 0,05. Ihr ist zwar nur knapp ein Drittel aller Sektoren, aber mehr als die Hälfte aller Beschäftigten zuzuordnen.

224 Einflüsse der Disaggregation nach Sektoren in den beiden Arbeitnehmergruppen

2240 Vorbemerkung

War die Messung der Dispersion der regionalen Durchschnittsverdienste primär von Bedeutung für die Beantwortung bestimmter regionalpolitischer Fragen und diente die einfache Disaggregation nach den Arbeitnehmergruppen bzw. nach den Sektoren der Gewinnung von Erkenntnissen, die wohl überwiegend aus der Sicht der Arbeitnehmer- bzw. der Arbeitgeberseite wichtig sind, so ist die nunmehr zu vollziehende kombinierte Disaggregation von besonderem theoretischem Interesse. Dies liegt vor allem daran, daß die Dispersionen der nach Arbeitnehmergruppen *und* nach Sektoren aufgegliederten Verdienste sich auf homogenere[43] Gruppen beziehen, als es bei den zuvor verwendeten Maßen der Fall war, und daß sie daher die eigentlichen Regionaleinflüsse besser als jene wiederzugeben vermögen.

Ähnlich wie im vorigen Abschnitt werden auch in den folgenden Kapiteln Einflüsse der sektoralen Disaggregation geprüft werden. Auszugehen ist nunmehr jedoch nicht von der Dispersion der regionalen Durchschnittsverdienste, sondern von den Dispersionen der bereits nach Arbeitnehmergruppen aufgegliederten Werte[44].

2241 Einflüsse bei den Arbeitern

Die durchschnittliche interregionale Dispersion der nach Sektoren aufgegliederten Löhne ist unnormiert und normiert kleiner als die Dispersion der Durchschnittslöhne:

$$G(N)_{1x,\,u} > G(N)_{1s,\,u,\,s}.$$

Aus den Quoten

$$\frac{G_{1s,\,u,\,s}}{G_{1x,\,u}} = \frac{GN_{1s,\,u,\,s}}{GN_{1x,\,u}} = 0{,}98$$

---

[43] Wie in allen empirischen Untersuchungen der vorliegenden Art kann auch hier nur von einer *relativen* Homogenität der betrachteten Gruppen gesprochen werden. Eine vollständige Homogenisierung scheitert an den Unzulänglichkeiten des verfügbaren Datenmaterials.

[44] Dieser Teil der Untersuchung kann somit als unmittelbare Fortsetzung der Analysen des Abschnitts 2230 („Disaggregation nach Arbeitnehmergruppen“) angesehen werden.

läßt sich aber ablesen, daß die letztere nur zu einem sehr geringen Teil als „Scheindispersion“ in dem Sinne zu bezeichnen ist, daß sie durch eine einfache sektorale Aufgliederung zum Verschwinden gebracht werden kann. Daraus zu folgern ist unter anderem, daß man sich bei der Erklärung der interregionalen Dispersion der Durchschnittslöhne nicht ohne weiteres mit dem Hinweis auf die sektorale Heterogenität begnügen darf; die Erklärungsbedürftigkeit bleibt vielmehr auch auf der Ebene der sektoral disaggregierten Werte bestehen. Im gewogenen Mittel erreichen die interregionalen Lohndifferenzen auch innerhalb der Sektoren noch die bemerkenswerte Höhe von 76,94 DM bzw., bezogen auf den jeweiligen sektoralen Lohndurchschnitt, von 9,34 %.

Die Rangplätze, die die Sektoren hinsichtlich der Höhe der Lohndispersionen bzw. der Höhe der Durchschnittslöhne einnehmen, sind in den Spalten 2–4 der Tabelle 6 auf dieser und der folgenden Seite verzeichnet. Für die Rangkorrelation zwischen den nicht normierten bzw. den normierten Lohndispersionen einerseits und den Durchschnittslöhnen andererseits erhält man die Koeffizienten +0,35 bzw. -0,22. Beide Werte bestätigen, nunmehr speziell für die Gruppe der Arbeiter, die korrespondierenden Aussagen im Abschnitt 2231.

Tabelle 6

Rangordnungen der sektoralen Lohn- und Gehaltsdispersionen sowie der sektoralen Durchschnittslöhne und -gehälter

1	2	3	4	5	6	7
	Rangplätze bei den Löhnen			Rangplätze bei den Gehältern		
Sektor[45]	unnormierte Dispersion	normierte Dispersion	Durchschnittslöhne	unnormierte Dispersion	normierte Dispersion	Durchschnittsgehälter
1	11	14	13	14	8	40
2	18	37	1	10	10	33
3	19	19	26	16	12	34
4	8	16	4	11	23	2
5	33	43	11	18	13	42
6	16	29	5/6	27	26	23
7	15	30	3	22	17	43
8	1	12	2	24	28	6
9	42	50	12	42	47	7
10	44	49	18	15	16	25
11	24	32	9	28	29	17
12	37	38	23	50	50	26
13	22	34	7	41	46	10
14	36	41	19	32	36	8
15	35	47	10	7	21	1
16	2	9	5/6	51	51	16
17	30	24	35	47	49	9
18	47	44	39	30	30	21/22
19	40	46	27	33	32	28
20	50	51	25	31	34	15

Tabelle 6 (Fortsetzung)

1	2	3	4	5	6	7
	Rangplätze bei den Löhnen			Rangplätze bei den Gehältern		
Sektor[45]	unnormierte Dispersion	normierte Dispersion	Durchschnittslöhne	unnormierte Dispersion	normierte Dispersion	Durchschnittsgehälter
20	50	51	25	31	34	15
21	32	36	20	40	44	24
22	6	4	31	23	19	37
23	9	7	32	44	40	39
24	17	15	29	26	25	21/22
25	10	6	34	29	27	32
26	48	45	42	43	39	35/36
27	45	25	49	17	5	47
28	5	8	15/16	12	22	3
29	7	3	40	6	7	27
30	4	5	22	4	4	13
31	41	35	36/37	2	1	51
32	28	27	28	45	38	44
33	14	23	8	39	48	4
34	38	26	41	37	37	29
35	34	42	15/16	36	41	14
36	27	20	36/37	13	15	19
37	29	28	24	35	42	11
38	23	18	33	21	20	31
39	25	10	47	34	24	48
40	46	33	45/46	38	33	46
41	43	31	43	46	45	35/36
42	51	39	50	49	43	49/50
43	12	17	17	9	11	30
44	13	13	38	1	3	12
45	3	1	44	19	14	45
46	26	11	48	8	9	20
47	31	40	14	25	31	5
48	39	22	45/46	20	18	38
49	49	48	30	3	2	41
50	21	21	21	5	6	18
51	20	2	51	48	35	49/50

Die niedrigste normierte Dispersion findet sich auch hier wieder im Sektor 20 (Heiz- und Kochgeräteindustrie) mit 0,02978, die höchste wieder im Sektor 45 (obst- und gemüseverarbeitende Industrie) mit 0,10491. Insgesamt ergibt sich nunmehr die in der Tabelle 7 auf der nächsten Seite wiedergegebene Verteilung.

84 % der Sektoren weisen eine Dispersion auf, die im Bereich von 0,03 bis unter 0,07 liegt; sie beschäftigen 95 % aller Arbeiter. Den beiden stärksten Gruppen

45 Vgl. S. 27 f.

zusammen (0,03 bis unter 0,05) sind 57 % aller Sektoren mit 80 % aller Arbeiter zuzuordnen. Innerhalb dieses Intervalls hat keine der beiden Einzelgruppen eindeutig das Übergewicht.

Tabelle 7

Absolute und relative Bedeutung der einzelnen Lohndispersionsgruppen

$GN_{1s,u}$	Anzahl der Sektoren absolut	Anzahl der Sektoren relativ (%)	Anzahl der Arbeiter absolut	Anzahl der Arbeiter relativ (%)
0,02 bis unter 0,03	1	2,0	21 332	0,4
0,03 bis unter 0,04	13	25,5	2 022 492	41,9
0,04 bis unter 0,05	16	31,4	1 858 996	38,5
0,05 bis unter 0,06	8	15,7	207 520	4,3
0,06 bis unter 0,07	6	11,8	497 642	10,3
0,07 bis unter 0,08	4	7,8	129 123	2,7
0,08 bis unter 0,09	1	2,0	53 659	1,1
0,09 bis unter 0,10	1	2,0	11 315	0,2
0,10 bis unter 0,11	1	2,0	22 069	0,5

2242 Einflüsse bei den Angestellten

Die durchschnittliche interregionale Dispersion der nach Sektoren aufgegliederten Gehälter ist, unnormiert ebenso wie normiert, überraschenderweise größer als die Dispersion der regionalen Durchschnittsgehälter:

$$G(N)_{2s,u,s} > G(N)_{2x,u} .$$

Die letztere ist also nicht als „Scheindispersion“ im oben erläuterten Sinne zu bezeichnen; sie verdeckt vielmehr im Gegenteil vorhandene Gehaltsdifferenzen, die durch die Homogenisierung erst ans Licht gebracht werden. Die Verhältnisse

$$\frac{G_{2s,u,s}}{G_{2x,u}} = \frac{GN_{2s,u,s}}{GN_{2x,u}} = 1{,}155$$

zeigen, daß der Zuschlag für die „verdeckte“ Dispersion immerhin 15,5 % ausmacht. Die interregionalen Gehaltsdifferenzen innerhalb der Sektoren erreichen im gewogenen Mittel den beachtlichen Wert von 121,58 DM oder, bei relativer Betrachtung, von 9,74 % des jeweiligen sektoralen Gehaltsdurchschnitts.

Aus den Angaben in den Spalten 5–7 der Tabelle 6 auf S. 52 f. lassen sich wieder die beiden Rangkorrelationskoeffizienten errechnen, nunmehr bezüglich der Gehaltsdispersionen und der Durchschnittsgehälter. Die Koeffizienten betragen +0,07 im nicht normierten Fall und -0,26 im normierten Fall; sie entsprechen also in ihrer Größenordnung ungefähr den in den Abschnitten 2231 und 2241 angegebenen Koeffizienten.

Die Extremwerte der normierten Gehaltsdispersion werden in den Sektoren 16 (Schiffbau) mit 0,02553 und 31 (Säge-, Hobel-, Holzimprägnier- und Furnierwerke) mit 0,15240 gemessen. Einen Überblick über die Gewichte der dazwischen liegenden Dispersionsgruppen bietet die folgende Tabelle:

Tabelle 8

Absolute und relative Bedeutung der einzelnen Gehaltsdispersionsgruppen

$GN_{2s,\,u}$	Anzahl der Sektoren absolut	Anzahl der Sektoren relativ (%)	Anzahl der Angestellten absolut	Anzahl der Angestellten relativ (%)
0,02 bis unter 0,03	1	2,0	14 582	0,9
0,03 bis unter 0,04	5	9,8	364 595	22,9
0,04 bis unter 0,05	14	27,5	660 219	41,5
0,05 bis unter 0,06	10	19,6	317 791	20,0
0,06 bis unter 0,07	4	7,8	101 200	6,4
0,07 bis unter 0,08	10	19,6	75 726	4,8
0,08 bis unter 0,09	3	5,9	20 651	1,3
0,09 bis unter 0,10	2	3,9	21 769	1,4
0,10 bis unter 0,11	1	2,0	7 395	0,5
über 0,11	1	2,0	7 776	0,5

Die hohen Werte konzentrieren sich nunmehr auf den Bereich von 0,03 bis unter 0,08; dort sind 84 % der Sektoren mit 95 % der Angestellten einzuordnen. Den stärksten benachbarten Gruppen (0,03 bis unter 0,06) sind zusammen 57 % der Sektoren mit 84 % der Angestellten zuzurechnen. Dispersionen, die kleiner als 0,03 oder größer als 0,08 sind, treten auch im vorliegenden Fall nur selten auf.

2243 Vergleich zwischen den Einflüssen bei den Arbeitern und den Angestellten

Während bei den Löhnen die interregionale Dispersion auf Grund der sektoralen Disaggregation leicht abnimmt, steigt sie bei den Gehältern noch deutlich an:

$$0{,}98 = \frac{G(N)_{1s,\,u,\,s}}{G(N)_{1x,\,u}} < \frac{G(N)_{2s,\,u,\,s}}{G(N)_{2x,\,u}} = 1{,}155.$$

Es nimmt daher nicht wunder, daß nunmehr nicht nur die unnormierte, sondern – anders als bei den Dispersionen der sektoral aggregierten Werte[46] – auch die normierte (durchschnittliche) Dispersion der Gehälter größer ist als die entsprechende Dispersion der Löhne:

$$G(N)_{1s,\,u,\,s} < G(N)_{2s,\,u,\,s}.$$

[46] Für diese galten die Relationen:

$$G_{1x,\,u} < G_{2x,\,u};\; GN_{1x,\,u} > GN_{2x,\,u}.$$

Die bei zufälliger Wahl eines Sektors und zweier Regionen im gewogenen Mittel zu erwartende Differenz ist jetzt, auch wenn sie auf die jeweiligen sektoralen Durchschnittslöhne bzw. -gehälter bezogen wird, für die Gehälter mit 9,74 % größer als für die Löhne mit 9,34 %. Da die Durchschnittslöhne in fast allen Sektoren niedriger sind als die Durchschnittsgehälter[47], wird dieses Übergewicht der Gehaltsdifferenzen bei nicht normierter Betrachtung noch deutlicher sichtbar:

$$1{,}58 = \frac{G_{2s,\,u,\,s}}{G_{1s,\,u,\,s}} > \frac{GN_{2s,\,u,\,s}}{GN_{1s,\,u,\,s}} = 1{,}04.$$

Dem gleichen Wertebereich der normierten Dispersion von 0,03 bis unter 0,07 sind bei den Löhnen 84 % der Sektoren mit 95 % der Arbeiter, bei den Gehältern dagegen nur 65 % der Sektoren mit 91 % der Angestellten zuzuordnen. Umgekehrt sind im Bereich 0,03 bis unter 0,08 bei den Gehältern nahezu die gleichen Prozentzahlen zu finden wie bei den Löhnen im Bereich 0,03 bis unter 0,07. Auch in den Bereichen 0,03 bis unter 0,05 und 0,03 bis unter 0,06 sind für die Arbeiter jeweils höhere Prozentzahlen festzustellen als für die Angestellten. Alle diese Vergleiche zeigen, daß die sektoralen Einzeldispersionen, sowohl was die Anzahl der betroffenen Sektoren als auch jene der betroffenen Beschäftigten anbelangt, bei den Löhnen stärker „zentralisiert“ sind als bei den Gehältern, daß zwischen den Sektoren also stärkere Gehaltsdispersions- als Lohndispersionsunterschiede bestehen.

Eine Gegenüberstellung der Spalten 2 und 5 bzw. 3 und 6 der Tabelle 6 zeigt, daß zwischen den Lohn- und den Gehaltsdispersionen in den 51 Sektoren Rangkorrelationskoeffizienten von +0,25 bei nicht normierter Betrachtung bzw. +0,26 bei normierter Betrachtung bestehen. Der Zusammenhang zwischen den Größen ist demnach zwar, wie zu erwarten war, jeweils positiv, er ist aber nicht besonders eng. Eine starke (schwache) interregionale Dispersion bei den Löhnen ist also keineswegs ein auch nur einigermaßen sicherer Hinweis auf eine ebenfalls erhebliche (geringfügige) Dispersion bei den Gehältern oder umgekehrt.

---

[47] Lediglich in der Sand- und Kiesindustrie, in der Bims- und Bimssteinindustrie sowie bei den Säge-, Hobel-, Holzimprägnier- und Furnierwerken überschreiten die Löhne (unwesentlich) die Gehälter.

3 Horizontale Analyse: Ergänzende Messung der interregionalen Verdienstdispersion auf der Ebene von Bundesländern

30 Daten und Verfahren

Die Gegenüberstellung der verfügbaren Statistiken im Abschnitt 2001 hatte ergeben, daß die Industrieberichterstattung die relativ bestgeeignete *einzelne* Datenquelle für die vorliegende Untersuchung darstellt. Gleichzeitig wurde jedoch darauf hingewiesen, daß eine ergänzende Analyse auf der Grundlage der „Verdiensterhebung in Industrie und Handel" wertvolle zusätzliche Erkenntnisse zu liefern vermag. Diese ergänzende Untersuchung soll mit dem vorliegenden Kapitel 3 eingeleitet und im Abschnitt 6 fortgesetzt werden. Die wesentlichen Unterschiede[1] der dabei verwendeten Daten[2] gegenüber jenen, die den Abschnitten 2, 4 und 5 zugrunde liegen, sollen im folgenden aufgezählt werden.

Da die „Verdiensterhebung" nur vierteljährlich durchgeführt wird und Daten für den September 1968 nicht verfügbar sind, stützen sich die Berechnungen nunmehr auf die Angaben für den Oktober 1968. Die dadurch bedingten Änderungen dürften jedoch geringfügig sein und sich zudem in den einzelnen Regionen ähnlich auswirken.

Wichtiger ist, daß die „Verdiensterhebung" weder die Angaben für die gewerblichen und kaufmännischen Lehrlinge noch für die leitenden Angestellten mit Aufsichts- und Dispositionsbefugnis enthält. Die Lohndurchschnitte erhöhen sich dadurch nicht unwesentlich, während bei den Gehältern der Nettoeffekt der beiden entgegengesetzt wirkenden Kräfte a priori nicht ohne weiteres abzuschätzen ist.

Die sogenannten „einmaligen" Zahlungen, d. h. Gratifikationen, Jahresabschlußprämien, dreizehnte Monatsgehälter, Gewinnanteile und -beteiligungen, zusätzliche Urlaubsgelder und nicht regelmäßige vermögenswirksame Leistungen, werden im folgenden nicht einbezogen. Die Lohn- und Gehaltsdurchschnitte gerade des Monats Oktober dürften jedoch durch diese Modifikation der Abgrenzung nicht wesentlich betroffen werden.

Von größter Bedeutung sind dagegen die verschiedenen Abänderungen des Gliederungsschemas. An die Stelle der bisher unterschiedenen 36 Bezirke treten im fol-

---

1 Eine Reihe weiterer Unterschiede konnte durch geeignete Umrechnungen beseitigt werden.

2 Die Daten liegen veröffentlicht vor. Vgl. Statistisches Bundesamt, Fachserie M, Reihe 15, Oktober 1968, Stuttgart/Mainz 1969.

genden die zehn Bundesländer, und auch die sektorale Gliederung wird von 51 auf 33 Positionen, die nunmehr allerdings den Gesamtbereich der Verarbeitenden Industrie lückenlos abdecken, verkürzt. Über die bisher gegebenen Möglichkeiten hinaus sind im folgenden die Werte auch in der Aufgliederung nach dem Geschlecht der Arbeitnehmer (Index g) verfügbar, und hinzu tritt schließlich eine – für die Löhne und Gehälter naturgemäß unterschiedliche – Möglichkeit zur Disaggregation nach der Leistungsgruppe (Index p). Einen Überblick über die Gliederungsschemata und die verwendeten Indizes gibt die folgende Aufstellung:

Arbeitnehmergruppen:

$a = 1$: Arbeiter
2 : Angestellte

Regionen:

$r = 1$: Schleswig-Holstein
2 : Hamburg
3 : Niedersachsen
4 : Bremen
5 : Nordrhein-Westfalen
6 : Hessen
7 : Rheinland-Pfalz
8 : Baden-Württemberg
9 : Bayern
10 : Saarland

Sektoren:

$s = 1$: Industrie der Steine und Erden
2 : Eisenschaffende Industrie
3 : Eisen-, Stahl- und Tempergießerei
4 : Ziehereien und Kaltwalzwerke
5 : NE-Metallindustrie (einschl. NE-Metallgießerei)
6 : Mineralölverarbeitung (einschl. Braunkohlen- und Torfteerdestillation)
7 : Chemische Industrie (ohne Chemiefaserindustrie)
8 : Chemiefaserindustrie
9 : Säge- und Hobelwerke, Holzimprägnieranstalten, Furnierwerke
10 : Sperrholz-, Holzfaserplatten- und Holzspanplattenwerke
11 : Zellstoff-, papier- und pappeerzeugende Industrie
12 : Gummi- und asbestverarbeitende Industrie
13 : Stahl- und Leichtmetallbau
14 : Maschinenbau
15 : Straßenfahrzeugbau
16 : Schiffbau
17 : Luftfahrzeugbau
18 : Elektrotechnische Industrie
19 : Feinmechanische und optische sowie Uhrenindustrie
20 : Stahlverformung, EBM-Waren-Industrie

21 : Feinkeramische Industrie
22 : Glasindustrie
23 : Holzverarbeitende Industrie
24 : Musikinstrumenten-, Sportgeräte-, Spiel- und Schmuckwarenindustrie
25 : Papier- und pappeverarbeitende Industrie
26 : Druckerei- und Vervielfältigungsindustrie
27 : Kunststoffverarbeitende Industrie
28 : Ledererzeugende Industrie
29 : Lederverarbeitende Industrie
30 : Schuhindustrie
31 : Textilindustrie
32 : Bekleidungsindustrie
33 : Nahrungs- und Genußmittelindustrien.

Geschlecht:

g = 1 : Männer
2 : Frauen

Leistungsgruppen

$a = 1, p = 1$: Arbeiter, die auf Grund ihrer Fachkenntnisse und Fähigkeiten mit Arbeiten beschäftigt werden, welche als besonders schwierig oder verantwortungsvoll oder vielgestaltet anzusehen sind. Die Befähigung kann durch abgeschlossene Lehre oder durch langjährige Beschäftigung bei entsprechenden Arbeiten erworben sein.

$a = 1, p = 2$: Arbeiter, die im Rahmen einer speziellen, meist branchengebundenen Tätigkeit mit gleichmäßig wiederkehrenden oder mit weniger schwierigen und verantwortungsvollen Arbeiten beschäftigt werden, für die keine allgemeine Berufsbefähigung vorausgesetzt werden muß. Die Kenntnisse und Fähigkeiten für diese Arbeiten haben die Arbeiter meist im Rahmen einer mindestens drei Monate dauernden Anlernzeit mit oder ohne Abschlußprüfung erworben.

$a = 1, p = 3$: Arbeiter, die mit einfachen, als Hilfsarbeiten zu bewertenden Tätigkeiten beschäftigt sind, für die eine fachliche Ausbildung auch nur beschränkter Art nicht erforderlich ist.

$a = 2, p = 1$: Kaufmännische und technische Angestellte mit besonderen Erfahrungen und selbständigen Leistungen in verantwortlicher Tätigkeit mit eingeschränkter Dispositionsbefugnis, die Angestellte anderer Tätigkeitsgruppen einzusetzen und verantwortlich zu unterweisen haben. Ferner Angestellte mit umfassenden kaufmännischen oder technischen Kenntnissen.

$a = 2, p = 2$: Kaufmännische und technische Angestellte mit mehrjähriger Berufserfahrung oder besonderen Fachkenntnissen und Fähigkeiten bzw. mit Spezialtätigkeiten, die nach allgemeiner Anweisung selbständig arbeiten, jedoch keine Verantwortung für die Tätigkeit anderer tragen.

$a = 2, p = 3$: Kaufmännische und technische Angestellte ohne eigene Entscheidungsbefugnis in einfacher Tätigkeit, deren Ausübung eine abgeschlossene Berufsausbildung oder durch mehrjährige Berufstätigkeit, den erfolgreichen Besuch einer Fachschule oder privates Studium erworbene Fachkenntnisse voraussetzt.

$a = 2, p = 4$: Kaufmännische und technische Angestellte in einfacher schematischer oder mechanischer Tätigkeit, die keine Berufsausbildung erfordert.

Anders als die *Daten* entsprechen die im Abschnitt 3 angewandten *Verfahren* nahezu vollständig jenen, die im Abschnitt 2 ausführlich beschrieben wurden. Auf die Betrachtung der globalen Einflüsse der Disaggregation nach Sektoren wird im folgenden allerdings verzichtet; die im Abschnitt 21111 erläuterten Ansätze bleiben somit hier außer Betracht. Auf der anderen Seite werden die Einflüsse der Disaggregation nach den Leistungsgruppen bzw. nach dem Geschlecht, jeweils in den beiden Arbeitnehmergruppen, neu berücksichtigt. In diesen Fällen ist in den Berechnungsformeln des Abschnitts 21112 der Index s durch den Index p bzw. g zu ersetzen.

31 Ergebnisse

310 Zusammenfassende Übersicht

Um die Übersichtlichkeit wahren und die Einordnung der Einzelergebnisse in den Gesamtzusammenhang leichter sichtbar machen zu können, werden die Ergebnisse der Messungen auch an dieser Stelle wieder zunächst unkommentiert in drei Tabellen zusammengefaßt.

Während die Ergebnisse der Tabelle 9 nur einer kurzen Erläuterung bedürfen – diese schließt sich im folgenden Abschnitt an –, ist eine sorgfältige Auswertung der Tabellen 10 und 11 für den vorliegenden zweiten Teil der horizontalen Analyse von zentraler Bedeutung. Die einzelnen Auswertungsschritte entsprechen nach Gegenstand und Reihenfolge grundsätzlich jenen, die in der Abb. 5 im Abschnitt 220 aufgeführt sind. Modifikationen sind lediglich insofern vorzunehmen, als der in der genannten Abbildung verzeichnete Schritt 3 hier entfällt, während mit Rücksicht auf die beiden neu hinzugekommenen Merkmale die Schrittfolge 4, 5 und 6 nunmehr insgesamt dreimal (mit den entsprechenden Substitutionen) durchlaufen wird.

Tabelle 9

Regionen, geordnet nach ihren Durchschnittsverdiensten

Rang	Region	Durchschnittsverdienst pro Kopf im Okt. 1968 in DM
1	Hamburg	1150
2	Bremen	1089
3	Nordrhein-Westfalen	1083
4	Hessen	1056
5	Niedersachsen	1055
6	Baden-Württemberg	1019
7	Saarland	1010
8	Rheinland-Pfalz	998
9	Schleswig-Holstein	988
10	Bayern	933
	BRD ohne Berlin	$l_{\emptyset\emptyset} = 1033$

Tabelle 11

Normierte Verdienstdispersionen, berechnet auf der Basis der Angaben der Verdiensterhebung

Disaggregation nach weiteren Merkmalen	Disaggregation nach Arbeitnehmergruppen	nein	ja		
			$a = 1$ (Arbeiter)	$a = 2$ (Angestellte)	Mittelwert
nein		Dispersion der regionalen Durchschnittsverdienste: $GN_{xx,u}=0,0298$	Einzeldispersionen der nach Arbeitnehmergruppen aufgegliederten Verdienste: $GN_{1x,u}=0,0348$	$GN_{2x,u}=0,0171$	Durchschnittsdispersion der nach Arbeitnehmergruppen aufgegl. Verdienste $GN_{ax,u,a} = 0,0303$
nach Sektoren			Einzeldispersionen der nach Arbeitnehmergruppen u. Sektoren aufgegl. Verdienste:		
	Sektor[5] $s =$ 1		$GN_{1s,u} = 0,0337$	$GN_{2s,u} = 0,0240$	
	2		0,0184	0,0190	
	3		0,0301	0,0237	
	4		0,0251	0,0329	
	5		0,0186	0,0215	
	6		0,0295	0,0318	
	7		0,0358	0,0224	
	8		0,0364	0,0124	
	9		0,0220	0,0357	
	10		0,0214	0,0338	
	11		0,0154	0,0180	
	12		0,0406	0,0252	
	13		0,0176	0,0225	
	14		0,0225	0,0277	
	15		0,0314	0,0376	
	16		0,0414	0,0208	
	17		0,0087	0,0462	
	18		0,0349	0,0154	
	19		0,0268	0,0285	
	20		0,0278	0,0197	
	21		0,0651	0,0637	
	22		0,0563	0,0472	
	23		0,0381	0,0274	
	24		0,0289	0,0275	
	25		0,0237	0,0229	
	26		0,0280	0,0207	
	27		0,0254	0,0240	
	28		0,0289	0,0072	
	29		0,0459	0,0526	
	30		0,0165	0,0299	
	31		0,0369	0,0214	
	32		0,0266	0,0173	
	33		0,0205	0,0216	
	Mittelwert		Durchschnittsdispersion der nach Sektoren aufgegliederten Löhne: $GN_{1s,u,s} = 0,0293$	Gehälter: $GN_{2s,u,s} = 0,0238$	
			Mittelwert: $(GN_{as,u,s})_{\varnothing} = 0,0279$		
nach Leistungsgruppen	Leistungsgruppe[6]		Einzeldispersionen der nach Arbeitnehmer- und Leistungsgruppen aufgegliederten Verdienste:		
	$p =$ 1		$GN_{1p,u} = 0,0286$	$GN_{2p,u} = 0,0254$	
	2		0,0407	0,0272	
	3		0,0359	0,0282	
	4		-	0,0258	
	Mittelwert		Durchschnittsdispersion der nach Leistungsgruppen aufgegliederten Löhne: $GN_{1p,u,p} = 0,0350$	Gehälter: $GN_{2p,u,p} = 0,0271$	
			Mittelwert: $(GN_{ap,u,p})_{\varnothing} = 0,0330$		
nach dem Geschlecht	Geschlecht		Einzeldispersionen der nach Arbeitnehmergruppen und dem Geschlecht aufgegliederten Verdienste:		
	männlich $g =$ 1		$GN_{1g,u} = 0,0249$	$GN_{2g,u} = 0,0157$	
	weiblich 2		0,0196	0,0232	
	Mittelwert		Durchschnittsdispersion der nach dem Geschlecht aufgegliederten Löhne: $GN_{1g,u,g} = 0,0235$	Gehälter: $GN_{2g,u,g} = 0,0184$	
			Mittelwert: $(GN_{ag,u,g})_{\varnothing} = 0,0222$		

[5] Vgl. hierzu das Sektorenverzeichnis auf S. 58 f.

[6] Vgl. S. 59.

Tabelle 10

Nicht normierte Verdienstdispersionen, berechnet auf der Basis der Angaben der Verdiensterhebung (Werte in DM)

Disaggregation nach weiteren Merkmalen	Disaggregation nach Arbeitnehmergruppen	nein	ja: $a = 1$ (Arbeiter)	ja: $a = 2$ (Angestellte)	ja: Mittelwert
nein		Dispersion der regionalen Durchschnittsverdienste: $G_{xx,u} = 30{,}8$	Einzeldispersionen der nach Arbeitnehmergruppen aufgegliederten Verdienste: $G_{1x,u} = 34{,}5$	$G_{2x,u} = 19{,}8$	Durchschnittsdispersion der nach Arbeitnehmergruppen aufgegl. Verdienste $G_{ax,u,a} = 30{,}8$
nach Sektoren			Einzeldispersionen der nach Arbeitnehmergruppen u. Sektoren aufgegl. Verdienste:		
	Sektor[3] $s = 1$		$G_{1s,u} = 37{,}3$	$G_{2s,u} = 28{,}2$	
	2		20,9	22,5	
	3		33,3	26,5	
	4		27,3	36,9	
	5		19,7	25,0	
	6		33,3	42,6	
	7		37,1	28,2	
	8		37,3	14,9	
	9		19,3	38,1	
	10		20,7	38,4	
	11		16,6	22,2	
	12		40,9	28,3	
	13		20,2	27,7	
	14		24,2	32,7	
	15		35,4	48,4	
	16		49,5	24,0	
	17		8,4	55,4	
	18		31,6	17,5	
	19		23,6	31,5	
	20		27,5	21,5	
	21		54,9	67,8	
	22		56,2	50,7	
	23		36,7	29,4	
	24		23,4	27,3	
	25		20,4	25,5	
	26		32,3	25,2	
	27		22,8	26,5	
	28		29,1	8,7	
	29		36,4	53,6	
	30		12,9	30,0	
	31		30,3	22,6	
	32		19,0	17,2	
	33		19,3	24,0	
	Mittelwert		Durchschnittsdispersion der nach Sektoren aufgegliederten Löhne: $G_{1s,u,s} = 28{,}8$	Gehälter: $G_{2s,u,s} = 27{,}7$	
			Mittelwert: $(G_{as,u,s})_{\varnothing} = 28{,}5$		
nach Leistungsgruppen	Leistungsgruppe[4]		Einzeldispersionen der nach Arbeitnehmer- und Leistungsgruppen aufgegliederten Verdienste:		
	$p = 1$		$G_{1p,u} = 32{,}9$	$G_{2p,u} = 42{,}8$	
	2		38,8	32,8	
	3		28,3	25,4	
	4		-	16,1	
	Mittelwert		Durchschnittsdispersion der nach Leistungsgruppen aufgegliederten Löhne: $G_{1p,u,p} = 34{,}2$	Gehälter: $G_{2p,u,p} = 31{,}1$	
			Mittelwert: $(G_{ap,u,p})_{\varnothing} = 33{,}4$		
nach dem Geschlecht	Geschlecht		Einzeldispersionen der nach Arbeitnehmergruppen und dem Geschlecht aufgegliederten Verdienste:		
	männlich $g = 1$		$G_{1g,u} = 27{,}2$	$G_{2g,u} = 21{,}0$	
	weiblich 2		13,6	19,3	
	Mittelwert		Durchschnittsdispersion der nach dem Geschlecht aufgegliederten Löhne: $G_{1g,u,g} = 23{,}7$	Gehälter: $G_{2g,u,g} = 20{,}4$	
			Mittelwert: $(G_{ag,u,g})_{\varnothing} = 22{,}9$		

[3] Vgl. hierzu das Sektorenverzeichnis auf S. 58. f.

[4] Vgl. S. 59.

311 Auswertung der analog auch für die Regierungsbezirksdaten vorliegenden Resultate

3110 Regionale Durchschnittsverdienste

Die maximale interregionale Verdienstdifferenz in Höhe von 217 DM besteht zwischen den Bundesländern Hamburg mit 1150 DM und Bayern mit 933 DM Pro-Kopf-Monatsverdienst. Durch die Substitution des zweiten Datensatzes (Länderdaten) für den ersten Datensatz (Regierungsbezirksdaten), vor allem durch die damit verbundene Vernachlässigung der interregionalen Verdienstunterschiede innerhalb der Länder[7], vermindert sich die Spannweite von 34,3 % auf 18,9 % des höchsten, von 39,2 % auf 21,0 % des durchschnittlichen und von 52,2 % auf 23,3 % des niedrigsten Wertes, d. h. um durchschnittlich etwa die Hälfte. Der Median liegt mit 1056 DM etwas oberhalb des arithmetischen Mittels, das einen Wert von 1033 DM erreicht. Die für die Regierungsbezirksdaten festgestellte schwache Schiefe der Verteilung ist also auch hier zu beobachten; die höheren Verdienste liegen wiederum etwas dichter beieinander als die niedrigeren.

Faßt man einerseits die fünf nördlichen Bundesländer Hamburg, Bremen, Schleswig-Holstein, Nordrhein-Westfalen und Niedersachsen und andererseits die fünf südlichen Bundesländer Hessen, Saarland, Rheinland-Pfalz, Baden-Württemberg und Bayern zusammen, wobei in den nördlichen und südlichen Ländern jeweils etwa die Hälfte der Beschäftigten arbeitet, so läßt sich ein Nord-Süd-Verdienstgefälle von 82 DM oder 7,9 % des Durchschnittsverdienstes feststellen:

Tabelle 12

Nord-Süd-Verdienstgefälle

Gebiet	Ränge	Durchschnittsverdienst pro Kopf (DM)
Norden	1, 2, 3, 5, 9	1077
Süden	4, 6, 7, 8, 10	995

Wie die zweite Spalte der Tabelle zeigt, ist der relativ hohe Unterschied nicht das Ergebnis einzelner „Ausreißerwerte"; auf den ersten fünf Plätzen der Verdienstskala sind vielmehr vier norddeutsche Länder (Hamburg, Bremen, Nordrhein-Westfalen und Niedersachsen) gegenüber nur einem im Sinne der obigen Abgrenzung süddeutschen Land (Hessen mit Rang vier) anzutreffen.

3111 Dispersion der regionalen Durchschnittsverdienste

Die Dispersion der regionalen Durchschnittsverdienste, die auch in diesem Teil der Untersuchung wieder den Platz der „Ausgangsdispersion" einnimmt, erreicht

[7] Die mit dem Übergang zu den Länderdaten ebenfalls verbundene andersartige Abgrenzung des erfaßten Datenmaterials dürfte demgegenüber eine untergeordnete Rolle spielen.

nunmehr Werte von 30,8 DM (bei unnormierter Betrachtung) und 0,0298 (bei einem Bezug auf den Durchschnittsverdienst im Gesamtgebiet). Die Substitution der Angaben der Industrieberichterstattung durch jene der Verdiensterhebung bewirkt demnach, insbesondere wegen der damit verbundenen Verringerung der Regionenzahl von 36 auf 10 durch die Zusammenfassung der Regierungsbezirke zu den Bundesländern, eine Dispersionsverminderung um 35 % im unnormierten Fall und um 41 % im normierten Fall. In beiden Fällen erreicht die Dispersion nur noch knapp 3 % ihres möglichen Maximalwertes. Die spürbare Reduktion überrascht nicht, da - wie auch ein Blick auf die Tabelle 1 zeigt - die Regierungsbezirksverdienste in nicht unerheblichem Maße um die zugehörigen Länderdurchschnitte streuen[8].

Zwischen den Durchschnittsverdiensten der Bundesländer wird im gewogenen Mittel eine absolute Differenz von nur noch 61,6 DM und eine relative Differenz von nur noch 6 % - bezogen auf den Durchschnittsverdienst in der Bundesrepublik (ohne Berlin) - gemessen. Verdoppelt man diese Werte, die trotz der deutlichen Verminderung immer noch durchaus beachtlich sind, so erhält man wieder die sogenannte „einfache Verdienstdifferenz", d. h. jene Differenz $l_2 - l_1$, die bestünde, wenn bei unveränderter Gültigkeit der gemessenen Dispersion die Hälfte aller Arbeitnehmer den Verdienst l_1, die andere Hälfte den Verdienst l_2 bezöge. Die einfache Verdienstdifferenz sinkt von 190 DM auf nunmehr 123 DM bzw. - bei normierter Berechnung - von 20 % auf nunmehr 12 % ab

3112 Globale Einflüsse der Disaggregation nach Arbeitnehmergruppen

Anders als im ersten Teil der horizontalen Analyse erreicht auf der Basis der Länderdaten die durchschnittliche Dispersion der nach Arbeitnehmergruppen aufgegliederten Verdienste unnormiert zumindest keinen geringeren und normiert sogar einen höheren Wert als die Dispersion der regionalen Durchschnittsverdienste. Es gilt also:

$$G\,(N)_{xx,\,u} \leqq G\,(N)_{ax,\,u,\,a}$$

bzw. genauer:

$$\frac{G_{ax,\,u,\,a}}{G_{xx,\,u}} = 1{,}00 \text{ und } \frac{GN_{ax,\,u,\,a}}{GN_{xx,\,u}} = 1{,}02.$$

Wie die Quotienten zeigen, ist der Unterschied allerdings auch bei normierter Betrachtung so gering, daß er praktisch vernachlässigt werden kann. Immerhin ist aber eine Verringerung der Dispersion durch die Disaggregation nach den Arbeitnehmergruppen hier nicht festzustellen. Ein damit zusammenhängendes Ergebnis ist, daß beim Übergang von den Regierungsbezirks- zu den Länderdaten die Verringerung der durchschnittlichen Dispersion der nach Arbeitnehmergruppen auf-

---

8 Wären dagegen die Durchschnittsverdienste aller Regierungsbezirke, die demselben Land angehören, gleich, so würde die Dispersion durch die Regionenzusammenfassung nicht berührt.

gegliederten Verdienste mit 28 % bei unnormierter und 35 % bei normierter Betrachtung kleiner ist als die entsprechende Verringerung der Ausgangsdispersion (35 % bzw. 41 %).

Im gewogenen Mittel besteht zwischen den Durchschnittslöhnen zweier Regionen nunmehr eine Differenz von 69,0 DM bzw., bezogen auf den Durchschnittslohn im Gesamtgebiet, von 7,0 %, während bei den Gehältern die entsprechenden Werte 39,6 DM bzw. 3,4 % betragen. Die interregionale Dispersion der Löhne beträgt 34,5 DM bzw. 0,0348, die interregionale Dispersion der Gehälter 19,8 DM bzw. 0,0171. Es gelten somit die Beziehungen

$$G_{1x,\,u} > G_{2x,\,u} \text{ und } GN_{1x,\,u} > GN_{2x,\,u}.$$

Sowohl die unnormierte als auch die normierte Dispersion der Löhne übersteigen die entsprechenden Dispersionen der Gehälter beträchtlich. Schon die unnormierte Dispersion der Löhne erreicht den $1\,^3/_4$-fachen Wert der korrespondierenden Dispersion der Gehälter. Durch die Normierung wird wegen des im Gesamtgebiet bestehenden Unterschiedes zwischen dem Durchschnittslohn (991 DM) und dem Durchschnittsgehalt (1158 DM) der Unterschied noch verstärkt: Die normierte Dispersion der Löhne ist mehr als doppelt so hoch wie die normierte Dispersion der Gehälter.

Eine Reihe weiterer Vergleichsmöglichkeiten – speziell zwischen den verschiedenen Wirkungen der Substitution der Datensätze – bietet die folgende Tabelle:

Tabelle 13

Dispersionen der nach Arbeitnehmergruppen aufgegliederten Verdienste und ihre Veränderungen beim Übergang von den Regierungsbezirks- zu den Länderdaten

	nicht normierte Dispersion			normierte Dispersion		
	Industrieberichterstattung (1)	Verdiensterhebung (2)	$\frac{(2)-(1)}{(1)}$ (3)	Industrieberichterstattung (4)	Verdiensterhebung (5)	$\frac{(5)-(4)}{(4)}$ (6)
Löhne	39,4	34,5	− 12,4 %	0,0477	0,0348	− 27,0 %
Gehälter	52,6	19,8	− 62,4 %	0,0422	0,0171	− 59,5 %
∅	42,7	30,8	− 27,9 %	0,0463	0,0303	− 34,6 %

Auffallend ist vor allem die drastische Verringerung der Gehaltsdispersion sowohl bei unnormierter als auch bei normierter Betrachtung. Die Verminderung der Lohndispersion nimmt sich demgegenüber geradezu bescheiden aus.

3113 Einflüsse der Disaggregation nach Sektoren in den beiden Arbeitnehmergruppen

31130 Einflüsse bei den Arbeitern

Ein zweiter (sektoraler) Disaggregationsschritt ermöglicht es, der soeben angesprochenen Dispersion der Durchschnittslöhne die durchschnittliche Dispersion der nach Sektoren aufgegliederten Löhne vergleichend gegenüberzustellen. Qualitativ gesehen unterscheidet sich das Ergebnis nicht von jenem, das im ersten Teil der horizontalen Analyse ermittelt worden war; die Dispersionen erfüllen also weiterhin die Ungleichung $G\ (N)_{1x,\ u} > G\ (N)_{1s,\ u,\ s}$.

Tabelle 14

Rangordnungen der sektoralen Lohn- und Gehaltsdispersionen sowie der sektoralen Durchschnittslöhne und -gehälter

1	2	3	4	5	6	7
	Rangplätze bei den Löhnen			Rangplätze bei den Gehältern		
Sektor[9]	unnormierte Dispersion	normierte Dispersion	Durchschnittslöhne	unnormierte Dispersion	normierte Dispersion	Durchschnittsgehälter
1	5	11	7	15	17	12
2	23	29	4	27	28	10
3	12	13	8	20	18	19
4	18	22	9	9	8	18
5	27	28	12	23	23	13
6	11	14	5	6	9	1
7	7	9	13	16	21	3
8	6	8	14	32	32	8
9	29	25	26	8	6	27
10	24	26	19	7	7	15
11	31	32	10	28	29	4
12	4	5	15	14	15	17
13	26	30	3	17	20	5
14	19	24	11	10	12	11
15	10	12	6	5	5	2
16	3	4	1	25	25	14
17	33	33	20	2	4	9
18	14	10	23	30	31	16
19	20	19	25	11	11	22
20	17	18	18	29	27	24
21	2	1	28	1	1	28
22	1	2	17	4	3	25
23	8	6	21	13	14	26
24	21	16	30	18	13	33
25	25	23	27	21	19	21
26	13	17	2	22	26	6
27	22	21	24	19	16	23
28	16	15	16	33	33	7
29	9	3	31	3	2	30
30	32	31	32	12	10	31
31	15	7	29	26	24	29
32	30	20	33	31	30	32
33	28	27	22	24	22	20

[9] Vgl. das Sektorenverzeichnis auf S. 58 f.

Abweichungen zeigen sich dagegen bei einer quantitativen Betrachtung, denn die Quotienten

$$\frac{G_{1s,\,u,\,s}}{G_{1x,\,u}} = \frac{GN_{1s,\,u,\,s}}{GN_{1x,\,u}} = 0{,}84$$

reichen an den zuvor gemessenen Wert 0,98 nicht heran. Rund ein Sechstel des Wertes der Dispersion der Durchschnittslöhne kann nunmehr durch die einfache sektorale Aufgliederung zum Verschwinden gebracht werden. Der „Scheindispersionsanteil" ist also im vorliegenden Fall nicht ohne weiteres zu vernachlässigen.

Die interregionalen und intrasektoralen Lohndifferenzen erreichen im gewogenen Mittel noch eine Höhe von 57,6 DM bzw., relativ zu dem jeweiligen sektoralen Durchschnittslohn, von 5,86 %. Die beiden Werte liegen um 25 % bzw. 37 % niedriger als jene, die auf der Basis der Angaben der Industrieberichterstattung gemessen wurden. Auch sie sind dennoch hoch genug, um für die Arbeitsmarktparteien spürbar und damit auch für die Wissenschaft beachtenswert zu sein.

Die einzelnen Rangplätze, die die 33 Sektoren hinsichtlich der Höhe der Lohndispersionen bzw. der Höhe der Durchschnittslöhne einnehmen, können aus den Spalten 2 bis 4 der Tabelle 14 abgelesen werden. Die Berechnung der Rangkorrelationskoeffizienten zwischen den nicht normierten bzw. den normierten Lohndispersionen einerseits und den Durchschnittslöhnen andererseits führt zu den Werten + 0,27 bzw. − 0,05.

Eine Übersicht über die Gewichte der einzelnen Gruppen der normierten Dispersion vermittelt die folgende Tabelle:

Tabelle 15

Absolute und relative Bedeutung der einzelnen Lohndispersionsgruppen

$GN_{1s,\,u}$	Anzahl der Sektoren		Anzahl der Arbeiter	
	absolut	relativ (%)	absolut	relativ (%)
0,00 bis unter 0,01	1	3,0	14 703	0,3
0,01 bis unter 0,02	5	15,2	617 040	11,1
0,02 bis unter 0,03	14	42,4	2 366 507	42,4
0,03 bis unter 0,04	8	24,2	2 253 738	40,4
0,04 bis unter 0,05	3	9,1	188 750	3,4
0,05 bis unter 0,06	1	3,0	77 534	1,4
0,06 bis unter 0,07	1	3,0	63 511	1,1

Die geringste normierte Dispersion findet sich im Sektor 17 (Luftfahrzeugbau) mit 0,0087, die höchste im Sektor 21 (Feinkeramische Industrie) mit 0,0651. Es läßt sich jedoch – auch unter Berücksichtigung der zugehörigen Arbeiterzahlen – deutlich eine Konzentration der Sektoren auf die Dispersionsgruppen von 0,02 bis unter 0,04 erkennen. Dieser Bereich enthält 67 % aller Sektoren mit 83 % aller Arbeiter und damit spürbar mehr als das gewichtigste Intervall gleicher Breite in der analog für den ersten Datensatz geltenden Tabelle 7.

31131 Einflüsse bei den Angestellten

Auch bei einer Berechnung auf der Basis der Länderdaten übertrifft – unabhängig von der Frage der Normierung – die durchschnittliche interregionale Dispersion der nach Sektoren aufgegliederten Gehälter das entsprechende Maß für die sektoral aggregierten Werte:

$$G\,(N)_{2s,\,u,\,s} > G\,(N)_{2x,\,u}.$$

Ebenso wie im Kapitel 2 erweist sich die Dispersion der regionalen Durchschnittsgehälter also keineswegs als Scheindispersion; sie verdeckt vielmehr umgekehrt einen Teil jener interregionalen Gehaltsunterschiede, die bei der intrasektoralen Betrachtung sichtbar sind. Wie die Quotienten

$$\frac{G_{2s,\,u,\,s}}{G_{2x,\,u}} = 1{,}40 \text{ und } \frac{GN_{2s,\,u,\,s}}{GN_{2x,\,u}} = 1{,}39$$

zeigen, ist der entsprechende Anteil sogar recht groß; mehr als 28 % des innerhalb der Sektoren gemessenen Betrages der (unnormierten oder normierten) Dispersion gehen bei der Bildung der Gehaltsdurchschnitte über die Sektoren verloren, rund doppelt soviel wie im ersten Teil der horizontalen Analyse. Auch die „ungekürzten" interregionalen Differenzen der sektoral disaggregierten Gehälter sind im gewogenen Mittel allerdings noch um 54,4 % bzw. (im Falle der Normierung) um 51,1 % niedriger als jene, die auf der Basis der Angaben der Industrieberichterstattung gemessen worden waren. Zu vernachlässigen sind sie dennoch keineswegs, denn auch die verbleibenden Werte – im Mittel 55,4 DM bzw., relativ zum jeweiligen sektoralen Gehaltsdurchschnitt, 4,76 % – fallen für einen erheblichen Teil der Betroffenen durchaus ins Gewicht.

Ein deutlicher Zusammenhang zwischen der Höhe der sektoralen Durchschnittsgehälter und der Höhe der zugehörigen Gehaltsdispersionen läßt sich, wie die Spalten 5–7 der Tabelle 14 zeigen, auch im vorliegenden Fall nicht feststellen. Die entsprechenden Rangkorrelationskoeffizienten erreichen mit –0,10 für die nicht normierten und –0,19 für die normierten Dispersionen wieder nur sehr bescheidene absolute Werte.

Die Spannweite der normierten Dispersionen ist beträchtlich; die Liste reicht von 0,0072 im Sektor 28 (Ledererzeugende Industrie) bis zu dem fast neunmal so großen Wert 0,0637 im Sektor 21 (Feinkeramische Industrie). Im ganzen gesehen ist jedoch eine auffällige Zusammenballung in dem Bereich von 0,01 bis unter 0,03 und hier wiederum besonders in der oberen Hälfte, d. h. in der Gruppe von 0,02 bis unter 0,03, festzustellen:

Tabelle 16
Absolute und relative Bedeutung der einzelnen Gehaltsdispersionsgruppen

$GN_{2s,u}$	Anzahl der Sektoren absolut	Anzahl der Sektoren relativ (%)	Anzahl der Angestellten absolut	Anzahl der Angestellten relativ (%)
0,00 bis unter 0,01	1	3,0	4 845	0,3
0,01 bis unter 0,02	6	18,2	516 806	27,6
0,02 bis unter 0,03	17	51,5	1 161 014	61,9
0,03 bis unter 0,04	5	15,2	150 062	8,0
0,04 bis unter 0,05	2	6,1	24 384	1,3
0,05 bis unter 0,06	1	3,0	6 825	0,4
0,06 bis unter 0,07	1	3,0	10 786	0,6

Die Dispersionen rücken als Folge der Substitution der Datensätze erheblich näher zusammen. Allein auf die oben genannten (relativ engen) Intervalle konzentrieren sich nunmehr nicht weniger als 69,7 % bzw. 51,5 % der Sektoren mit 89,5 % bzw. 61,9 % der Angestellten.

31132 Vergleich zwischen den Einflüssen bei den Arbeitern und den Angestellten

Die im Gesamtbereich gemessene[10] Lohn- und die entsprechende Gehaltsdispersion werden durch die sektorale Disaggregation der Daten in gegensätzlicher Weise beeinflußt: Während die erstere eine Verringerung um rund 16 % erfährt, wird die letztere um fast 40 % angehoben. Die qualitative Seite dieser Erscheinung, die für die normierten ebenso wie für die unnormierten Maße beobachtet werden kann, ist in analoger Form schon aus dem ersten Teil der horizontalen Analyse bekannt. Die Beträge der Veränderungsraten haben sich nunmehr jedoch erheblich erhöht. Sie reichen dennoch nicht aus, um im Verlaufe der sektoralen Aufgliederung das zuvor für die aggregierten Daten festgestellte Gefälle von der Lohn- zur Gehaltsdispersion vollständig aufzuheben. Anders als im Kapitel 2 übertrifft also nunmehr in jedem der betrachteten Fälle – d. h. unabhängig von der sektoralen Aggregation oder Disaggregation und unabhängig von der Frage der Normierung – die im Gesamtbereich gemessene Dispersion der Löhne die entsprechende Dispersion der Gehälter.

Eine erhebliche Annäherung der Werte im Gefolge der sektoralen Disaggregation ist gleichwohl nicht zu übersehen: Während die Dispersion der Durchschnittslöhne die vergleichbare Dispersion der Gehälter noch um 74,2 % (unnormiert) bzw. um 103,5 % (normiert) übertrifft, liegen die Werte für die durchschnittliche Dispersion der nach Sektoren aufgegliederten Löhne nur noch um 4,0 % bzw. um 23,1 % über jenen für die korrespondierende Gehaltsdispersion.

Einen zusammenfassenden Überblick über die in diesem Abschnitt bisher angesprochenen Ergebnisse vermittelt in den Spalten 1, 2, 4 und 5 die folgende Tabelle:

10 Von den „im Gesamtbereich gemessenen" Lohn- bzw. Gehaltsdispersionen zu unterscheiden sind jene (im übrigen vergleichbaren) Maße, die die Situation nur in bestimmten einzelnen Sektoren, Leistungsgruppen oder Geschlechtsgruppen beschreiben.

Tabelle 17

Vergleichende Gegenüberstellung einiger zentraler Ergebnisse der Lohn- und Gehaltsdispersionsmessungen

			nicht normierte Dispersion (DM)			normierte Dispersion		
			Industrie-bericht-erstattung (1)	Verdienst-erhebung (2)	$\frac{(2)-(1)}{(1)}$ (3)	Industrie-bericht-erstattung (4)	Verdienst-erhebung (5)	$\frac{(5)-(4)}{(4)}$ (6)
Löhne	sektoral aggregiert	(a)	39,4	34,5	−12,4 %	0,0477	0,0348	−27,0 %
	sektoral disaggregiert	(b)	38,5	28,8	−25,2 %	0,0467	0,0293	−37,2 %
	$\frac{(b)-(a)}{(a)}$	(c)	− 2,3 %	−16,5 %	-	− 2,1 %	−15,8 %	-
Gehälter	sektoral aggregiert	(d)	52,6	19,8	−62,4 %	0,0422	0,0171	−59,5 %
	sektoral disaggregiert	(e)	60,8	27,7	−54,4 %	0,0487	0,0238	−51,1 %
	$\frac{(e)-(d)}{(d)}$	(f)	+15,6 %	+39,9 %	-	+15,4 %	+39,2 %	-

Zusätzlich zu dem zuvor Gesagten läßt die Tabelle in den Spalten 3 und 6 erkennen, daß im Gefolge der Substitution der Datensätze die Dispersion der Gehälter stets stärker zurückgeht als die Dispersion der Löhne. Wie an anderer Stelle bereits gezeigt wurde und hier in den Zeilen *a* und *d* erneut sichtbar wird, ist die Differenz der Änderungsraten bei einer Berechnung auf der Basis der sektoral aggregierten Daten außergewöhnlich hoch. Angesichts der Werte in den Zeilen *b* und *e* ist dem nunmehr ergänzend hinzuzufügen, daß mit dem Vollzug der sektoralen Disaggregation sich die Differenz zwar verringert, daß sie aber auch in der verbleibenden Höhe noch durchaus Beachtung verdient.

In beiden Arbeitnehmergruppen verringert sich infolge der Substitution der Datensätze der durchschnittliche Abstand zwischen den normierten sektoralen Einzeldispersionen nicht unerheblich. Wie die folgende Graphik zeigt, weist nunmehr die Verteilung der Gehaltsdispersionen die stärkere Konzentration auf:

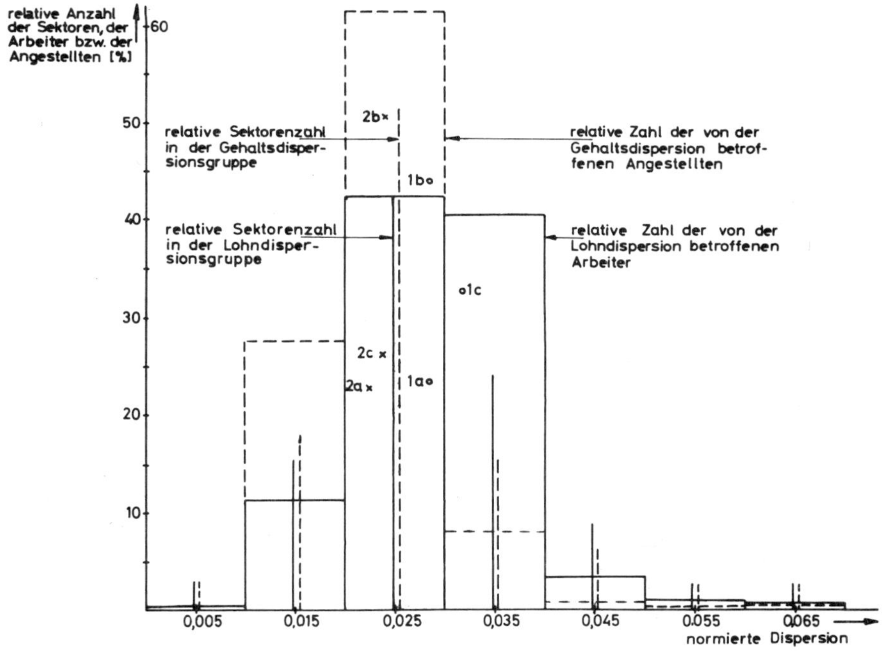

Abb. 6. Relative Gewichte der einzelnen Lohn- und Gehaltsdispersionsgruppen[11]

Ein davon abweichendes Bild ergibt sich, wenn man mit Hilfe einer Lorenzkurvendarstellung die *normierte* Dispersion bzw. Konzentration[12] der (ebenfalls nor-

---

[11] Die sechs mit Zahlen und Buchstaben gekennzeichneten Einzelpunkte sind erst in einem später noch zu erläuternden Zusammenhang von Interesse.

[12] Die Normierung erfolgt, wie gewohnt, in der Weise, daß die Einzelwerte (hier: die sektoralen Lohn- bzw. Gehaltsdispersionen) durch den zugehörigen Durchschnittswert

Abb. 7a. Konzentrationskurven der normierten sektoralen Lohn- und Gehaltsdispersionen bei einer Gewichtung mit der Anzahl der betroffenen Sektoren

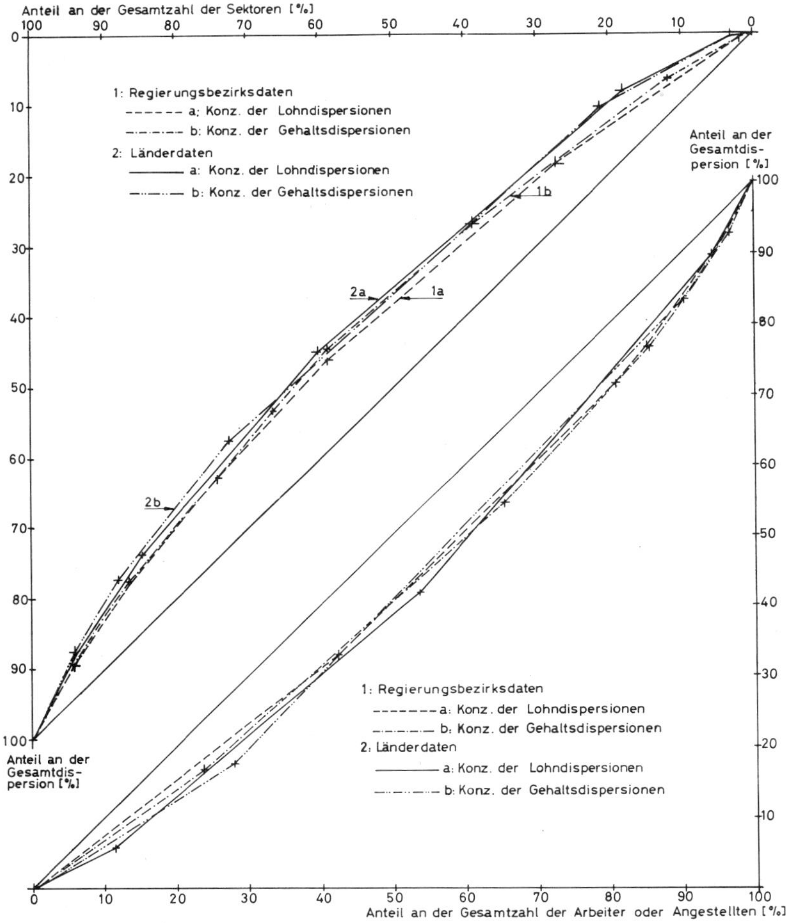

Abb. 7b. Konzentrationskurven der normierten sektoralen Lohn- und Gehaltsdispersionen bei einer Gewichtung mit der Anzahl der betroffenen Beschäftigten

mierten) sektoralen Lohn- bzw. Gehaltsdispersionen betrachtet. Die sich vielfach überlagernden Kurven in der Abbildung 7 zeigen deutlich, daß

---

geteilt werden. Statt des üblichen Begriffs der „normierten Dispersion" wird im folgenden jedoch der weniger gebräuchliche Terminus „normierte Konzentration" verwendet, um Verwechslungen mit den ursprünglich berechneten Dispersionen, deren eigene „Dispersion" bzw. „Konzentration" hier betrachtet werden soll, zu vermeiden.

1. bei einer Berechnung auf der Basis der Länderdaten sich die normierte Konzentration der Lohndispersionen kaum von jener der Gehaltsdispersionen unterscheidet,
2. bei einer Berechnung auf der Basis der Regierungsbezirksdaten im wesentlichen das gleiche gilt und
3. die Substitution der Datensätze weder die normierte Konzentration der Lohndispersionen noch jene der Gehaltsdispersionen entscheidend verändert.

Diese Aussagen gelten weitgehend unabhängig davon, ob die einzelnen Lohnbzw. Gehaltsdispersionsgruppen mit der Anzahl der betroffenen Sektoren (wie in der Abb. 7a) oder der Zahl der in diesen Sektoren beschäftigten Arbeiter bzw. Angestellten (wie in der Abb. 7b) gewichtet werden.

Die Berechnung der Rangkorrelationskoeffizienten zwischen den sektoralen Lohn- und den entsprechenden Gehaltsdispersionen führt erwartungsgemäß wiederum zu positiven Werten. Mit Beträgen von 0,16 bei nicht normierter Betrachtung und 0,10 bei normierter Betrachtung bleiben die Koeffizienten aber noch hinter jenen zurück, die im ersten Teil der horizontalen Analyse gemessen wurden. Der Zusammenhang zwischen den beiden Dispersionsreihen ist also (weitgehend unabhängig von der Frage der Normierung) auch bei einer Berechnung der Dispersionen auf der Basis der Länderdaten nur sehr locker.

Die folgende Tabelle zeigt ergänzend die durchschnittlichen normierten Lohn- und Gehaltsdispersionen sowie die zugehörigen Beschäftigtengewichte bei einer Zusammenfassung der Sektoren zu drei großen Industriegruppen:

Tabelle 18

Relative Arbeiter- und Angestelltenzahlen und durchschnittliche normierte Lohn- und Gehaltsdispersionen für drei zusammengefaßte Industriegruppen

Industriegruppe[13]		(1)		(2)	
		Anteil an der Arbeiterzahl	Durchschnittliche Lohndispersion	Anteil an der Angestelltenzahl	Durchschnittliche Gehaltsdispersion
Grundstoff- und Produktionsgüterindustrien	(a)	23,1 %	0,0285	23,0 %	0,0228
Investitionsgüterindustrien	(b)	44,0 %	0,0283	50,7 %	0,0243
Verbrauchsgüter-, Nahrungs- und Genußmittelindustrien	(c)	32,9 %	0,0312	26,3 %	0,0239

[13] Zu den Grundstoff- und Produktionsgüterindustrien, den Investitionsgüterindustrien bzw. den Verbrauchsgüter-, Nahrungs- und Genußmittelindustrien zählen nach der Gliederungssystematik des Statistischen Bundesamtes die Sektoren 1-12, 13-20 bzw. 21-33.

Die den sechs Wertepaaren 1a bis 1c und 2a bis 2c der Tabelle entsprechenden Punkte wurden in der Abbildung 6[14] dem graphischen Bild der Verteilung der Einzeldispersionen gegenübergestellt. Schon ein flüchtiger Blick auf die Abszissenwerte zeigt deutlich, daß die Differenzen zwischen den durchschnittlichen Lohn- bzw. den durchschnittlichen Gehaltsdispersionen der drei Industriegruppen vergleichsweise außerordentlich gering sind[15]. Die Zugehörigkeit eines Sektors zu einer bestimmten Industriegruppe übt also einen nur relativ schwachen Einfluß auf die Höhe der Lohn- und der Gehaltsdispersion in diesem Sektor aus.

312 Auswertung der allein für die Länderdaten vorliegenden Resultate

3120 Einflüsse der Disaggregation nach Leistungsgruppen in den beiden Arbeitnehmergruppen

31200 Einflüsse bei den Arbeitern

Ein erheblicher Vorteil der „Verdiensterhebung" ist es, daß sie alternativ zu der sektoralen Disaggregation auch eine Aufgliederung der Löhne und Gehälter nach den Leistungsgruppen erlaubt. Die Effekte der Disaggregation nach diesem Merkmal, das auf der Ebene der Regierungsbezirke nicht berücksichtigt werden konnte, sind im folgenden zunächst für die Gruppe der Arbeiter zu prüfen.

Bemerkenswert ist, daß sich die durchschnittliche Dispersion der nach Leistungsgruppen aufgegliederten Löhne kaum von der Dispersion der Durchschnittslöhne unterscheidet. Während die sektorale Disaggregation zu einer Verminderung der normierten ebenso wie der unnormierten Dispersion um jeweils rund ein Sechstel führt, bleibt, wie die beiden Quotienten

$$\frac{G_{1p,\,u,\,p}}{G_{1x,u}} = 0{,}99 \text{ und } \frac{GN_{1p,\,u,\,p}}{GN_{1x,\,u}} = 1{,}01$$

zeigen, ein ähnlicher Effekt im vorliegenden Fall aus.

Die interregionalen Lohndifferenzen innerhalb der einzelnen Leistungsgruppen erreichen im gewogenen Mittel eine Höhe von 68,4 DM bzw. – relativ zu dem Durchschnittslohn der jeweiligen Gruppe – einen Wert von 7,0 %. Die beiden Beträge übertreffen jene, die innerhalb der Sektoren gemessen worden waren, um rund 19 %.

Mit Abstand am höchsten ist die Lohndispersion in der mittleren Leistungsgruppe, der die „angelernten" Arbeiter zuzurechnen sind; der unnormierte Wert für diese Gruppe liegt um 13,5 %, der normierte Wert um 16,3 % über dem (gewogenen) Durchschnitt. Umgekehrt bleibt in der oberen Leistungsgruppe, die sich etwa mit jener der „Facharbeiter" deckt, die Dispersion um 3,8 % (unnormiert) bzw. um 18,3 % (normiert) hinter dem Durchschnittswert zurück. In der unteren Leistungs-

---

14 Vgl. S. 69.

15 Zu beachten ist, daß die mit Kreisen markierten Punkte (1a–1c) dem mit durchgezogenen, die mit Kreuzen markierten Punkte (2a–2c) dem mit gestrichelten Linien gezeichneten Teil der Abbildung gegenüberzustellen sind.

gruppe schließlich, der die sog. „ungelernten" Arbeiter angehören, liegt der Wert für die unnormierte Dispersion um 17,3 % unter dem zugehörigen arithmetischen Mittel, jener für die normierte Dispersion dagegen um 2,6 % darüber.

Die relative Spannweite[16] der unnormierten bzw. der normierten Lohndispersionen beträgt 30,7 % bzw. 34,6 %; sie ist, wie auch die folgende Abbildung zeigt, nur unwesentlich kleiner als die relative Spannweite der zugehörigen drei Durchschnittslöhne[17]:

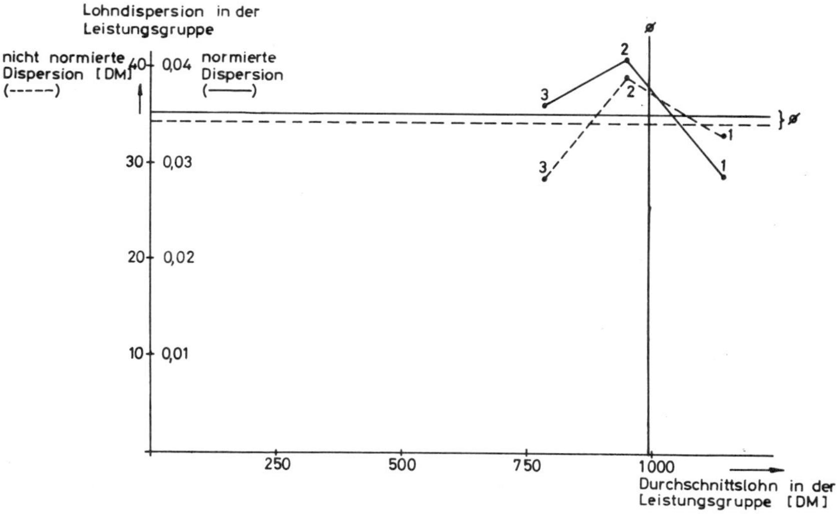

Abb. 8. Lohndispersionen und Durchschnittslöhne in den Leistungsgruppen

Die Form der beiden Kurven läßt zudem erkennen, daß zwischen der Höhe der Lohndispersion in einer Leistungsgruppe und der Höhe des Durchschnittslohnes dieser Gruppe bei unnormierter Betrachtung ein positiver, bei normierter Betrachtung ein negativer, in beiden Fällen aber nur ein sehr lockerer linearer Zusammenhang besteht. Mutatis mutandis ähnelt die Situation insoweit jener, die bei der sektoralen Disaggregation der Löhne beobachtet werden konnte.

31201 Einflüsse bei den Angestellten

Die im Gesamtbereich gemessene interregionale Gehaltsdispersion wird durch die Disaggregation der Daten nach den Leistungsgruppen noch stärker angehoben

16 Für die relative Spannweite *RS* gilt die folgende allgemeine Definition:

$$RS = \frac{\text{maximaler Wert - minimaler Wert}}{\text{durchschnittlicher Wert}} .$$

17 Die relative Spannweite der Durchschnittslöhne der drei Leistungsgruppen beträgt 36,2 %.

als durch die sektorale Disaggregation: Den im Rahmen der sektoralen Analyse ermittelten Werten

$$\frac{G_{2s,\,u,\,s}}{G_{2x,\,u}} = 1{,}40 \text{ und } \frac{GN_{2s,\,u,\,s}}{GN_{2x,\,u}} = 1{,}39$$

sind nunmehr die Quotienten

$$\frac{G_{2p,\,u,\,p}}{G_{2x,\,u}} = 1{,}57 \text{ und } \frac{GN_{2p,\,u,\,p}}{GN_{2x,\,u}} = 1{,}58$$

gegenüberzustellen. Die durchschnittliche Dispersion der nach Leistungsgruppen aufgegliederten Gehälter übertrifft die Dispersion der Durchschnittsgehälter um deutlich mehr als die Hälfte.

Die zwischen zwei zufällig herausgegriffenen Regionen im gewogenen Mittel zu erwartende absolute bzw. relative[18] Gehaltsdifferenz beträgt

85,6 DM bzw. 5,08 % in der höchsten,
65,6 DM bzw. 5,44 % in der zweithöchsten,
46,8 DM bzw. 5,64 % in der dritthöchsten und
32,2 DM bzw. 5,16 % in der niedrigsten Leistungsgruppe.

Die zugehörigen Durchschnittswerte lauten 62,2 DM bzw. 5,42 %; sie übertreffen die korrespondierenden Werte, die für die intrasektoralen Differenzen gemessen worden waren, um rund ein Achtel bzw. ein Siebentel.

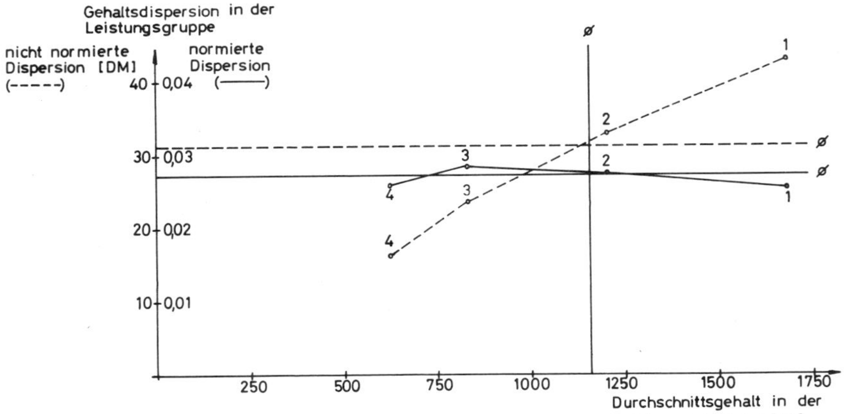

Abb. 9. Gehaltsdispersionen und Durchschnittsgehälter in den Leistungsgruppen

Die relative Spannweite der vier unnormierten Gehaltsdispersionen ist mit einem Betrag von 85,9 % nur um knapp ein Sechzehntel kleiner als der entspre-

[18] Bezugsgröße ist das Durchschnittsgehalt der Leistungsgruppe.

chende Wert für die Durchschnittsgehälter der vier Leistungsgruppen, der die sehr beachtliche Höhe von 91,6 % erreicht. Mit ihren 10,3 % nimmt sich die relative Spannweite der normierten Dispersionen demgegenüber recht bescheiden aus. Eine Vorstellung von den Größenverhältnissen vermittelt die Abbildung 9.

Es fällt auf, daß der Verlauf der beiden Kurven nahezu linear ist. Während bei den normierten Werten diese weitgehende Linearität vor allem eine Folge der sehr geringen Unterschiede der vier Gehaltsdispersionen ist, beruht sie bei den unnormierten Werten auf der damit verbundenen fast vollständigen Proportionalität von Gehaltsdispersion und Durchschnittsgehalt.

31202 Vergleich zwischen den Einflüssen bei den Arbeitern und den Angestellten

Einen zusammenfassenden Überblick über die Auswirkungen der Disaggregation nach den Leistungsgruppen auf die im Gesamtbereich gemessenen[19] Dispersionen der Löhne und Gehälter vermittelt die Tabelle 19 auf S. 76.

Es zeigt sich, daß die Disaggregation der Angestelltenverdienste weitaus größere Veränderungen bewirkt als jene der Arbeiterverdienste. Während nämlich die Höhe der Lohndispersion von der Aufgliederung der Daten nach den Leistungsgruppen kaum berührt wird, steigt die Gehaltsdispersion auf mehr als den eineinhalbfachen Wert an. Da jedoch der Anteil der Angestellten an der Gesamtzahl der Beschäftigten nur 25 % beträgt, übertrifft die durchschnittliche Dispersion der nach Arbeitnehmer- und Leistungsgruppen aufgegliederten Verdienste jene der allein nach den Arbeitnehmergruppen aufgegliederten Verdienste lediglich um 8,4 % bzw. 8,9 %.

Die in der letzten Tabellenzeile angegebenen Werte liegen durchweg um 17,5 ± 1,9 Prozentpunkte über den korrespondierenden Veränderungsraten, die im Gefolge der sektoralen Disaggregation der Daten errechnet worden waren. Abgesehen von der nicht unbeträchtlichen Niveaudifferenz unterscheiden sich die beiden Ergebnisreihen also nur geringfügig voneinander.

Trotz der teilweise erheblichen Veränderungen, die die Disaggregation der Daten auch im vorliegenden Falle mit sich bringt, bleibt unabhängig von der Frage der Normierung ein Vorsprung der Lohn- gegenüber der Gehaltsdispersion erhalten. Die zugehörigen Quotienten, die nunmehr

$$\frac{G_{1p,\,u,\,p}}{G_{2p,\,u,\,p}} = 1{,}10 \text{ und } \frac{GN_{1p,\,u,\,p}}{GN_{2p,\,u,\,p}} = 1{,}29$$

lauten, sind etwas größer als die entsprechenden Quotienten der durchschnittlichen intrasektoralen Lohn- und Gehaltsdispersionen.

Weitgehend unabhängig von der Wahl des speziellen Konzentrationsmaßes wird für die Verteilung der normierten Einzeldispersionen der Gehälter eine erheblich

[19] Es ist nochmals daran zu erinnern, daß unter einer „im Gesamtbereich gemessenen" Dispersion ein Maß zu verstehen ist, das die Situation nicht lediglich in bestimmten einzelnen Sektoren, Leistungsgruppen oder Geschlechtsgruppen beschreibt.

Tabelle 19

Dispersionen der nach Arbeitnehmergruppen aufgegliederten Verdienste und ihre Veränderungen als Folge der Disaggregation nach den Leistungsgruppen

		unnormierte Dispersion			normierte Dispersion		
		der Löhne	der Gehälter	gewogener Ø aus (1) und (2)	der Löhne	der Gehälter	gewogener Ø aus (4) und (5)
		(1)	(2)	(3)	(4)	(5)	(6)
ohne weitere Disaggregation der Daten	(a)	34,5	19,8	30,8	0,0348	0,0171	0,0303
bei Disaggregation der Daten nach der Leistungsgruppe	(b)	34,2	31,1	33,4	0,0350	0,0271	0,0330
$\frac{(b)-(a)}{(a)}$	(c)	− 0,9 %	+57,1 %	+ 8,4 %	+0,6 %	+58,5 %	+8,9 %

stärkere Konzentration gemessen als für die Verteilung der normierten Lohndispersionen. Hebt man die Normierung auf, so kehrt sich das Verhältnis um. Während aber der Wertebereich der vier unnormierten Gehaltsdispersionen jenen der drei unnormierten Lohndispersionen vollständig einschließt, überschneiden sich bei normierter Betrachtung die beiden Bereiche nicht. Auch die kleinste Lohndispersion ist im zuletzt genannten Fall noch größer als die größte Gehaltsdispersion.

3121 Einflüsse der Disaggregation nach dem Geschlecht in den beiden Arbeitnehmergruppen

31210 Einflüsse bei den Arbeitern

Während beide Arbeitsmarktparteien zwischen den verschiedenen Ausprägungen der bisher berücksichtigten Merkmale in der Regel gewisse Wahlmöglichkeiten besitzen, ist ein Wechsel der Geschlechtsgruppe für die Arbeitnehmer ausgeschlossen. Eine Aufgliederung der Daten nach diesem Merkmal dürfte daher gerade aus der Sicht der Arbeitnehmer von erheblichem Interesse sein. Die Aufgabe dieses und der beiden folgenden Abschnitte ist es, anhand der Angaben der Tabellen 10 und 11 die Auswirkungen einer solchen Disaggregation auf die interregionale Lohn- und Gehaltsdispersion zu prüfen.

Beachtung verdient zunächst die Tatsache, daß die im Gesamtbereich gemessene interregionale Dispersion der Löhne als Folge der Disaggregation der Daten nach dem Geschlecht um nahezu ein Drittel zurückgeht. Die beiden Werte

$$\frac{G_{1g,\,u,\,g}}{G_{1x,\,u}} = 0{,}69 \text{ und } \frac{GN_{1g,\,u,\,g}}{GN_{1x,\,u}} = 0{,}68$$

sind erheblich kleiner als die Werte aller vergleichbaren Quotienten, deren Berechnung im Rahmen dieser Untersuchung möglich ist. Keiner der anderen Disaggregationsschritte führt zu einer Verringerung der im Gesamtbereich gemessenen Verdienst-, Lohn- bzw. Gehaltsdispersion, die auch nur annähernd an jene der Lohndispersion im oben betrachteten Fall heranreicht[20].

Die innerhalb der Geschlechtsgruppen gemessene mittlere interregionale Lohndifferenz erreicht nur eine Höhe von 47,4 DM (unnormiert) bzw. 4,7 % (normiert). Sie bleibt damit um 18 % bzw. 20 % hinter der intrasektoralen mittleren Differenz zurück und unterschreitet die entsprechenden Werte, die innerhalb der Leistungsgruppen gemessen wurden, um 31 % bzw. 33 %. Als „psychologische Reizschwelle" wird man jedoch für beide Arbeitsmarktparteien noch erheblich niedrigere Beträge annehmen müssen.

Die interregionale Dispersion der Männerlöhne übertrifft bei normierter Betrachtung jene der Frauenlöhne um 27 %. Dieses Ergebnis ist vor dem Hintergrund eines sehr kräftigen Lohnniveaugefälles zu sehen: Während nämlich der Durchschnittslohn der Männer die beachtliche Höhe von 1094 DM erreicht, beträgt der Lohndurchschnitt bei den Frauen lediglich 697 DM. Ohne die mit der Normierung verbundene Relativierung ist die Dispersion der Männerlöhne genau doppelt so groß wie jene der Frauenlöhne.

31211 Einflüsse bei den Angestellten

Ebenso wie die Aufgliederung nach den Sektoren bzw. nach den Leistungsgruppen führt auch die Disaggregation der Daten nach dem Geschlecht zu einer Steigerung der im Gesamtbereich gemessenen interregionalen Gehaltsdispersion. Die beiden zugehörigen Quotienten erreichen nunmehr die Werte

$$\frac{G_{2g,\,u,\,g}}{G_{2x,\,u}} = 1{,}03 \text{ und } \frac{GN_{2g,\,u,\,g}}{GN_{2x,\,u}} = 1{,}08,$$

so daß sich insgesamt die Rangfolge

$$G(N)_{2p,\,u,\,p} > G(N)_{2s,\,u,\,s} > G(N)_{2g,\,u,\,g} > G(N)_{2x,\,u}$$

ergibt. Die Beträge der vier unnormierten Dispersionen verhalten sich wie 100 : 89 : 66 : 64, jene der vier normierten Dispersionen wie 100 : 88 : 68 : 63.

Die zwischen zwei zufällig herausgegriffenen Regionen im gewogenen Mittel anzutreffende Gehaltsdifferenz beträgt 42,0 DM bei den Männern und 38,6 DM bei den Frauen. Weitaus gewichtiger ist die Differenz der Gehaltsniveaus beider Gruppen, denn während die durchschnittlichen Bezüge der männlichen Angestellten die beachtliche Höhe von 1337 DM erreichen, liegen jene der weiblichen Angestellten

[20] Einzelheiten können der folgenden Tabelle entnommen werden:

Tabelle 20

Vergleichende Gegenüberstellung der Auswirkungen der einzelnen Disaggregationsschritte auf die im Gesamtbereich gemessene Verdienst-, Lohn- bzw. Gehaltsdispersion

Rang	Datenquelle*	$G(N)_A$	$G(N)_B$	$G_A : G_B$	$GN_A : GN_B$
1	VE	$G(N)_{2p,\,u,\,p}$	$G(N)_{2x,\,u}$	1,57	1,58
2	VE	$G(N)_{2s,\,u,\,s}$	$G(N)_{2x,\,u}$	1,40	1,39
3	IB	$G(N)_{2s,\,u,\,s}$	$G(N)_{2x,\,u}$	1,16	1,16
4	VE	$G(N)_{2g,\,u,\,g}$	$G(N)_{2x,\,u}$	1,03	1,08
5	VE	$G(N)_{ax,\,u,\,a}$	$G(N)_{xx,\,u}$	1,00	1,02
6	VE	$G(N)_{1p,\,u,\,p}$	$G(N)_{1x,\,u}$	0,99	1,01
7	IB	$G(N)_{1s,\,u,\,s}$	$G(N)_{1x,\,u}$	0,98	0,98
8	IB	$G(N)_{xs,\,u,\,s}$	$G(N)_{xx,\,u}$	0,96	0,96
9	IB	$G(N)_{ax,\,u,\,a}$	$G(N)_{xx,\,u}$	0,90	0,91
10	VE	$G(N)_{1s,\,u,\,s}$	$G(N)_{1x,\,u}$	0,84	0,84
11	VE	$G(N)_{1g,\,u,\,g}$	$G(N)_{1x,\,u}$	0,69	0,68

* IB = Industrieberichterstattung, VE = Verdiensterhebung

um nicht weniger als 505 DM bzw. 38 % darunter. Bezieht man die mittleren interregionalen Gehaltsdifferenzen auf diese Durchschnittsgehälter, so ergibt sich für die Gruppe der Frauen mit 4,64 % ein um fast die Hälfte größerer Wert als für die Gruppe der Männer mit 3,14 %.

31212 Vergleich zwischen den Einflüssen bei den Arbeitern und den Angestellten

Wie die Tabelle 21 auf S. 80 zeigt, ist die Disaggregation der Daten nach dem Geschlecht für die im Gesamtbereich gemessene Lohn- und die entsprechende Gehaltsdispersion von recht unterschiedlicher Bedeutung.

Während die Dispersion der Gehälter bei normierter ebenso wie bei unnormierter Betrachtung leicht ansteigt, sinkt die Dispersion der Löhne um jeweils fast ein Drittel ab. Daß auch die durchschnittliche Dispersion der nach Arbeitnehmergruppen aufgegliederten Verdienste eine Verringerung um mehr als ein Viertel erfährt, ist eine Folge des relativ großen Anteils der Arbeiter an der Gesamtzahl der Beschäftigten.

Alle sechs Veränderungsraten liegen weit unter den entsprechenden Werten, die im Gefolge der Disaggregation der Daten nach den Sektoren bzw. den Leistungsgruppen errechnet worden waren[21]. Sowohl die durchschnittliche Dispersion der

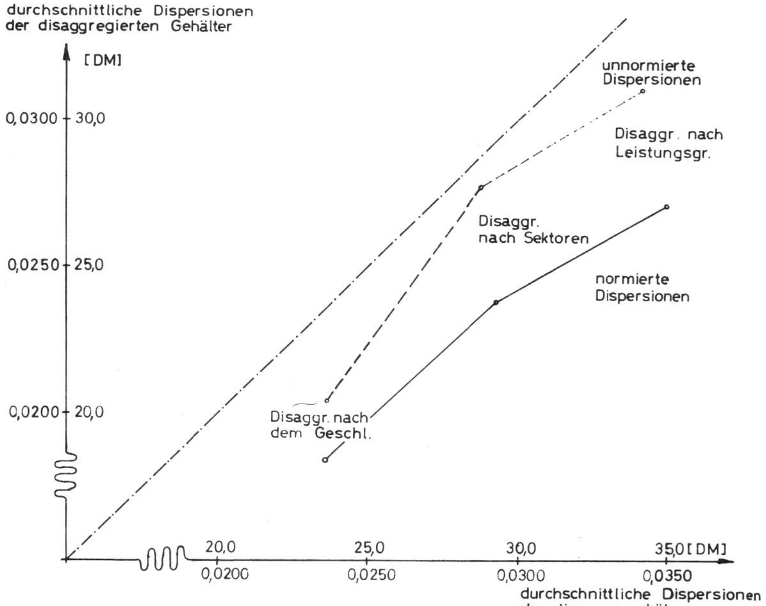

Abb. 10. Vergleichende Gegenüberstellung der innerhalb der Geschlechtsgruppen, Sektoren und Leistungsgruppen gemessenen durchschnittlichen Lohn- und Gehaltsdispersionen

21 Der Abstand zu den in den Tabellen 17 bzw. 19 ausgewiesenen entsprechenden Veränderungsraten beträgt minimal 14,8 bzw. 30,4 Prozentpunkte und maximal 36,9 bzw. 54,1 Prozentpunkte.

Tabelle 21

Dispersionen der nach Arbeitnehmergruppen aufgegliederten Verdienste und ihre Veränderungen als Folge der Disaggregation nach dem Geschlecht

		unnormierte Dispersion			normierte Dispersion		
		der Löhne	der Gehälter	gewogener Ø aus (1) und (2)	der Löhne	der Gehälter	gewogener Ø aus (4) und (5)
		(1)	(2)	(3)	(4)	(5)	(6)
ohne weitere Disaggregation der Daten	(a)	34,5	19,8	30,8	0,0348	0,0171	0,0303
bei Disaggregation der Daten nach dem Geschlecht	(b)	23,7	20,4	22,9	0,0235	0,0184	0,0222
$\frac{(b)-(a)}{(a)}$	(c)	−31,3 %	+ 3,0 %	−25,6 %	−32,5 %	+ 7,6 %	−26.7 %

nach dem Geschlecht aufgegliederten Löhne als auch die entsprechende Dispersion der Gehälter bleiben daher bei unnormierter und bei normierter Berechnung spürbar hinter den vergleichbaren Maßen, die die Situation innerhalb der Sektoren bzw. der Leistungsgruppen beschreiben, zurück. Eine Vorstellung von den Größenunterschieden vermittelt die Abbildung 10 auf S. 79.

Die Lage der Punkte macht deutlich, daß die Lohndispersion in allen sechs betrachteten Fällen die entsprechende Gehaltsdispersion übertrifft. Sie läßt zudem erkennen, daß die in der Zeile b der Tabelle 21 verzeichnete Gruppe von Resultaten lediglich hinsichtlich ihres Niveaus, nicht aber hinsichtlich ihrer Struktur eine ausgeprägte Sonderstellung einnimmt.

Einen Überblick über die Situation in den einzelnen Geschlechtsgruppen gibt die Abbildung 11:

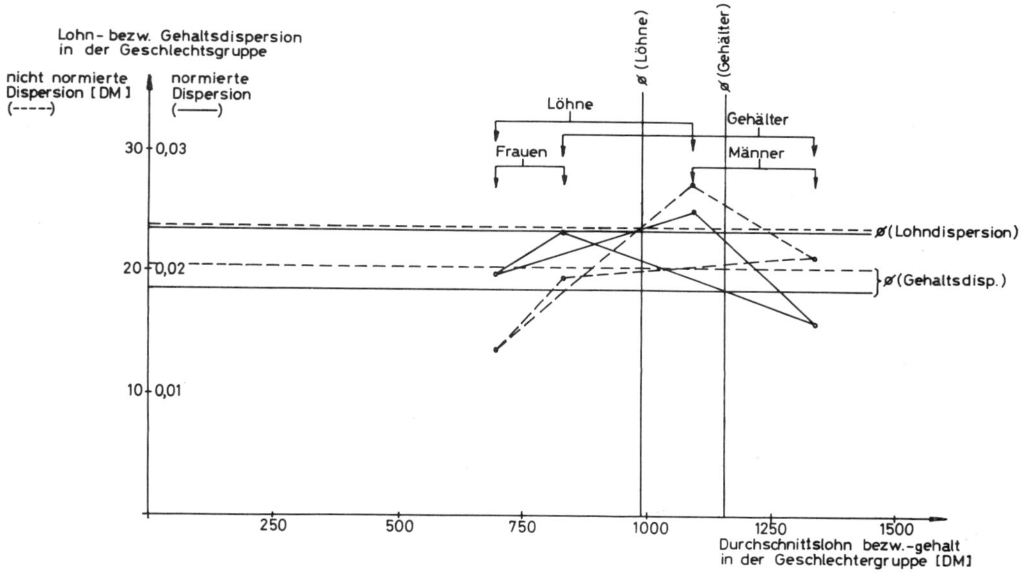

Abb. 11. Lohn- und Gehaltsdispersionen sowie Durchschnittslöhne und -gehälter in den Geschlechtsgruppen

Während die Rangfolge der Durchschnittsverdienste leicht zu charakterisieren ist – innerhalb jeder Geschlechtsgruppe übertrifft das durchschnittliche Gehalt den durchschnittlichen Lohn, aber selbst der Durchschnittslohn der Männer ist noch höher als das Durchschnittsgehalt der Frauen –, läßt die Größenverteilung der Verdienstdispersionen keine vergleichbare Ordnung erkennen. Das zunächst etwas verwirrende Bild klärt sich jedoch rasch, wenn man von den beiden ganz rechts eingezeichneten Punkten und den zu ihnen führenden Linien vorübergehend absieht: Die durch die restlichen Punkte repräsentierten unnormierten bzw. normierten Dispersionen weisen die gleiche Rangfolge auf wie die zugehörigen Durchschnittsverdienste. Wie ein einzelner „Ausreißer" wirkt vor diesem Hintergrund die Dispersion der Männergehälter, die - möglicherweise bedingt durch eine besonders hohe interregionale Mobilität der männlichen Angestellten - weit hinter der Dispersion der Männerlöhne zurückbleibt und bei normierter Betrachtung sogar noch von den entsprechenden Maßen für die Frauengehälter und die Frauenlöhne übertroffen wird.

4 Vertikale Analyse: Erklärung der Verdiensthöhe in den einzelnen Regierungsbezirken

40 Daten

Die horizontale Analyse, der die Kapitel 2 und 3 gewidmet waren, diente vor allem der Aufgabe, die interregionalen Verdienstunterschiede in verdichteter Form zu beschreiben. Im Mittelpunkt der sich nunmehr anschließenden vertikalen Analyse steht dagegen die oben zunächst noch ausgeklammerte Frage nach den Bestimmungsgründen der Verdienstwerte in den einzelnen Regionen und damit zugleich nach den Ursachen der interregionalen Verdienstunterschiede.

Der Themenstellung der Untersuchung entsprechend können hier jene Erklärungsfaktoren außer Betracht bleiben, die sich in den einzelnen Regionen vermutlich ähnlich auswirken; ihre Einflüsse erscheinen in den Bestimmungsgleichungen für die regionalen Verdienste lediglich in zusammengefaßter Form[1]. Einzeln sollten dagegen die im Abschnitt 1 behandelten Einflußgrößen berücksichtigt werden. Als potentielle originäre Erklärungsfaktoren wurden dort genannt:

(1.1) die Nähe zu den Zulieferern und Abnehmern,
(1.2) das regionale Preisniveau,
(1.3) der Wohnwert,
(1.4) die Infrastrukturausstattung,
(1.5) die steuerliche Belastung und
(1.6) die Nähe zu den Grenzen.

Zur derivativen Erklärung dürften dagegen, wie erwähnt, die relativen Beschäftigtenanteile geeignet sein, die den verschiedenen Ausprägungen der folgenden Merkmale zuzuordnen sind:

(2. 1) Sektorzugehörigkeit,
(2. 2) Betriebsgröße,
(2. 3) Kapitalintensität des Betriebes,
(2. 4) Länge der Normalarbeitszeit,
(2. 5) Dauer der Überzeitarbeit,
(2. 6) Pro-Kopf-Aufwendungen für betriebliche Sozialleistungen,
(2. 7) Entlohnungsform,
(2. 8) Stellung der Arbeitnehmer im Betrieb,

---

[1] Diese Einflüsse schlagen sich in dem Absolutglied nieder, das gewissermaßen die Ausgangsplattform für das Wirken der anderen Faktoren markiert.

(2. 9) Leistungsgruppe,
(2.10) Zugehörigkeitsdauer zum Betrieb,
(2.11) Berufsgruppe,
(2.12) Nationalität,
(2.13) Geschlecht,
(2.14) Alter der Arbeitnehmer.

Da im Rahmen der vertikalen Analyse auf die Technik der Regressionsrechnung nicht verzichtet werden kann und diese ihrerseits eine genügende Zahl vergleichbarer Beobachtungen (hier: in verschiedenen Regionen) voraussetzt, kommen für die folgenden Berechnungen nur die Angaben der Industrieberichterstattung (Regierungsbezirksdaten) in Betracht, die in der Aufgliederung nach den Merkmalen (2.1) und (2.8) erhältlich sind. Der Erfolg der vertikalen Analyse, die bei den doppelt disaggregierten Verdienstwerten ansetzt, hängt davon ab, inwieweit geeignete Angaben für die verbleibenden achtzehn potentiellen Einflußfaktoren beschafft werden können.

Das Ergebnis der entsprechenden Versuche ist zunächst negativ: Für keinen der Faktoren liegen die Werte in der erforderlichen Aufgliederung vor. Da dieses Problem jedoch seit langem bekannt ist, verwundert es nicht, daß es in der Literatur[2] eine Fülle von Anregungen für Hilfslösungen gibt. Die Verwirklichung dieser überaus zahlreichen Vorschläge wurde hier (unter Berücksichtigung der besonderen Verhältnisse in der Bundesrepublik) ebenso erwogen wie die einer umfangreichen Reihe eigener Lösungsansätze. Mit der fast endlosen Aufzählung jener Überlegungen und Versuche, die erfolglos blieben, wäre hier jedoch niemandem gedient. Es genügt, die Auswahl kurz zu charakterisieren, die sich trotz einiger offensichtlicher Schönheitsfehler als die unter den gegebenen Umständen bestmögliche herausgestellt hat.

(a) Besonders gut als Regressor geeignet ist vermutlich die *Bevölkerungsdichte.* Sie kann als brauchbarer Indikator vor allem für das regionale Preisniveau (1.2) und die Infrastrukturausstattung (1.4) angesehen werden[3]. Die im folgenden verwendeten Werte sind definiert als die Quotienten aus der Anzahl der zur Wohnbevölkerung gehörenden Personen und der Fläche der Regierungsbezirke. Stichtag ist der 30. 6. 1968.

(b) Als ein zweiter mutmaßlich geeigneter Regressor bietet sich die *durchschnittliche Betriebsgröße* an. Sie ersetzt die in der obigen Aufzählung unter (2.2) angeführten relativen Beschäftigtenanteile der verschiedenen Betriebsgrößenklassen vollständig, sofern auf der Ebene der Einzelbetriebe eine lineare Beziehung zwischen der Verdiensthöhe und der Betriebsgröße besteht. In allen anderen Fällen wird der bestehende Zusammenhang immerhin näherungsweise erfaßt[4]. Ver-

---

2 Die im vorliegenden Zusammenhang geprüften Schriften wurden im Literaturverzeichnis mit dem Zeichen „*" kenntlich gemacht.

3 Der Zusammenhang zwischen der Bevölkerungsdichte und der Verdiensthöhe dürfte in aller Regel positiv sein, doch sind Ausnahmen nicht völlig unmöglich.

4 Ein positiver Zusammenhang ist wahrscheinlich, aber nicht absolut sicher.

wendet werden im folgenden die regions- und sektorspezifischen Quotienten aus der Beschäftigtenzahl und der Zahl der Betriebe im September 1968. Quelle ist die Industrieberichterstattung[5].

(c) Ein Zusammenhang zwischen der Verdiensthöhe und der *durchschnittlichen geleisteten Arbeitszeit* darf ebenfalls angenommen werden; die letztere vermag die oben unter (2.4) und (2.5) genannten Faktoren wenigstens näherungsweise und in zusammengefaßter Form zu vertreten. Ein Nachteil ist, daß die Angaben nur für die Arbeiter verfügbar sind. Als mutmaßliche Indikatoren für die regionale Branchenkonjunktur, die auf dem Umweg über einige der oben aufgezählten Faktoren die Verdiensthöhe möglicherweise spürbar beeinflußt, sollen sie jedoch versuchsweise auch bei den Angestellten verwendet werden[6]. Die Werte, die wiederum in der Aufgliederung nach den 36 Regionen und den 51 Sektoren berechnet werden, sind definiert als die Quotienten aus der Zahl der „geleisteten Arbeiterstunden[7]" und der Zahl der Arbeiter (einschließlich der gewerblichen Lehrlinge). Quelle ist die Industrieberichterstattung für den September 1968.

(d) An die Stelle der oben unter (1.1) und (1.6) angeführten Faktoren tritt nunmehr das sogenannte *„Bruttoinlandsprodukts-Potential"*, ein Maß für die Nähe zu den inländischen Zentren wirtschaftlicher Aktivität. In die Regressionsgleichungen aufgenommen werden die für die Regierungsbezirke berechneten gewogenen Durchschnitte der von Thoss auf Kreisebene ermittelten Potentiale[8]. Bezeichnet man das Bruttoinlandsprodukt des Kreises k im Jahre 1966[9] mit BIP_k und die Tarifentfernung der Deutschen Bundesbahn zwischen den wichtigsten Bahnhöfen der Kreise j und k mit d_{jk}, so errechnet sich das Potential P_j für den Kreis j nach der Formel

$$P_j = \sum_{k \neq j} BIP_k / d_{jk} \qquad (j, k = 1, 2, \ldots, K).$$

(e) In einem letzten Punkt sollte, anknüpfend an die aktuelle Diskussion, das statische Gleichgewichtskonzept des Abschnitts 1 verlassen werden. Wenn der Umfang der *Abwanderung aus der Landwirtschaft* eher von der Höhe der landwirtschaftlichen Einkommen („Druck") als von der Höhe der Verdienste in den

---

5 Die Werte wurden von den Statistischen Landesämtern mitgeteilt; sie liegen überwiegend nicht veröffentlicht vor.

6 Der Zusammenhang zwischen dem Konjunkturindikator und dem durchschnittlichen Gehalt kann positiv oder (als Folge konjunkturell bedingter Unterschiede in der Angestelltenstruktur) auch negativ sein. Für die Löhne gilt grundsätzlich das Entsprechende, doch dürfte sich hier in der Regel der positive *direkte* Zusammenhang zwischen der durchschnittlichen Arbeitszeit der Arbeiter und dem Durchschnittslohn durchsetzen.

7 Dies sind die von den Arbeitern (einschließlich der gewerblichen Lehrlinge) insgesamt geleisteten (im Unterschied zu den insgesamt bezahlten) Stunden.

8 Die Werte liegen in vereinfachter Form auch veröffentlicht vor. Vgl. Thoss, R.: Einkommenspotential und Multiplikatoranalyse, in: Raumforschung und Raumordnung, 1969, S. 222–225.

9 Die BIP-Werte sind in einer ausreichenden regionalen Gliederung nur für wenige Jahre verfügbar. Darunter ist für die Zwecke der vorliegenden Untersuchung das Jahr 1966 am besten geeignet.

anderen Wirtschaftsbereichen („Sog") abhängt und wenn die räumliche Mobilität der Abgewanderten relativ gering ist, so ist zu erwarten, daß die interregionalen Unterschiede der Abwandererzahlen zumindest vorübergehend entgegengesetzt gerichtete Unterschiede der Verdienste in den außerlandwirtschaftlichen Bereichen hervorrufen. Die Ermittlung bzw. Schätzung der entsprechenden regionalen Regressorwerte ist allerdings nicht ganz unproblematisch. Die vermutlich beste Näherungslösung erhält man, wenn man die anhand der Angaben des Mikrozensus geschätzte Verringerung der Zahl der „landwirtschaftlich Erwerbstätigen" in den Jahren 1963–1968 auf die Zahl der „nichtlandwirtschaftlich Erwerbstätigen" in der Mitte des angeführten Zeitraums bezieht.

41 Verfahren

Die Erklärung der durchschnittlichen Löhne bzw. Gehälter in den einzelnen Regionen und Sektoren wird zunächst mit Hilfe des stochastischen Ansatzes

$$l_{ars} = a_{0as} + a_{1as} D_r + a_{2as} B_{rs} +$$

$$+ a_{3as} A_{rs} + a_{4as} P_r + a_{5as} L_r + u_{ars}$$

versucht. Darin bezeichnet

l_{ars}	den durchschnittlichen monatlichen Lohn ($a = 1$) bzw. das durchschnittliche monatliche Gehalt ($a = 2$) in der Region r und dem Sektor s,
D_r	die Bevölkerungsdichte (Einwohnerzahl je Quadratkilometer) in der Region r,
B_{rs}	die durchschnittliche Betriebsgröße (Beschäftigtenzahl je Betrieb) in der Region r und dem Sektor s,
A_{rs}	die durchschnittliche monatliche Arbeitszeit der Arbeiter (geleistete Stunden je Arbeiter) in der Region r und dem Sektor s,
P_r	das Bruttoinlandsprodukts-Potential der Region r,
L_r	die Abwanderung aus der Landwirtschaft, bezogen auf die nichtlandwirtschaftliche Erwerbsbevölkerung, in der Region r und
u_{ars}	den Wert der Störvariablen in der Arbeitnehmergruppe a, in der Region r und dem Sektor s.
a_{1as}, a_{2as}, a_{3as}, a_{4as} und a_{5as}	sind die zugehörigen Regressionskoeffizienten, die über die Arbeitnehmergruppen und Sektoren variabel[10], über die Regionen dagegen konstant sind.
a_{0as}	schließlich ist ein Absolutglied mit den gleichen Eigenschaften.

Die Schätzung der Parameter erfolgt nach der sogenannten „einfachen Methode der kleinsten Quadrate[11]". Dieses Verfahren ist dem Ansatz adäquat, da die einzelnen Bestimmungsgleichungen nicht interdependent sind. Geht man davon aus, daß die Störvariablen einer von den Regressorenwerten unabhängigen (Normal-[12])Verteilung mit dem Erwartungswert 0 folgen, die Varianz der Störvariablen in allen Regionen gleich ist, die Störvariablen der verschiedenen Regionen nicht miteinander korreliert sind und die Momentenmatrix invertierbar ist, so sind die Parameterschätzungen erwartungstreu, konsistent und effizient.

Geschätzt (bzw. auf der Grundlage der Schätzungen berechnet) werden für alle a und s

(a) die Regressionskoeffizienten und das Absolutglied,

(b) die Standardabweichungen der geschätzten Koeffizienten,

(c) die den geschätzten Regressionskoeffizienten zuzuordnenden t-Werte, die eine Prüfung der Nullhypothese erlauben, und

(d) der multiple Korrelationskoeffizient R als Maß für die Abhängigkeit der Verdienste von den Regressoren[13].

42 Ergebnisse

420 Zusammenfassende Übersicht

Da die Koeffizienten a_{41_s} und a_{42_s} lediglich in einem bzw. zwei Sektoren signifikant von Null verschieden sind und die Koeffizienten a_{51_s} und a_{52_s} sich sogar in keinem einzigen der 51 Sektoren signifikant von Null unterscheiden[14], werden die beiden Variablen „Bruttoinlandsprodukts-Potential" und „Abwanderung aus der Landwirtschaft" aus den Regressionsgleichungen eliminiert. Die in einem zweiten Durchgang neu geschätzten Koeffizienten des revidierten Ansatzes, der

$$l_{ars} = a_{0as} + a_{1as} D_r + a_{2as} B_{rs} +$$

$$+ a_{3as} A_{rs} + u_{ars}$$

lautet, können zusammen mit den zugehörigen Standardabweichungen und den R-Werten den beiden nachfolgenden Tabellen entnommen werden[15]:

---

10 Es liegen also insgesamt 2 x 51 = 102 selbständige Bestimmungsgleichungen vor.

11 Vgl. z. B. Johnston, J.: Econometric Methods, New York/San Francisco/Toronto/London 1963, S. 106 ff.

12 Der t-Test verlangt eine Normalverteilung der Störvariablen.

13 Der multiple Determinationskoeffizient R^2 ist im vorliegenden Zusammenhang nur von eingeschränkter Aussagekraft; er wird daher nicht ermittelt. Ein geeigneteres Maß wird im Abschnitt 51 vorgestellt.

14 Die Signifikanzzahl beträgt in allen vier Fällen 5 %.

15 In Klammern werden jeweils die Standardabweichungen angegeben. Sektoren, für die mindestens 20 Beobachtungen vorliegen, werden durch das Zeichen „x" kenntlich gemacht. Soweit für die Regressionskoeffizienten die Nullhypothese auf einem Signifikanzniveau von 5 % verworfen werden kann, werden die geschätzten Werte ($\hat{a}_{1as}$, $\hat{a}_{2as}$ bzw. $\hat{a}_{3as}$) kursiv geschrieben.

Tabelle 22

Resultate der Regressionsrechnungen für die Gruppe der Arbeiter

s[16]	$\hat{a}_{01s}$		$\hat{a}_{11s}$		$\hat{a}_{21s}$		$\hat{a}_{31s}$		R
1×	*−768,91*	(199,20)	*+2,39*	(0,50)	*+2,05*	(0,95)	*+8,13*	(0,94)	0,86
2×	*+609,87*	(119,02)	*+2,10*	(0,58)	−1,16	(1,08)	*+1,88*	(0,49)	0,73
3	*+ 60,24*	(161,37)	+0,97	(0,48)	+1,45	(0,74)	*+4,12*	(0,86)	0,66
4	*+ 90,35*	(195,60)	+1,21	(0,75)	*+0,33*	(0,12)	*+4,27*	(1,03)	0,70
5×	*+575,40*	(201,15)	*+2,07*	(0,49)	−1,18	(0,89)	+1,63	(0,92)	0,67
6×	*+401,84*	(306,67)	*+2,55*	(0,72)	+1,72	(0,94)	+2,15	(1,54)	0,62
7	*+899,41*	(89,69)	+1,74	(0,82)	+0,95	(1,61)	−0,19	(0,23)	0,40
8×	*− 37,49*	(121,53)	*+1,91*	(0,73)	*+0,59*	(0,23)	*+4,98*	(0,51)	0,88
9×	*+459,52*	(194,26)	*+2,14*	(0,62)	+0,03	(0,06)	+2,11	(1,17)	0,58
10	*+837,15*	(266,45)	+0,17	(0,73)	+0,29	(0,44)	+0,13	(1,55)	0,10
11×	*−163,09*	(379,27)	+1,78	(0,89)	*+0,46*	(0,16)	*+5,20*	(2,28)	0,61
12×	*+263,58*	(247,49)	*+2,42*	(0,70)	+0,06	(0,30)	+2,55	(1,55)	0,67
13×	*+203,36*	(238,74)	*+2,76*	(0,78)	+0,50	(0,26)	*+3,13*	(1,42)	0,73
14×	*+369,32*	(123,83)	*+2,77*	(0,49)	+0,16	(0,11)	*+1,89*	(0,74)	0,81
15×	*+489,88*	(209,09)	*+1,44*	(0,62)	*+0,10*	(0,02)	+1,69	(1,30)	0,70
16	*+673,67*	(168,47)	+1,15	(0,57)	*+0,13*	(0,04)	+0,85	(1,16)	0,63
17×	*−149,26*	(164,02)	*+2,58*	(0,54)	*+0,34*	(0,07)	*+4,13*	(1,01)	0,80
18×	*− 25,45*	(179,44)	*+2,04*	(0,68)	*+0,41*	(0,12)	*+3,48*	(1,10)	0,65
19	*+329,12*	(177,57)	*+1,86*	(0,68)	−0,26	(0,37)	+2,37	(1,20)	0,57
20	*+811,59*	(133,18)	+0,75	(0,53)	−0,01	(0,06)	+0,08	(0,85)	0,28
21×	*+164,41*	(161,84)	*+3,40*	(0,66)	*+0,73*	(0,34)	*+2,68*	(0,90)	0,75
22	*+136,42*	(120,28)	*+1,42*	(0,49)	+0,55	(0,24)	*+3,20*	(0,68)	0,73
23×	*+172,72*	(181,59)	+0,54	(0,61)	+0,13	(0,30)	*+3,45*	(1,13)	0,51
24	*−183,22*	(295,52)	+0,12	(0,61)	*+0,87*	(0,17)	*+5,14*	(1,87)	0,69
25×	*− 83,22*	(210,83)	*+2,67*	(0,69)	*+1,28*	(0,29)	*+3,35*	(1,45)	0,81
26×	*+191,96*	(169,80)	+0,39	(0,59)	−0,03	(0,11)	*+3,18*	(1,09)	0,52
27	*+442,53*	(110,90)	+0,36	(0,32)	*+0,66*	(0,17)	+0,32	(0,70)	0,60
28×	*− 85,74*	(141,50)	*+3,91*	(0,60)	*+0,13*	(0,04)	*+4,24*	(0,80)	0,83
29	*−833,62*	(373,82)	+0,60	(0,75)	*+0,11*	(0,04)	*+9,75*	(2,46)	0,66
30×	*−411,72*	(236,62)	*+1,77*	(0,64)	*+0,25*	(0,06)	*+6,91*	(1,52)	0,82
31×	*− 23,25*	(261,54)	*+1,58*	(0,42)	*+1,40*	(0,42)	*+3,79*	(1,43)	0,69
32×	*+201,49*	(286,52)	*+2,64*	(0,61)	+0,35	(0,41)	+2,63	(1,58)	0,63
33×	*+161,61*	(363,89)	*+1,99*	(0,78)	*+0,40*	(0,11)	+3,32	(2,14)	0,69
34×	*+234,23*	(188,19)	*+2,01*	(0,66)	*+0,83*	(0,28)	+1,74	(1,10)	0,61
35×	*+505,15*	(336,65)	*+2,55*	(0,52)	+0,94	(0,63)	+1,19	(1,99)	0,68
36×	*+ 94,01*	(213,68)	*+2,81*	(0,46)	*+0,57*	(0,26)	+2,65	(1,33)	0,78
37×	*+510,23*	(243,03)	*+1,50*	(0,69)	*+0,20*	(0,05)	+0,83	(1,54)	0,68
38	*+531,15*	(257,00)	*+2,05*	(0,73)	+0,01	(0,26)	+0,72	(1,50)	0,46
39×	*+358,48*	(168,92)	+1,27	(0,69)	+0,40	(0,64)	+0,90	(1,05)	0,33
40×	*−197,82*	(154,55)	+0,49	(0,43)	*+0,81*	(0,19)	*+4,49*	(1,01)	0,77
41×	*+456,09*	(155,83)	*+2,47*	(0,52)	*+0,49*	(0,14)	−0,05	(1,00)	0,70
42×	*+452,94*	(155,82)	+0,56	(0,42)	+0,12	(0,36)	+0,25	(1,13)	0,24
43×	*+590,96*	(196,56)	*+1,94*	(0,66)	*+0,40*	(0,19)	+0,93	(1,01)	0,64
44	*+234,11*	(158,36)	+0,84	(0,70)	*+0,26*	(0,10)	*+2,32*	(0,94)	0,57
45×	*−306,70*	(157,28)	+0,85	(0,96)	+0,04	(0,29)	*+4,99*	(0,81)	0,74
46×	*+ 95,03*	(131,77)	*+1,20*	(0,55)	+0,02	(0,06)	*+2,71*	(0,77)	0,56
47×	*+829,11*	(205,30)	*+2,00*	(0,54)	+0,11	(0,11)	−0,18	(1,17)	0,69
48×	*+119,15*	(71,24)	+0,43	(0,37)	*+0,49*	(0,15)	*+2,81*	(0,41)	0,79
49×	*+298,05*	(109,07)	*+1,34*	(0,59)	−0,03	(0,67)	*+2,37*	(0,61)	0,65
50×	*+324,36*	(174,73)	*+2,07*	(0,73)	−0,48	(0,50)	*+2,57*	(0,87)	0,56
51	*−123,07*	(175,82)	+0,16	(0,49)	*+1,72*	(0,65)	*+3,17*	(1,03)	0,55

[16] Vgl. hierzu das Sektorenverzeichnis auf S. 27 f.

Tabelle 23

Resultate der Regressionsrechnungen für die Gruppe der Angestellten

s	$\hat{a}_{02s}$		$\hat{a}_{12s}$		$\hat{a}_{22s}$		$\hat{a}_{32s}$		R
1×	−*1184,23*	(601,23)	+*4,32*	(1,51)	+*11,80*	(2,88)	+ *8,52*	(2,83)	0,66
2×	+*1171,66*	(418,45)	+3,90	(2,02)	+ *9,20*	(3,79)	− 2,76	(1,74)	0,60
3	+*1993,16*	(481,44)	+1,84	(1,42)	+ 4,15	(2,20)	− *7,01*	(2,55)	0,58
4	+*2092,74*	(424,49)	+0,41	(1,64)	+ 0,54	(0,25)	− *5,00*	(2,24)	0,56
5×	+*2009,27*	(450,51)	+1,22	(1,10)	+ 2,73	(1,99)	− *6,05*	(2,06)	0,67
6×	+ *401,79*	(329,42)	+*3,70*	(0,77)	+ *4,82*	(1,01)	+ 1,55	(1,65)	0,81
7	+ *913,65*	(160,80)	+1,89	(1,47)	+ 0,31	(2,88)	+ 0,18	(0,41)	0,24
8×	+*1166,97*	(265,22)	+2,36	(1,59)	+ 0,35	(0,50)	− 0,19	(1,10)	0,30
9×	+ *662,16*	(332,06)	+*3,45*	(1,06)	+ *0,32*	(0,11)	+ 1,66	(2,00)	0,62
10	+*1284,35*	(390,38)	−0,57	(1,07)	− 0,10	(0,64)	− 0,32	(2,28)	0,10
11×	+ *847,98*	(680,71)	+*4,00*	(1,59)	+ 0,43	(0,29)	− 0,32	(4,08)	0,51
12×	+ *69,38*	(426,39)	+*2,91*	(1,21)	+ *1,49*	(0,51)	+ 4,47	(2,67)	0,60
13×	+ *825,34*	(361,31)	+*2,76*	(1,18)	+ *1,35*	(0,39)	+ 0,22	(2,15)	0,67
14×	+*1169,37*	(232,48)	+*4,85*	(0,92)	+ 0,13	(0,20)	− 1,66	(1,40)	0,69
15×	+*1987,85*	(462,29)	+*4,17*	(1,36)	+ *0,12*	(0,05)	− *6,07*	(2,87)	0,66
16	+ *233,90*	(187,64)	+0,49	(0,64)	+ 0,08	(0,04)	+ *5,41*	(1,30)	0,73
17×	+ *999,90*	(221,12)	+*1,67*	(0,72)	+ *0,42*	(0,10)	− 0,13	(1,37)	0,69
18×	+ *561,09*	(271,82)	+*4,34*	(1,03)	+ *0,72*	(0,18)	+ 1,17	(1,67)	0,66
19	+ *872,39*	(358,77)	+1,51	(1,38)	+ *2,26*	(0,75)	− 0,23	(2,42)	0,49
20	+ *563,53*	(410,04)	+1,54	(1,63)	− 0,02	(0,18)	+ 3,98	(2,61)	0,41
21×	+*1345,43*	(385,51)	+*3,95*	(1,58)	+ 0,25	(0,80)	− 2,77	(2,14)	0,44
22	+*1059,61*	(236,52)	+2,12	(0,96)	+ *2,49*	(0,48)	− 2,65	(1,34)	0,76
23×	+ *544,19*	(229,69)	+0,95	(0,77)	+ 0,10	(0,38)	+ 2,74	(1,44)	0,40
24	− *676,05*	(425,19)	−0,34	(0,87)	+ *1,10*	(0,25)	+*10,67*	(2,69)	0,66
25×	+*1288,70*	(480,86)	+*3,65*	(1,57)	+ 0,90	(0,67)	− 3,15	(3,30)	0,45
26×	+ *593,63*	(364,68)	+0,99	(1,26)	+ 0,28	(0,24)	+ 2,57	(2,33)	0,32
27	+*1673,07*	(347,11)	+0,54	(1,00)	+ *2,05*	(0,54)	− *6,39*	(2,18)	0,65
28×	+*1183,78*	(313,17)	+*5,13*	(1,33)	+ *0,24*	(0,09)	− 1,52	(1,76)	0,73
29	+ *489,91*	(699,95)	+*3,92*	(1,41)	+ *0,18*	(0,08)	+ 2,33	(4,61)	0,54
30×	+*1235,63*	(486,47)	+*3,76*	(1,31)	+ *0,35*	(0,11)	− 2,24	(3,12)	0,68
31×	− *329,87*	(868,07)	+*5,48*	(1,38)	+ *4,61*	(1,38)	+ 3,89	(4,75)	0,73
32×	+ *381,62*	(364,28)	+*3,37*	(0,77)	+ 0,77	(0,53)	+ 2,35	(2,01)	0,64
33×	+ *957,05*	(562,61)	+1,55	(1,21)	+ *0,49*	(0,17)	+ 1,17	(3,31)	0,52
34×	+ *934,92*	(374,80)	+*4,79*	(1,32)	+ 0,90	(0,55)	− 1,19	(2,18)	0,59
35×	+*1271,39*	(545,66)	+*3,63*	(0,84)	+ *4,04*	(1,01)	− 3,48	(3,22)	0,77
36×	+ *643,69*	(456,68)	+*4,02*	(0,99)	+ *1,31*	(0,55)	+ 0,82	(2,85)	0,66
37×	+ *426,23*	(511,66)	+1,76	(1,46)	+ *0,29*	(0,10)	+ 3,46	(3,23)	0,52
38	+*1873,53*	(404,65)	+*2,54*	(1,15)	+ 0,21	(0,41)	− *5,76*	(2,36)	0,50
39×	+ *456,97*	(248,05)	+*3,84*	(1,02)	+ *2,30*	(0,94)	+ 0,63	(1,54)	0,60
40×	+ *581,27*	(345,43)	+*2,04*	(0,96)	+ *1,60*	(0,43)	+ 0,53	(2,26)	0,63
41×	+ *932,04*	(348,83)	+*4,34*	(1,16)	+ *1,25*	(0,31)	− 1,92	(2,24)	0,67
42×	+ *594,85*	(282,63)	+*2,20*	(0,77)	+ 0,88	(0,65)	+ 0,93	(2,05)	0,48
43×	+*1621,49*	(502,01)	+*4,73*	(1,68)	+ 0,07	(0,49)	− 4,44	(2,57)	0,62
44	+*1639,52*	(282,19)	+0,87	(1,24)	+ *0,62*	(0,17)	− *3,99*	(1,67)	0,60
45×	+ *104,10*	(273,46)	+2,14	(1,66)	+ *1,13*	(0,51)	+ *3,68*	(1,40)	0,57
46×	+*1038,55*	(476,40)	+2,35	(2,00)	+ 0,31	(0,20)	− 0,58	(2,79)	0,35
47×	+*1749,30*	(366,73)	+*2,50*	(0,96)	+ 0,24	(0,19)	− 3,56	(2,09)	0,69
48×	+*1050,32*	(205,14)	+0,39	(1,07)	+ *1,19*	(0,44)	− 0,85	(1,17)	0,47
49×	+*1298,66*	(318,30)	+3,47	(1,73)	− 1,25	(1,94)	− 2,04	(1,79)	0,39
50×	+*1367,90*	(339,43)	+1,74	(1,43)	+ 1,70	(0,97)	− 2,38	(1,69)	0,52
51	+ *425,97*	(210,81)	−0,13	(0,58)	+ *1,93*	(0,78)	+ 2,25	(1,23)	0,45

Die in den Tabellen verzeichneten Werte sind durchaus nicht alle von gleichem Gewicht. Es besteht vielmehr eine kaum begrenzte Zahl von Möglichkeiten, Ergebnisse von „besonderer" Bedeutung auszuwählen, um diese bevorzugt auszuwerten. Für das Vorgehen in den nächsten Abschnitten erscheint es z. B. zweckmäßig[17], Regressionskoeffizienten, für die nicht auf einem Signifikanzniveau von 5 % die Nullhypothese verworfen werden kann, nicht mit ihren Schätzwerten zu berücksichtigen. Außerdem empfiehlt es sich, wegen der größeren Schätzgenauigkeit zunächst nur die Resultate für die 37 mit mindestens zwanzig Beobachtungen vertretenen Sektoren auszuwerten.

421 Einflüsse der Bevölkerungsdichte

Einen zusammenfassenden Überblick über die Schätzwerte und Testergebnisse, die für die mit den Bevölkerungsdichteziffern verknüpften Regressionskoeffizienten a_{11s} und a_{12s} ermittelt wurden, gewährt die folgende Tabelle:

Tabelle 24

Häufigkeitsverteilung der für a_{11s} und a_{12s} ermittelten Schätzwerte bzw. Testresultate

a_{11s} / a_{12s}	nicht signifikant von 0 verschieden	signifikant von 0 verschieden			Σ
		$1 \leq \hat{a}_{11s} < 2$	$2 \leq \hat{a}_{11s} < 3$	$3 \leq \hat{a}_{11s} < 4$	
nicht signifikant von 0 verschieden	4	5	3	0	12
signifikant von 0 verschieden: $1 \leq \hat{a}_{12s} < 2$	0	0	1	0	1
$2 \leq \hat{a}_{12s} < 3$	2	0	3	0	5
$3 \leq \hat{a}_{12s} < 4$	1	1	5	1	8
$4 \leq \hat{a}_{12s} < 5$	1	2	6	0	9
$5 \leq \hat{a}_{12s} < 6$	0	1	0	1	2
Σ	8	9	18	2	37

In 29 der 37 Sektoren – dies entspricht einem Anteil von 78,4 % – ist a_{11s} signifikant von Null verschieden, d. h. in mehr als drei Vierteln aller betrachteten Branchen kann ein (positiver) Einfluß der Bevölkerungsdichte auf die Lohnhöhe als gesichert angesehen werden. Auch bei den Gehältern ist die entsprechende Quote mit 67,6 % verhältnismäßig hoch. Die Schätzwerte für die signifikant von Null verschiedenen Koeffizienten liegen bei den Arbeitern zwischen +1,20 in der Süßwarenindustrie und +3,91 in der Chemischen Industrie; eine deutliche Häufung ist in dem Intervall $+2 \leq \hat{a}_{11s} < +3$ zu beobachten. Bei den Angestellten ist der Bereich zwischen den Werten +3 und +5 am dichtesten besetzt; die gemessenen Extrema

[17] Die Grenzen sind natürlich weitgehend willkürlich.

betragen +1,67 in der Elektrotechnischen Industrie und +5,48 im Bereich der Säge-, Hobel-, Holzimprägnier- und Furnierwerke.

Betrachtet man nicht die beiden Randverteilungen, sondern die zweidimensionale Häufigkeitsverteilung, so zeigt sich zunächst, daß nur in vier von 37 Sektoren die Koeffizienten in *beiden* Arbeitnehmergruppen nicht signifikant von Null verschieden sind. In zwölf Sektoren darf ein Einfluß der Bevölkerungsdichte auf die Lohn- *oder* die Gehaltshöhe als gesichert angesehen werden, und in nicht weniger als 21 Sektoren werden der Lohn *und* das Gehalt signifikant beeinflußt. Der auf der Basis der entsprechenden Vierfeldertafel[18] errechnete Kontingenzkoeffizient hat den Wert 1,44. Ein Vergleich mit dem der χ^2 (1)-Verteilung entnommenen kritischen Wert 3,84 zeigt, daß die Hypothese, die in der Vierfeldertafel angesprochenen Testergebnisse für a_{11_s} und a_{12_s} seien unabhängig voneinander verteilt, auf einem Signifikanzniveau von 5 % nicht verworfen werden kann.

Die Schätzwerte $\hat{a}_{11_s}$ und $\hat{a}_{12_s}$ sind nur außerordentlich schwach miteinander korreliert. Der in den 21 Sektoren, in denen ein Einfluß der Bevölkerungsdichte auf die Löhne *und* die Gehälter als gesichert gelten kann, für die genannten Werte errechnete (negative) Korrelationskoeffizient erreicht nur die sehr bescheidene absolute Höhe von 0,04.

In den einzelnen Industriegruppen erhält man für $\hat{a}_{11_s}$ und $\hat{a}_{12_s}$ die folgenden Mittelwerte:

Tabelle 25a

Durchschnittliche Werte der Koeffizienten $\hat{a}_{11_s}$ und $\hat{a}_{12_s}$ in den verschiedenen Industriegruppen

	$(\hat{a}_{11_s})_{\varnothing}$	$(\hat{a}_{12_s})_{\varnothing}$
Grundstoff- und Produktionsgüterindustrien	+2,21	+4,35
Investitionsgüterindustrien	+2,51	+3,54
Verbrauchsgüterindustrien	+2,38	+3,55
Nahrungs- und Genußmittelindustrien	+1,71	+3,62
alle betrachteten Industrien	+2,24	+3,74

[18] Die Vierfeldertafel, die durch einfache Zusammenfassung aus der Tabelle 24 abgeleitet werden kann, hat das folgende Aussehen:

a_{12s} \ a_{11s}	nicht signifikant von 0 verschieden	signifikant von 0 verschieden
nicht signifikant von 0 verschieden	4	8
signifikant von 0 verschieden	4	21

Die Inter-Gruppen-Unterschiede sind nicht auffallend groß; sie lassen zudem keine bemerkenswerten Regelmäßigkeiten erkennen. Nicht zu übersehen ist allerdings, daß die Bevölkerungsdichte in allen vier Gruppen die Gehälter weitaus stärker beeinflußt als die Löhne. Dieses Ergebnis ist vor dem Hintergrund des in den meisten Sektoren bestehenden gleichgerichteten Verdienstniveaugefälles zu sehen. Dividiert man die Koeffizienten durch die sektoralen Durchschnittslöhne bzw. -gehälter, bevor man wie oben die Mittelwerte bildet, so schwächen sich die zwischen den Arbeitnehmergruppen zu beobachtenden Unterschiede merklich ab. Einzelheiten können der nachfolgenden Aufstellung entnommen werden:

Tabelle 25b

Durchschnittliche Werte der relativierten Koeffizienten $\hat{a}_{11_s}/l_{1\varnothing_s}$ und $\hat{a}_{12_s}/l_{2\varnothing_s}$ in den verschiedenen Industriegruppen

	$(\hat{a}_{11_s}/l_{1\varnothing_s})_\varnothing$	$(\hat{a}_{12_s}/l_{2\varnothing_s})_\varnothing$
Grundstoff- und Produktionsgüterindustrien	+0,23 %	+0,40 %
Investitionsgüterindustrien	+0,29 %	+0,29 %
Verbrauchsgüterindustrien	+0,30 %	+0,32 %
Nahrungs- und Genußmittelindustrien	+0,21 %	+0,30 %
alle betrachteten Industrien	+0,27 %	+0,34 %

422 Einflüsse der durchschnittlichen Betriebsgröße

In 19 bzw. 21 der insgesamt 37 Sektoren sind, wie die Summenzeile der folgenden Tabelle zeigt, die Koeffizienten a_{21_s} bzw. a_{22_s} signifikant von Null verschieden:

Tabelle 26

Häufigkeitsverteilungen der für a_{1as} und a_{2as} ermittelten Testresultate

a_{1as} \ a_{2as}	nicht signifikant von 0 verschieden	signifikant von 0 verschieden	Σ
nicht signifikant von 0 verschieden	$a = 1$: 5 $a = 2$: 7	$a = 1$: 3 $a = 2$: 5	$a = 1$: 8 $a = 2$: 12
signifikant von 0 verschieden	$a = 1$: 13 $a = 2$: 9	$a = 1$: 16 $a = 2$: 16	$a = 1$: 29 $a = 2$: 25
Σ	$a = 1$: 18 $a = 2$: 16	$a = 1$: 19 $a = 2$: 21	$a = 1$: 37 $a = 2$: 37

In 51,4 % bzw. 56,8 % aller betrachteten Branchen kann also auf der Regierungsbezirksebene ein Einfluß der durchschnittlichen Betriebsgröße auf die mittlere

Lohn- bzw. Gehaltshöhe als gesichert angesehen werden[19]. Zwischen den für a_{1as} und den für a_{2as} ermittelten Testresultaten kann in beiden Arbeitnehmergruppen nur ein relativ schwacher Zusammenhang beobachtet werden.

Einen zusammenfassenden Überblick über die Ergebnisse der für a_{2as} durchgeführten Punktschätzungen und Signifikanztests vermittelt die folgende Tabelle:

Tabelle 27

Häufigkeitsverteilung der für a_{21s} und a_{22s} ermittelten Schätzwerte bzw. Testresultate

a_{22s} \ a_{21s}	nicht signifikant von 0 verschieden	signifikant von 0 verschieden: $0 \leq \hat{a}_{21s} < 1$	$1 \leq \hat{a}_{21s} < 2$	$2 \leq \hat{a}_{21s} < 3$	Σ
nicht signifikant von 0 verschieden	10	5	1	0	16
signifikant von 0 verschieden: $0 \leq \hat{a}_{22s} < 1$	1	7	0	0	8
$1 \leq \hat{a}_{22s} < 2$	3	4	0	0	7
$2 \leq \hat{a}_{22s} < 3$	1	0	0	0	1
$3 \leq \hat{a}_{22s} < 4$	0	0	0	0	0
$4 \leq \hat{a}_{22s} < 5$	2	0	1	0	3
$5 \leq \hat{a}_{22s}$	1	0	0	1	2
Σ	18	16	2	1	37

Während der Straßenfahrzeugbau mit +0,10 bei den Arbeitern und +0,12 bei den Angestellten die niedrigsten Werte aufweist, werden die Maxima mit +2,05 bzw. +11,80 in der Natursteinindustrie gemessen. Insbesondere die zuletzt genannten Koeffizienten sind jedoch als relativ untypische „Ausreißer" zu qualifizieren, denn die ganz überwiegende Mehrzahl der Schätzwerte ist den Intervallen $0 \leqslant \hat{a}_{21s} < 1$ bzw. $0 \leqslant \hat{a}_{22s} < 2$ zuzuordnen.

Vergleicht man die Tabelle 27 mit der Tabelle 24, so zeigt sich, daß die Koeffizienten nunmehr

in 10 anstatt 4 Sektoren in keiner,
in 14 anstatt 12 Sektoren in einer und
in 13 anstatt 21 Sektoren in beiden

Arbeitnehmergruppe(n) signifikant von Null verschieden sind. Der Kontingenzkoeffizient, der auf der Grundlage der zur Tabelle 27 gehörenden Vierfeldertafel[20] errechnet werden kann, bleibt mit einem Betrag von 2,17 wiederum hinter dem kritischen Wert $\chi^2 (1)_{0,95} = 3,84$ zurück; auf einem Signifikanzniveau von 5 % kann daher auch die Hypothese, die für a_{21s} und a_{22s} ermittelten Testresultate seien unab-

---

[19] In den verbleibenden 48,6 % bzw. 43,2 % der Sektoren darf ein entsprechender Einfluß selbstverständlich nicht ausgeschlossen werden; er ist lediglich statistisch nicht gesichert.

hängig voneinander verteilt, nicht verworfen werden. Die für die genannten Koeffizienten errechneten Schätzwerte sind dagegen stark miteinander korreliert. In den 13 Sektoren, in denen a_{21s} und a_{22s} signifikant von Null verschieden sind, erreicht der Korrelationskoeffizient nunmehr die beachtliche Höhe von +0,95.

Einen ergänzenden Überblick über die Mittelwerte der Regressionskoeffizienten in den einzelnen Industriegruppen gibt abschließend die folgende Zusammenstellung, die analog den im vorigen Abschnitt erläuterten Tabellen 25a und 25b zu interpretieren ist:

Tabelle 28

Durchschnittliche Werte der Koeffizienten $\hat{a}_{2as}$ und der relativierten Koeffizienten $\hat{a}_{2as}/l_{a\varnothing s}$ in den verschiedenen Arbeitnehmer- und Industriegruppen

	$(\hat{a}_{21s})_\varnothing$	$(\hat{a}_{22s})_\varnothing$	$(\hat{a}_{21s}/l_{1\varnothing s})_\varnothing$	$(\hat{a}_{22s}/l_{2\varnothing s})_\varnothing$
Grundstoff- und Produktionsgüterindustrien[21]	+0,75	+3,97	+0,083 %	+0,383 %
Investitionsgüterindustrien	+0,57	+0,82	+0,072 %	+0,067 %
Verbrauchsgüterindustrien	+0,59	+1,81	+0,083 %	+0,164 %
Nahrungs- und Genußmittelindustrien	+0,45	+1,16	+0,059 %	+0,110 %
alle betrachteten Industrien[21]	+0,63	+2,34	+0,078 %	+0,220 %

20 Durch partielle Zusammenfassung der in der Tabelle 27 ausgewiesenen Werte erhält man die folgende Vierfeldertafel:

a_{22s} \ a_{21s}	nicht signifikant von 0 verschieden	signifikant von 0 verschieden
nicht signifikant von 0 verschieden	10	6
signifikant von 0 verschieden	8	13

21 Anzumerken ist, daß in der Sand- und Kies- sowie der Natursteinindustrie für a_{2as} und $a_{2as}/l_{a\varnothing s}$ relativ untypische Schätzwerte ermittelt wurden. Vernachlässigt man diese beiden Sektoren, so erhält man die folgenden Durchschnittswerte:

	$(\hat{a}_{21s})_\varnothing$	$(\hat{a}_{22s})_\varnothing$	$(\hat{a}_{21s}/l_{1\varnothing s})_\varnothing$	$(\hat{a}_{22s}/l_{2\varnothing s})_\varnothing$
Grundstoff- und Produktionsgüterindustrien	+0,53	+1,80	+0,061 %	+0,189 %
alle betrachteten Industrien	+0,55	+1,48	+0,070 %	+0,141 %

Tabelle 29

Häufigkeitsverteilung der für a_{31s} und a_{32s} ermittelten Schätzwerte bzw. Testresultate

a_{32s} \ a_{31s}		nicht signifikant von 0 verschieden	signifikant von 0 verschieden: $1 \leq \hat{a}_{31s} < 2$	$2 \leq \hat{a}_{31s} < 3$	$3 \leq \hat{a}_{31s} < 4$	$4 \leq \hat{a}_{31s} < 5$	$5 \leq \hat{a}_{31s} < 6$	$6 \leq \hat{a}_{31s}$	Σ
nicht signifikant von 0 verschieden		14	2	5	6	4	1	1	33
signifikant von 0 verschieden	$0 \geq \hat{a}_{32s}$	2	0	0	0	0	0	0	2
	$\hat{a}_{32s} > 0$	0	0	0	0	1	0	1	2
Σ		16	2	5	6	5	1	2	37

423 Einflüsse der durchschnittlichen Arbeitszeit

Im Abschnitt 40 war vorgeschlagen worden, die nur für die Arbeiter verfügbaren Angaben über die durchschnittliche geleistete Arbeitszeit versuchsweise auch in die Bestimmungsgleichungen für die Gehälter einzusetzen. Dieser Versuch, der mit einer möglichen Eignung der genannten Daten als Indikatoren für die regionale Branchenkonjunktur sowie mit dem denkbaren Zusammenhang zwischen der letzteren und der zu erklärenden Gehaltshöhe gerechtfertigt worden war, kann nur sehr bedingt als erfolgreich bezeichnet werden. Wie auch die Tabelle 29 zeigt, ist es lediglich in vier Sektoren möglich, die Nullhypothese für den Koeffizienten a_{32_s} auf einem Signifikanzniveau von 5 % zu verwerfen.

Für nicht weniger als 33 Sektoren – dies entspricht einem Anteil von 89,2 % – kann die Gültigkeit des postulierten Zusammenhangs weder endgültig ausgeschlossen noch mit befriedigender Sicherheit nachgewiesen werden.

Ungleich günstiger ist das Bild in der anderen Arbeitnehmergruppe: Ein Einfluß der durchschnittlichen geleisteten Arbeitszeit auf die mittlere regionale Lohnhöhe kann lediglich in 43,2 % der betrachteten Branchen nicht als gesichert angesehen werden. In 21 Sektoren[22] ist die Nullhypothese für a_{31_s} auf einem Signifikanzniveau von 5 % zu verwerfen. Die Schätzwerte für die signifikant von Null verschiedenen Koeffizienten liegen überwiegend in dem Bereich zwischen +2 und +5; die Extrema werden in der Sand- und Kies- bzw. der Natursteinindustrie gemessen und betragen +1,88 bzw. +8,13.

In den einzelnen Industriegruppen ergeben sich für $\hat{a}_{31_s}$ die folgenden Mittelwerte:

Tabelle 30

Durchschnittliche Werte der Koeffizienten $\hat{a}_{31_s}$ in den verschiedenen Industriegruppen

	$(\hat{a}_{31_s})_\varnothing$
Grundstoff- und Produktionsgüterind.	+4,70
Investitionsgüterindustrien	+3,16
Verbrauchsgüterindustrien	+5,70
Nahrungs- und Genußmittelindustrien	+3,09
alle betrachteten Industrien	+3,83

Sieht man von dem Resultat für die Verbrauchsgüterindustrien ab – es beruht in diesem Fall auf den Angaben für lediglich zwei Sektoren –, so sind die Unterschiede nicht als auffallend groß zu bezeichnen.

[22] Dies sind acht Sektoren weniger als im Falle des Koeffizienten a_{11_s}, aber zwei Sektoren mehr als bei dem im vorigen Abschnitt betrachteten Koeffizienten a_{21_s}.

5 Verbindung von horizontaler und vertikaler Analyse: Erklärung der interregionalen Verdienstdispersion auf der Ebene von Regierungsbezirken

50 Erklärung mit Hilfe reiner Standardisierungstechniken

500 Verfahren

5000 Vorbemerkungen

50000 Ansatzpunkte der Standardisierung

Im Rahmen der horizontalen Analyse, der die Abschnitte 2 und 3 gewidmet waren, wurden verschiedene Techniken der Dispersionsmessung verwendet, die speziell unter dem Gesichtspunkt der Eignung zur vergleichenden Strukturbeschreibung ausgewählt worden waren. Im folgenden sollen, daran anknüpfend, einige weitere Meßverfahren entwickelt werden, die geeignet sind, einen Beitrag nunmehr auch zur *Erklärung* der zuvor lediglich deskriptiv erfaßten Strukturen zu leisten.

Für eine erste, zunächst noch sehr grobe Skizzierung der Konstruktion entsprechender Verfahren greift man am besten auf die aus den Abschnitten 2 und 3 bereits bekannte Definition des Konzentrationsverhältnisses von Gini zurück[1]:

(1)
$$G = \frac{1}{2n_.^2} \sum_{r=1}^{R} \sum_{r'=1}^{R} n_r \, n_{r'} \, |l_r - l_{r'}|,$$
$$n. = \sum_{r=1}^{R} n_r \, .$$

Setzt man die in den verschiedenen Regionen gemessenen Verdienstwerte und Beschäftigtenzahlen in unveränderter Form in die Gleichung ein, so gibt die Maßzahl G, wie gewohnt, Aufschluß über die realiter anzutreffende interregionale Verdienstdispersion. Ersetzt man dagegen alternativ die l- oder die n-Werte durch entsprechende, jedoch in geeigneter Form interregional vereinheitlichte (standardisierte) Größen l^* bzw. n^*, so läßt sich u. a. ablesen, inwieweit die zuvor gemessene Dispersion eine Folge allein der interregionalen Unterschiede der Beschäftigtenzahlen ist bzw. bis zu welcher Höhe sie ausschließlich auf die „eigentlichen“ interregionalen Verdienstunterschiede zurückgeführt werden kann.

---

[1] Die l und die n bezeichnen wiederum die Verdienste und die Beschäftigtenzahlen, die, wie auch die Indizierung deutlich macht, in den einzelnen Regionen ($r, r' = 1, 2, \ldots, R$) gemessen werden.

Der isolierte Einfluß, den die interregionalen Unterschiede der Beschäftigtenzahlen auf die Verdienstdispersion ausüben, kann durch Substitution passender l^* für l in (1) ermittelt werden[2]:

$$G_n = \frac{1}{2n_\cdot^2} \sum_r \sum_{r'} n_r \, n_{r'} \, | l^*_r - l^*_{r'} | . \tag{2}$$

In manchen Fällen ist es zweckmäßig, die l^* als für alle r gleich anzunehmen; dies führt zu der trivialen Lösung $G_n = 0$, ein „reiner Beschäftigungseinfluß" fehlt also. Die l-Standardisierung ist aber, wie später noch zu zeigen sein wird, häufig auch mit dem Ergebnis $l^*_r - l^*_{r'} \neq 0$ für alle oder bestimmte $r \neq r'$ verbunden. Dann gilt in der Regel $G_n \neq 0$, und ein „reiner Beschäftigungseinfluß" kann isoliert werden.

Der den interregionalen Verdienstunterschieden nach Elimination der Beschäftigungseinflüsse zuzurechnende Dispersionsbetrag kann in der Regel durch Einsetzen geeigneter n^* in die Gleichung (1) ermittelt werden[3]:

$$G_l = \frac{1}{2n_\cdot^{*2}} \sum_r \sum_{r'} n^*_r \, n^*_{r'} \, | l_r - l_{r'} | , \tag{3}$$

$$n^*_\cdot = \sum_r n^*_r .$$

Die n^*_r können alle gleich sein, doch sind auch andere sinnvolle Ansätze denkbar. Ein „reiner Verdiensteinfluß" läßt sich normalerweise in beiden Fällen feststellen, da G_l in der Regel von 0 verschieden ist.

Wie zuvor bereits angedeutet wurde, besteht hinsichtlich der l^* und der n^* eine gewisse, wenn auch relativ eng begrenzte Wahlfreiheit. Da es im Rahmen dieser Untersuchung aus praktischen Gründen nicht möglich ist, alle denkbaren Ansätze nebeneinander zu verwenden, müssen im folgenden jeweils Auswahlentscheidungen getroffen werden. Die dabei maßgebenden Kriterien sind die theoretische Plausibilität sowie zugleich auch die wissenschaftliche und politische Relevanz der Fragen, deren Beantwortung ermöglicht wird.

50001 Bezeichnungen der Daten und Maße

Die Daten- und Maßbezeichnungen entsprechen im folgenden fast durchweg jenen, die im Kapitel 2 verwendet und dort im Unterabschnitt 21101[4] ausführlich

---

2 Auf die Einzelheiten der Verfahren kann an dieser Stelle noch ebensowenig eingegangen werden wie auf die verschiedenen Möglichkeiten zur Interpretation der Resultate. Es kommt hier lediglich darauf an, eine erste Vorstellung von den unterschiedlichen Ansatzpunkten der Standardisierung zu vermitteln.

3 Die in manchen Fällen auftretende Notwendigkeit einer Umformung der l-Werte bleibt hier vorerst unberücksichtigt; auf sie wird später noch eingegangen werden.

4 Vgl. S. 36 f.

erläutert wurden. Die Einführung standardisierter Größen erfordert lediglich einige Erweiterungen.

(a) *Datenbezeichnungen:*

Bei den Verdienstdurchschnitten kommt, sofern bei deren Bildung standardisierte Beschäftigtenzahlen oder standardisierte Verdienstwerte verwendet werden, nach einem Komma ein vierter Index hinzu. Er lautet

a bzw. *b* im Falle einer interregionalen Standardisierung der Verdienste bzw. der Beschäftigtenzahlen in den Arbeitnehmergruppen und

s bzw. *t* im Falle einer interregionalen Standardisierung der Verdienste, Löhne oder Gehälter bzw. der Beschäftigten-, Arbeiter- oder Angestelltenzahlen in den Sektoren.

(b) *Maßbezeichnungen:*

Bei den Maßbezeichnungen wird die dritte Indexstelle nunmehr voll ausgenutzt. Sie enthält ein

a bzw. *b* oder ein

s bzw. *t* in den oben näher bezeichneten Fällen oder, wie bisher, ein

u bei Fehlen jeder Standardisierung.

50002 Terminologische Vereinfachungen

Für die folgenden Abschnitte werden drei sprachliche Vereinfachungen vereinbart:

(a) „Interregionale Unterschiede" werden in Zukunft der Kürze halber meistens nur als „Unterschiede" bezeichnet. Unterschiede anderer (z. B. intersektoraler) Art werden dagegen jeweils ausdrücklich als solche kenntlich gemacht.

(b) Soweit keine Mißverständnisse zu befürchten sind, werden Einwirkungen auf die interregionalen Verdienstdispersionen, die ohne die Existenz unterschiedlicher Arbeitnehmergruppen (Sektoren, Leistungsgruppen, Geschlechter) nicht denkbar sind, im folgenden abkürzend als „Einflüsse der Arbeitnehmergruppen (Sektoren, Leistungsgruppen, Geschlechtsgruppen)" bezeichnet.

(c) Nicht alle Faktoren, die die Höhe der interregionalen Verdienstdispersionen bestimmen, werden im Rahmen der vorliegenden Untersuchung als variabel angesehen; ein Teil wird vielmehr als konstant betrachtet. Wenn nun beispielsweise von dem „(Dispersions-)Effekt" eines variablen Faktors gesprochen wird oder auch davon, die Dispersion sei „zu *x* % auf diesen Faktor zurückzuführen", so wird insoweit lediglich eine Mitwirkung der anderen variablen Faktoren ausgeschlossen. Es ist nicht sinnvoll, den Einfluß der konstanten Faktoren zu eliminieren; dieser ist stets gegenwärtig, wird aber aus praktischen Gründen nicht in jedem Falle besonders erwähnt.

5001 Elementare Meßverfahren[5]

50010 Standardisierung der Verdienste bzw. der Beschäftigtenzahlen in den Arbeitnehmergruppen

Ein Charakteristikum der im Kapitel 50 verwendeten Verfahren ist es, daß die Dispersionsmessung auf der Basis interregional standardisierter Daten erfolgt. In einem ersten Schritt empfiehlt sich speziell eine Standardisierung der Verdienste bzw. der Beschäftigtenzahlen in den Arbeitnehmergruppen[6]. Die beiden Ansätze, die zur Erfüllung dieser Aufgabe am besten geeignet sind, können der rechten Spalte der folgenden Aufstellung entnommen werden:

	unstandardisiert:	*standardisiert:*
Verdienste:	$l_{ar\varnothing}$	$\frac{1}{n_{...}} \sum_r n_{.r.}\, l_{ar\varnothing}$
Beschäftigtenzahlen:	$n_{ar.}$	$\frac{n_{a..}\, n_{.r.}}{n_{...}}$

Es ist sinnvoll, nochmals auf die im Abschnitt 21110 entwickelten Verfahren zurückzugreifen und in den dort angeführten Formeln zunächst die Verdienste $l_{ar\varnothing}$ und sodann die Beschäftigtenzahlen $n_{ar.}$ durch die entsprechenden standardisierten Werte zu ersetzen. Im erstgenannten Fall erhält man an Stelle von $G_{xx,\,u}$ die unnormierte Dispersion der a-verdienststandardisierten regionalen Durchschnittsverdienste:

$$\text{(V1)} \qquad \text{(a)} \qquad G_{xx,\,a} = \frac{1}{2n_{...}^2} \sum_r \sum_{r'} n_{.r.}\, n_{.r'.}\, |\, l_{\varnothing r\varnothing,\,a} - l_{\varnothing r'\varnothing,\,a} \,| \,.$$

Die Durchschnittsverdienste $l_{\varnothing r\varnothing,\,a}$ sind wie folgt definiert:

$$l_{\varnothing r\varnothing,\,a} = \frac{1}{n_{.r.}} \sum_a n_{ar.} \left(\frac{1}{n_{...}} \sum_r n_{.r.}\, l_{ar\varnothing}\right).$$

In der normierten Form wird als Nenner der über die Regionen hinweg berechnete Mittelwert dieser fiktiven Durchschnittsverdienste verwendet. Er lautet:

$$\frac{1}{n_{...}} \sum_r n_{.r.}\, l_{\varnothing r\varnothing,\,a} =$$

$$= \frac{1}{n_{...}} \sum_r n_{.r.} \left[\frac{1}{n_{.r.}} \sum_a n_{ar.} \left(\frac{1}{n_{...}} \sum_r n_{.r.}\, l_{ar\varnothing}\right)\right] =$$

$$= \left(\frac{1}{n_{...}}\right)^2 \sum_a \sum_r n_{a..}\, n_{.r.}\, l_{ar\varnothing}$$

---

[5] Vgl. zu den Symbolen die Seiten 36 f. und 99.

[6] Im folgenden wird vielfach nur kurz von einer a-Verdienststandardisierung bzw. einer a-Beschäftigungsstandardisierung gesprochen.

Somit gilt:

(V1) (b) $$GN_{xx,\,a} = \frac{G_{xx,\,a}}{\frac{1}{n^2_{...}} \sum_a \sum_r n_{a..}\, n_{.r.}\, l_{ar\varnothing}}$$

Zu einfacheren Ergebnissen führt die Standardisierung der Verdienste im Falle der beiden anderen im Abschnitt 21110 angeführten Formelpaare. Es gilt nämlich:

(a) $$G_{ax,\,a} = \frac{1}{2n^2_{a..}} \sum_r \sum_{r'} n_{ar.}\, n_{ar'.} \left| \frac{1}{n_{...}} \sum_r n_{.r.}\, l_{ar\varnothing} - \frac{1}{n_{...}} \sum_r n_{.r.}\, l_{ar\varnothing} \right| = 0$$

(V2) und somit auch

(b) $$GN_{ax,\,a} = 0$$

sowie

(a) $$G_{ax,\,a,\,a} = \frac{1}{n_{...}} \sum_a n_{a..}\, G_{ax,\,a} = 0$$

(V3) und

(b) $$GN_{ax,\,a,\,a} = 0.$$

Werden in den Formeln des Abschnitts 21110 nicht die Verdienste, sondern die Beschäftigtenzahlen interregional standardisiert, so erhält man

- an Stelle von $G(N)_{xx,\,u}$ die Dispersion der a-beschäftigungsstandardisierten regionalen Durchschnittsverdienste:

(a) $$G_{xx,\,b} = \frac{1}{2n^2_{...}} \sum_r \sum_{r'} n_{.r.}\, n_{.r'.} \left| l_{\varnothing r\varnothing,\,b} - l_{\varnothing r'\varnothing,\,b} \right|$$

worin:

$$l_{\varnothing r\varnothing,\,b} = \frac{1}{n_{...}} \sum_a n_{a..}\, l_{ar\varnothing}$$

(B1)

(b) $$GN_{xx,\,b} = \frac{G_{xx,\,b}}{\frac{1}{n^2_{...}} \sum_a \sum_r n_{a..}\, n_{.r.}\, l_{ar\varnothing}}$$

- an Stelle von $G(N)_{ax,\,u}$ die Einzeldispersionen der nach Arbeitnehmergruppen aufgegliederten und a-beschäftigungsstandardisiert gewichteten Verdienste:

(B2) für beide a

(a) $$G_{ax,\,b} = \frac{1}{2n^2_{a..}} \sum_r \sum_{r'} \frac{n_{a..}\, n_{.r.}}{n_{...}} \frac{n_{a..}\, n_{.r'.}}{n_{...}} \,|l_{ar\varnothing} - l_{ar'\varnothing}| = \frac{1}{2n^2_{...}} \sum_r \sum_{r'} n_{.r.}\, n_{.r'.} \,|l_{ar\varnothing} - l_{ar'\varnothing}|$$

(b) $$GN_{ax,\,b} = \frac{G_{ax,\,b}}{\frac{1}{n_{...}} \sum_r n_{.r.}\, l_{ar\varnothing}}$$

- an Stelle von $G(N)_{ax,\,u,\,a}$ schließlich die durchschnittliche Dispersion der nach Arbeitnehmergruppen aufgegliederten und *a*-beschäftigungsstandardisiert gewichteten Verdienste:

(B3)

(a) $$G_{ax,\,b,\,a} = \frac{1}{n_{...}} \sum_a n_{a..}\, G_{ax,\,b}$$

(b) $$GN_{ax,\,b,\,a} = \frac{1}{n_{...}} \sum_a n_{a..}\, GN_{ax,\,b}\,.$$

Auf die verschiedenen Möglichkeiten zur Interpretation dieser Maße wird unten noch ausführlich eingegangen werden.

50011 Standardisierung der Verdienste bzw. der Beschäftigtenzahlen in den Sektoren

Die im folgenden vorzustellenden Meßverfahren unterscheiden sich von jenen, die im vorigen Abschnitt entwickelt wurden, nur darin, daß hier das *s*-Merkmal so behandelt wird wie dort das *a*-Merkmal und entsprechend umgekehrt. Es genügt daher an dieser Stelle eine einfache Aufzählung der Formeln. Sie beginnt mit der Dispersion der *s*-verdienststandardisierten regionalen Durchschnittsverdienste:

(V1)

(a) $$G_{xx,\,s} = \frac{1}{2n^2_{...}} \sum_r \sum_{r'} n_{.r.}\, n_{.r'.} \,|l_{\varnothing r\varnothing,\,s} - l_{\varnothing r'\varnothing,\,s}|$$

worin: $$l_{\varnothing r\varnothing,\,s} = \frac{1}{n_{.r.}} \sum_s n_{.rs} \left(\frac{1}{n_{...}} \sum_r n_{.r.}\, l_{\varnothing rs}\right)$$

(b) $$GN_{xx,\,s} = \frac{G_{xx,\,s}}{\frac{1}{n^2_{...}} \sum_s \sum_r n_{..s}\, n_{.r.}\, l_{\varnothing rs}}$$

Die Einzel- und Durchschnittsdispersionen der entsprechend standardisierten, aber sektoral nicht aggregierten Verdienste werden null:

(V2)

(a) $$G_{xs,\,s} = 0$$

(b) $$GN_{xs,\,s} = 0$$

(V3) (a) $$G_{xs,\,s,\,s} = 0$$

(b) $GN_{xs,\,s,\,s} = 0$

Für die Dispersion der s-beschäftigungsstandardisierten regionalen Durchschnittsverdienste erhält man die folgenden Ausdrücke:

(B1)

(a) $$G_{xx,\,t} = \frac{1}{2n^2_{...}} \sum_r \sum_{r'} n_{.r.}\, n_{.r'.} \,|\, l_{\varnothing r \varnothing,\,t} - l_{\varnothing r' \varnothing,\,t} \,|$$

worin: $$l_{\varnothing r \varnothing,\,t} = \frac{1}{n_{...}} \sum_s n_{..s}\, l_{\varnothing rs}$$

(b) $$GN_{xx,t} = \frac{G_{xx,\,t}}{\frac{1}{n^2_{...}} \sum_s \sum_r n_{.r.}\, n_{..s}\, l_{\varnothing rs}}$$

Die Einzeldispersionen bzw. die Durchschnittsdispersion der nach Sektoren aufgegliederten und s-beschäftigungsstandardisiert gewichteten Verdienste errechnen sich schließlich nach den Formeln:

(B2) für jedes s

(a) $$G_{xs,\,t} = \frac{1}{2n^2_{..s}} \sum_r \sum_{r'} \frac{n_{.r.}\, n_{..s}}{n_{...}} \frac{n_{.r'.}\, n_{..s}}{n_{...}} \,|\, l_{\varnothing rs} - l_{\varnothing r's} \,| =$$

$$= \frac{1}{2n^2_{...}} \sum_r \sum_{r'} n_{.r.}\, n_{.r'.} \,|\, l_{\varnothing rs} - l_{\varnothing r's} \,|$$

(b) $$GN_{xs,\,t} = \frac{G_{xs,\,t}}{\frac{1}{n_{...}} \sum_r n_{.r.}\, l_{\varnothing rs}}$$

bzw.

(B3)

(a) $$G_{xs,\,t,\,s} = \frac{1}{n_{...}} \sum_s n_{..s}\, G_{xs,\,t}$$

(b) $$GN_{xs,\,t,\,s} = \frac{1}{n_{...}} \sum_s n_{..s}\, GN_{xs,\,t}\,.$$

50012 Standardisierung der Löhne und Gehälter bzw. der Arbeiter- und Angestelltenzahlen in den Sektoren

Waren es bisher die in den Abschnitten 21110 und 21111 entwickelten Maße, die durch die interregionalen Standardisierungen der veränderten Aufgabenstellung angepaßt wurden, so sind nunmehr die im Kapitel 21112 angeführten Dispersionen in analoger Weise umzuwandeln. Die Formeln werden hier exemplarisch für $a = 1$ nebeneinandergestellt.

Ausgangspunkt ist die Dispersion der s-verdienststandardisierten regionalen Durchschnittslöhne:

(V1)

(a) $$G_{1x,s} = \frac{1}{2n_{1..}^2} \sum_r \sum_{r'} n_{1r.}\, n_{1r'.}\, | l_{1r\varnothing,s} - l_{1r'\varnothing,s} |$$

worin: $$l_{1r\varnothing,s} = \frac{1}{n_{1r.}} \sum_s n_{1rs} \left(\frac{1}{n_{1..}} \sum_r n_{1r.}\, l_{1rs}\right)$$

(b) $$GN_{1x,s} = \frac{G_{1x,s}}{\frac{1}{n_{1..}^2} \sum_r \sum_s n_{1r.}\, n_{1.s}\, l_{1rs}}$$

Die Einzel- und Durchschnittsdispersionen der in gleicher Weise standardisierten, aber nach Sektoren aufgegliederten Löhne werden wiederum null:

(V2)

(a) $$G_{1s,s} = 0$$

(b) $$GN_{1s,s} = 0$$

(V3)

(a) $$G_{1s,s,s} = 0$$

(b) $$GN_{1s,s,s} = 0$$

Standardisiert man statt der l- die n-Werte, so erhält man zunächst die Dispersion der s-beschäftigungsstandardisierten regionalen Durchschnittslöhne:

(B1)

(a) $$G_{1x,t} = \frac{1}{2n_{1..}^2} \sum_r \sum_{r'} n_{1r.}\, n_{1r'.}\, | l_{1r\varnothing,t} - l_{1r'\varnothing,t} |$$

worin: $$l_{1r\varnothing,t} = \frac{1}{n_{1..}} \sum_s n_{1.s}\, l_{1rs}$$

(b) $$GN_{1x,t} = \frac{G_{1x,t}}{\frac{1}{n_{1..}^2} \sum_r \sum_s n_{1r.}\, n_{1.s}\, l_{1rs}}$$

Unterbleibt die sektorale Aggregation, so treten an die Stelle dieses Maßes die Einzeldispersionen der nach Sektoren aufgegliederten und s-beschäftigungsstandardisiert gewichteten Löhne:

(B2)

(a) $$G_{1s,t} = \frac{1}{2n_{1.s}^2} \sum_r \sum_{r'} \frac{n_{1r.}\, n_{1.s}}{n_{1..}} \frac{n_{1r'.}\, n_{1.s}}{n_{1..}} | l_{1rs} - l_{1r's} | = \frac{1}{2n_{1..}^2} \sum_r \sum_{r'} n_{1r.}\, n_{1r'.}\, | l_{1rs} - l_{1r's} |$$

(b) $$GN_{1s,t} = \frac{G_{1s,t}}{\frac{1}{n_{1..}} \sum_r n_{1r.}\, l_{1rs}}$$

für jedes s

Mit der darauf aufbauenden Durchschnittsdispersion der nach Sektoren aufgegliederten und *s*-beschäftigungsstandardisiert gewichteten Löhne endet schließlich die Reihe der elementaren Dispersionsmaße:

$$\text{(B3)}\quad \begin{aligned} &\text{(a)}\quad G_{1s,\,t,\,s} = \frac{1}{n_{1..}} \sum_{s} n_{1.s}\, G_{1s,\,t} \\ &\text{(b)}\quad GN_{1s,\,t,\,s} = \frac{1}{n_{1..}} \sum_{s} n_{1.s}\, GN_{1s,\,t} \end{aligned}$$

5002 Komplexe Meßverfahren

50020 Übersicht

Die in den Abschnitten 2111 und 5001 entwickelten elementaren *G*- bzw. *GN*-Maße lassen sich, soweit sie für die im folgenden zu behandelnden Fragestellungen von speziellem Interesse sind, in eine Tabelle einordnen, deren Spalten bzw. Zeilen sich hinsichtlich des Standardisierungszustandes bzw. der Reihenfolge von Dispersionsmessung und Durchschnittsbildung unterscheiden[7]:

Tabelle 31

Systematische Zusammenstellung ausgewählter Dispersionsmaße

	(1) *l* stand. *n* stand.	(2) *l* stand. *n* unstand.	(3) *l* unstand. *n* stand.	(4) *l* unstand. *n* unstand.
(1) Disp.-messung vor Ø-Bildung	a) $G(N) = 0$ b) $G(N) = 0$ c) $G(N) = 0$	a) $G(N) = 0$ b) $G(N) = 0$ c) $G(N) = 0$	a) $G(N)_{ax,\,b,\,a}$ b) $G(N)_{xs,\,t,\,s}$ c) $G(N)_{as,\,t,\,s}$	a) $G(N)_{ax,\,u,\,a}$ b) $G(N)_{xs,\,u,\,s}$ c) $G(N)_{as,\,u,\,s}$
(2) Ø-Bildung vor Disp.-messung	a) $G(N) = 0$ b) $G(N) = 0$ c) $G(N) = 0$	a) $G(N)_{xx,\,a}$ b) $G(N)_{xx,\,s}$ c) $G(N)_{ax,\,s}$	a) $G(N)_{xx,\,b}$ b) $G(N)_{xx,\,t}$ c) $G(N)_{ax,\,t}$	a) $G(N)_{xx,\,u}$ b) $G(N)_{xx,\,u}$ c) $G(N)_{ax,\,u}$

Bezeichnet man die Angabe in der *i*-ten Zeile und *j*-ten Spalte unter dem Buchstaben β mit (i, j, β), so läßt sich zunächst für alle Kombinationen von *i* und β die folgende einfache Gleichung aufstellen:

$$\begin{aligned} &(i, 1, \beta) \\ &+ [(i, 2, \beta) - (i, 1, \beta)] \\ &+ [(i, 3, \beta) - (i, 1, \beta)] \\ &+ [(i, 4, \beta) - (i, 2, \beta) - (i, 3, \beta) + (i, 1, \beta)] \\ &= (i, 4, \beta) \end{aligned}$$

---

[7] Die Maße, die im vorliegenden Zusammenhang einander unmittelbar gegenübergestellt werden können, werden in der Tabelle mit dem gleichen Buchstaben β ($\beta = a$, *b* oder *c*) gekennzeichnet.

Es ist offensichtlich, daß dieser Ansatz eine zweckmäßige Zerlegung und statistische „Erklärung“ der Werte der Explananda $(1, 4, \beta)$ und $(2, 4, \beta)$ ermöglicht. Unter Berücksichtigung der Beziehung

$$\begin{aligned} & (1, 4, \beta) \\ + & [(2, 4, \beta) - (1, 4, \beta)] \\ = & (2, 4, \beta) \end{aligned}$$

läßt sich die Aufgliederung für $(2, 4, \beta)$ jedoch noch weiter verfeinern:

$$\begin{aligned} & (1, 1, \beta) \\ + & [(1, 2, \beta) - (1, 1, \beta)] \\ + & [(1, 3, \beta) - (1, 1, \beta)] \\ + & [(1, 4, \beta) - (1, 2, \beta) - (1, 3, \beta) + (1, 1, \beta)] \\ + & [(2, 1, \beta) - (1, 1, \beta)] \\ + & \{[(2, 2, \beta) - (2, 1, \beta)] - [(1, 2, \beta) - (1, 1, \beta)]\} \\ + & \{[(2, 3, \beta) - (2, 1, \beta)] - [(1, 3, \beta) - (1, 1, \beta)]\} \\ + & \{[(2, 4, \beta) - (2, 2, \beta) - (2, 3, \beta) + (2, 1, \beta)] - \\ & \quad - [(1, 4, \beta) - (1, 2, \beta) - (1, 3, \beta) + (1, 1, \beta)]\} \\ = & (2, 4, \beta) \end{aligned}$$

Nach Elimination der zahlreichen Nullglieder stellen sich zusammengefaßt die Zerlegungs- und Erklärungsansätze für die beiden Explananda, die im folgenden mit „*E*1“ bzw. „*E*2“ gekennzeichnet werden, wie folgt dar:

$$\begin{array}{ll} (I) & \quad (1, 3, \beta) \\ (II) & + [(1, 4, \beta) - (1, 3, \beta)] \\ \hline (E1) & \quad (1, 4, \beta) \\ (III) & + (2, 2, \beta) \\ (IV) & + [(2, 3, \beta) - (1, 3, \beta)] \\ (V) & + [(2, 4, \beta) - (2, 2, \beta) - (2, 3, \beta) - (1, 4, \beta) + (1, 3, \beta)] \\ \hline (E2) & \quad (2, 4, \beta) \end{array}$$

50021 Globale Einflüsse der Arbeitnehmergruppen

Ersetzt man in dem zuletzt angegebenen Aufgliederungsschema β durch a und entnimmt der Tabelle 31 die entsprechenden *G*- bzw. *GN*-Maße, so erhält man eine Form der Dispersionszerlegung, die speziell auf die Beantwortung der Frage nach den globalen Einflüssen der Arbeitnehmergruppen zugeschnitten ist:

$$\begin{array}{ll} (I) & \quad G\,(N)_{ax,\,b,\,a} \\ (II) & + [G\,(N)_{ax,\,u,\,a} - G\,(N)_{ax,\,b,\,a}] \\ \hline (E1) & \quad G\,(N)_{ax,\,u,\,a} \\ (III) & + G\,(N)_{xx,\,a} \\ (IV) & + [G\,(N)_{xx,\,b} - G\,(N)_{ax,\,b,\,a}] \\ (V) & + [G\,(N)_{xx,\,u} - G\,(N)_{xx,\,a} - G\,(N)_{xx,\,b} - G\,(N)_{ax,\,u,\,a} + G\,(N)_{ax,\,b,\,a}] \\ \hline (E2) & \quad G\,(N)_{xx,\,u} \end{array}$$

Die einzelnen Glieder sollen wie folgt bezeichnet werden:

(I)		Durchschnittseffekt der reinen Verdienstunterschiede in den Arbeitnehmergruppen
(II)	+	Durchschnittseffekt der Interaktion zwischen den reinen Verdienst- und den Beschäftigungsstrukturunterschieden in den Arbeitnehmergruppen
(E1)		Durchschnittliche Dispersion der nach Arbeitnehmergruppen aufgegliederten Verdienste
(III)	+	Effekt der Beschäftigungsstrukturunterschiede bei der Bildung der Verdienstdurchschnitte über die Arbeitnehmergruppen
(IV)	+	Effekt der Verdienstunterschiede bei der Bildung der Verdienstdurchschnitte über die Arbeitnehmergruppen
(V)	+	Effekt der Interaktion zwischen den Verdienst- und den Beschäftigungsstrukturunterschieden bei der Bildung der Verdienstdurchschnitte über die Arbeitnehmergruppen
(E2)		Dispersion der regionalen Durchschnittsverdienste

50022 Globale Einflüsse der Sektoren

Aufschlüsse über die globalen Einflüsse der Sektoren lassen sich mit Hilfe einer ähnlichen Dispersionszerlegung, die nunmehr jedoch auf den in der Tabelle 31 unter *b* genannten Maßen aufbaut, gewinnen:

$$
\begin{array}{lll}
(I) & & G\,(N)_{xs,\,t,\,s} \\
(II) & + & [G\,(N)_{xs,\,u,\,s} - G\,(N)_{xs,\,t,\,s}] \\
\hline
(E1) & & [G\,(N)_{xs,\,u,\,s} \\
(III) & + & G\,(N)_{xx,\,s} \\
(IV) & + & [G\,(N)_{xx,\,t} - G\,(N)_{xs,\,t,\,s}] \\
(V) & + & [G\,(N)_{xx,\,u} - G\,(N)_{xx,\,s} - G\,(N)_{xx,\,t} - G\,(N)_{xs,\,u,\,s} + G\,(N)_{xs,\,t,\,s}] \\
\hline
(E2) & & G\,(N)_{xx,\,u}
\end{array}
$$

Die Benennung der einzelnen Glieder kann der folgenden Aufstellung entnommen werden:

(I)		Durchschnittseffekt der reinen Verdienstunterschiede in den Sektoren
(II)	+	Durchschnittseffekt der Interaktion zwischen den reinen Verdienst- und den Beschäftigungsstrukturunterschieden in den Sektoren
(E1)		Durchschnittliche Dispersion der nach Sektoren aufgegliederten Verdienste
(III)	+	Effekt der Beschäftigungsstrukturunterschiede bei der Bildung der Verdienstdurchschnitte über die Sektoren
(IV)	+	Effekt der Verdienstunterschiede bei der Bildung der Verdienstdurchschnitte über die Sektoren
(V)	+	Effekt der Interaktion zwischen den Verdienst- und den Beschäftigungsstrukturunterschieden bei der Bildung der Verdienstdurchschnitte über die Sektoren
(E2)		Dispersion der regionalen Durchschnittsverdienste

50023 Einflüsse der Sektoren in den beiden Arbeitnehmergruppen

Führt man die soeben beschriebene Betrachtung nicht für die „Verdienste", also die gewogenen Durchschnitte aus Löhnen und Gehältern, sondern getrennt für die Löhne und die Gehälter durch, so ergibt sich – hier dargestellt am Beispiel der Löhne – das folgende Bild:

(I)		Durchschnittseffekt der reinen Lohnunterschiede in den Sektoren
(II)	+	Durchschnittseffekt der Interaktion zwischen den reinen Lohn- und den Arbeiterbeschäftigungsstruktur-Unterschieden in den Sektoren
(E1)		Durchschnittliche Dispersion der nach Sektoren aufgegliederten Löhne
(III)	+	Effekt der Arbeiterbeschäftigungsstruktur-Unterschiede bei der Bildung der Lohndurchschnitte über die Sektoren
(IV)	+	Effekt der Lohnunterschiede bei der Bildung der Lohndurchschnitte über die Sektoren
(V)	+	Effekt der Interaktion zwischen den Lohn- und den Arbeiterbeschäftigungsstruktur-Unterschieden bei der Bildung der Lohndurchschnitte über die Sektoren
(E2)		Dispersion der regionalen Durchschnittslöhne

Das zugehörige Berechnungsschema, das sich auf die in der obigen Tabelle unter *c* angegebenen Dispersionsmaße gründet, lautet wie folgt:

(I)	$G\,(N)_{1s,\,t,\,s}$
(II)	$+\,[G\,(N)_{1s,\,u,\,s} - G\,(N)_{1s,\,t,\,s}]$
(E1)	$G\,(N)_{1s,\,u,\,s}$
(III)	$+\,G\,(N)_{1x,\,s}$
(IV)	$+\,[G\,(N)_{1x,\,t} - G\,(N)_{1s,\,t,\,s}]$
(V)	$+\,[G\,(N)_{1x,\,u} - G\,(N)_{1x,\,s} - G\,(N)_{1x,\,t} - G\,(N)_{1s,\,u,\,s} + G\,(N)_{1s,\,t,\,s}]$
(E2)	$G\,(N)_{1x,\,u}$

Für die Angestellten wäre entsprechend der Index 2 einzusetzen.

501 Ergebnisse

5010 Zusammenfassende Übersicht

Verzichtet man auf die Wiedergabe der für $G\,(N)_{ax,\,b}$, $G\,(N)_{xs,\,t}$, $G\,(N)_{1s,\,t}$ und $G\,(N)_{2s,\,t}$ errechneten Werte und zieht auf der anderen Seite einige der im Abschnitt 2 ermittelten Resultate zu Vergleichszwecken nochmals heran, so können nach dem Muster der Tabelle 31 die wichtigsten Ergebnisse der elementaren Dispersionsmessungen in einer Gesamtschau vereinigt werden; man vergleiche hierzu die Tabelle 32.

Die Ergebnisse der darauf aufbauenden komplexen Messungen, die in den folgenden Abschnitten im Mittelpunkt des Interesses stehen, sind der Tabelle 33 zu entnehmen.

Tabelle 32

Ausgewählte Ergebnisse der elementaren Dispersionsmessungen

		l stand. n stand.	l standardisiert n unstandardisiert	l unstandardisiert n standardisiert	l unstandardisiert n unstandardisiert
unnormierte Werte	Dispersionsmessung vor der Durchschnittsbildung	(a) $G = 0$	(a) $G = 0$	(a) $G_{ax,\,b,\,a} = 43{,}19$	(a) $G_{ax,\,u,\,a} = 42{,}68$
		(b) $G = 0$	(b) $G = 0$	(b) $G_{xs,\,t,\,s} = 49{,}51$	(b) $G_{xs,\,u,\,s} = 45{,}32$
		(c1) $G = 0$	(c1) $G = 0$	(c1) $G_{1s,\,t,\,s} = 41{,}90$	(c1) $G_{1s,\,u,\,s} = 38{,}47$
		(c2) $G = 0$	(c2) $G = 0$	(c2) $G_{2s,\,t,\,s} = 63{,}80$	(c2) $G_{2s,\,u,\,s} = 60{,}79$
	Durchschnittsbildung vor der Dispersionsmessung	(a) $G = 0$	(a) $G_{xx,\,a} = 9{,}24$	(a) $G_{xx,\,b} = 40{,}62$	(a) $G_{xx,\,u} = 47{,}37$
		(b) $G = 0$	(b) $G_{xx,\,s} = 15{,}64$	(b) $G_{xx,\,t} = 36{,}87$	(b) $G_{xx,\,u} = 47{,}37$
		(c1) $G = 0$	(c1) $G_{1x,\,s} = 14{,}83$	(c1) $G_{1x,\,t} = 28{,}99$	(c1) $G_{1x,\,u} = 39{,}40$
		(c2) $G = 0$	(c2) $G_{2x,\,s} = 14{,}38$	(c2) $G_{2x,\,t} = 40{,}61$	(c2) $G_{2x,\,u} = 52{,}62$
normierte Werte	Dispersionsmessung vor der Durchschnittsbildung	(a) $GN = 0$	(a) $GN = 0$	(a) $GN_{ax,\,b,\,a} = 0{,}04667$	(a) $GN_{ax,\,u,\,a} = 0{,}04633$
		(b) $GN = 0$	(b) $GN = 0$	(b) $GN_{xs,\,t,\,s} = 0{,}05436$	(b) $GN_{xs,\,u,\,s} = 0{,}04881$
		(c1) $GN = 0$	(c1) $GN = 0$	(c1) $GN_{1s,\,t,\,s} = 0{,}05167$	(c1) $GN_{1s,\,u,\,s} = 0{,}04670$
		(c2) $GN = 0$	(c2) $GN = 0$	(c2) $GN_{2s,\,t,\,s} = 0{,}05226$	(c2) $GN_{2s,\,u,\,s} = 0{,}04868$
	Durchschnittsbildung vor der Dispersionsmessung	(a) $GN = 0$	(a) $GN_{xx,\,a} = 0{,}00995$	(a) $GN_{xx,\,b} = 0{,}04372$	(a) $GN_{xx,\,u} = 0{,}05091$
		(b) $GN = 0$	(b) $GN_{xx,\,s} = 0{,}01717$	(b) $GN_{xx,\,t} = 0{,}04047$	(b) $GN_{xx,\,u} = 0{,}05091$
		(c1) $GN = 0$	(c1) $GN_{1x,\,s} = 0{,}01829$	(c1) $GN_{1x,\,t} = 0{,}03574$	(c1) $GN_{1x,\,u} = 0{,}04771$
		(c2) $GN = 0$	(c2) $GN_{2x,\,s} = 0{,}01178$	(c2) $GN_{2x,\,t} = 0{,}03327$	(c2) $GN_{2x,\,u} = 0{,}04215$

Tabelle 33

Ergebnisse der komplexen Messungen

	Komponente[8]	Globale Einflüsse der Arbeitnehmergruppen	Globale Einflüsse der Sektoren	Einflüsse der Sektoren in den einzelnen Arbeitnehmergruppen		
				Arbeiter	Angestellte	gewogener Durchschnitt
		(a)	(b)	(c1)	(c2)	(cØ)
unnormierte Werte	(I)	43,19	49,51	41,90	63,80	47,33
	+ (II)	− 0,51	− 4,19	− 3,43	− 3,01	− 3,32
	= (E1)	= 42,68	= 45,32	= 38,47	= 60,79	= 44,01
	+ (III)	+ 9,24	+ 15,64	+ 14,83	+ 14,38	+ 14,72
	+ (IV)	− 2,57	− 12,64	− 12,91	− 23,19	− 15,46
	+ (V)	− 1,98	− 0,95	− 0,99	+ 0,64	− 0,59
	= (E2)	= 47,37	= 47,37	= 39,40	= 52,62	= 42,68
normierte Werte	(I)	0,04667	0,05436	0,05167	0,05226	0,05182
	+ (II)	− 0,00034	− 0,00555	− 0,00497	− 0,00358	− 0,00463
	= (E1)	= 0,04633	= 0,04881	= 0,04670	= 0,04868	= 0,04719
	+ (III)	+ 0,00995	+ 0,01717	+ 0,01829	+ 0,01178	+ 0,01668
	+ (IV)	− 0,00295	− 0,01389	− 0,01593	− 0,01899	− 0,01669
	+ (V)	− 0,00242	− 0,00118	− 0,00135	+ 0,00068	− 0,00085
	= (E2)	= 0,05091	= 0,05091	= 0,04771	= 0,04215	= 0,04633

8 Vgl. hierzu die Erläuterungen in den Abschnitten 50021 bis 50023.

5011 Globale Einflüsse der Arbeitnehmergruppen und Sektoren

50110 Einflüsse der Arbeitnehmergruppen

Beschränkt man sich hier zunächst auf die Betrachtung nur der globalen Einflüsse der Arbeitnehmergruppen, so ist es zweckmäßig, mit der Zerlegung der Durchschnittsdispersion der nach Arbeitnehmergruppen aufgegliederten Verdienste zu beginnen. Die diesem ersten Explanandum entsprechenden Werte sind jene, die in der äußeren linken Ergebnisspalte der Tabelle 33 unter „*E*1" angegeben sind. In einem zweiten Schritt wird die Differenz zwischen der Dispersion der regionalen Durchschnittsverdienste (*E*2) und der vorgenannten Dispersion (*E*1) aufgespalten, d. h. jener Wert, der die Gesamtwirkung auf die interregionale Verdienstdispersion beschreibt, die von der Bildung der Verdienstdurchschnitte über die Arbeitnehmergruppen ausgeht. Durch Verknüpfung der beiden Aufspaltungen erhält man schließlich eine Zerlegung der Dispersion der regionalen Durchschnittsverdienste (*E*2) selbst.

Mit 42,68 DM bzw. 0,04633 erreicht die Durchschnittsdispersion der nach Arbeitnehmergruppen aufgegliederten Verdienste (*E*1) eine recht beachtliche Höhe. Die beiden Beträge leiten sich additiv ab aus *(I)* dem „Durchschnittseffekt der reinen Verdienstunterschiede in den Arbeitnehmergruppen" (+43,19/+0,04667[9]) und *(II)* dem „Durchschnittseffekt der Interaktion zwischen den reinen Verdienst- und den Beschäftigungsstrukturunterschieden[10] in den Arbeitnehmergruppen" (−0,51/−0,00034). Wie die Bezeichnungen bereits andeuten, wird die zuerst angeführte Komponente durch die interregionalen Unterschiede in der Verteilung der Beschäftigten auf die beiden Arbeitnehmergruppen nicht tangiert. Der zweite Effekt geht dagegen auf solche Unterschiede ebenso zurück wie auf die „reinen" interregionalen Lohn- und Gehaltsdifferenzen; beide Ursachen wirken dabei untrennbar zusammen.

Aus den oben angegebenen Zahlenwerten folgt, daß die interregionalen Unterschiede der Beschäftigungsstruktur nicht positiv zur Entstehung der Durchschnittsdispersion der nach Arbeitnehmergruppen aufgegliederten Verdienste beitragen. In Wechselwirkung mit den „reinen" Lohn- und Gehaltsdifferenzen sorgen sie im Gegenteil dafür, daß die genannte Dispersion nicht noch um 1,2 %/0,7 % höher liegt.

Bildet man in jeder Region zunächst den gewogenen Verdienstdurchschnitt über die Arbeitnehmergruppen und berechnet erst dann die interregionale Dispersion, so ergeben sich für die letztere Werte von 47,37/0,05091. Gegenüber dem Fall, daß umgekehrt zuerst die interregionalen Verdienstdispersionen in den einzelnen Arbeitnehmergruppen ermittelt werden und anschließend der gewogene Durch-

---

9 Es wird hier und im folgenden jeweils zunächst der Wert für den unnormierten und dann, nach einem Schrägstrich, für den normierten Fall angegeben.

10 Darunter sind im vorliegenden Abschnitt stets die Unterschiede in der Verteilung der Beschäftigten auf die beiden Arbeitnehmergruppen zu verstehen.

schnitt dieser Dispersionen berechnet wird, läßt sich somit eine Steigerung um 4,69/0,00458 bzw. 11,0 %/9,9 % feststellen.

Dieser Gesamteffekt der Bildung der Verdienstdurchschnitte über die Arbeitnehmergruppen kann in drei additiv miteinander verbundene Komponenten zerlegt werden. Die erste, im Abschnitt 50021 und in der Tabelle 33 unter der Ziffer *III* verzeichnete Komponente erfaßt mit Werten von +9,24/+0,00995 die Wirkung, die bei der Durchschnittsbildung speziell von den interregionalen Unterschieden der Verteilung der Beschäftigten auf die beiden Arbeitnehmergruppen ausgeht. Diese Unterschiede sind im vorliegenden Fall groß genug, um in Verbindung mit der kräftigen Differenz der Verdienstniveaus beider Arbeitnehmergruppen eine Dispersionssteigerung in Höhe von 21,6 %/21,5 % zu bewirken.

An zweiter Stelle zu nennen ist mit Werten von −2,57/−0,00295[11] jene Komponente *(IV)*, die umgekehrt die Wirkung allein der „reinen" interregionalen Lohn- und Gehaltsunterschiede bei der Verdienstdurchschnittsbildung beschreibt. Im nicht normierten Fall würde die genannte Komponente den Wert null aufweisen, wenn die Rangfolge der Regionen hinsichtlich der Verdienste in beiden Arbeitnehmergruppen übereinstimmen würde, d. h. wenn für alle Paare (r, r') gelten würde, daß $l_{ar\varnothing} \geqq l_{ar'\varnothing}$ für beide a oder $l_{ar\varnothing} \leqq l_{ar'\varnothing}$ für beide a. Im normierten Fall müßte sogar für alle Paare (r, r') die Bedingung $l_{1r\varnothing} : l_{1r'\varnothing} = l_{2r\varnothing} : l_{2r'\varnothing}$ erfüllt sein. Die hier gemessenen bescheidenen Beträge[12] sind ein Hinweis darauf, daß die angeführten Null-Bedingungen nur in verhältnismäßig geringem Umfang verletzt werden.

Zu den beiden bisher genannten Komponenten hinzu tritt mit Werten von −1,98/−0,00242 bzw., bezogen auf die Dispersion *(E1)*, −4,6 %/−5,2 % jener Restteil *(V)* der Gesamtwirkung der Verdienstdurchschnittsbildung auf die Dispersion, der weder im oben erläuterten Sinn nur durch die interregionalen Beschäftigungsstrukturunterschiede noch nur durch die „reinen" interregionalen Verdienstunterschiede erklärt werden kann. Er ist das Ergebnis des Zusammenwirkens der beiden letzteren.

Es ist nunmehr möglich, in einem weiteren Schritt die Dispersion der regionalen Durchschnittsverdienste in ihre Elemente zu zerlegen. Das mit *(E2)* bezeichnete Maß, das insbesondere aus regionalpolitischer Sicht von Interesse ist und mit 47,37/0,05091 relativ hohe Werte erreicht, läßt sich als additiv zusammengesetzt auffassen aus der Durchschnittsdispersion der nach Arbeitnehmergruppen aufgegliederten Verdienste *(E1)* und dem Gesamteffekt der Bildung der Verdienstdurchschnitte über die Arbeitnehmergruppen *(E2 - E1)*. Eine zweckmäßige Aufspaltung der Summe *(E2)* erhält man dementsprechend durch einfache Addition der einander entsprechenden Elemente, die sich oben bei der Zerlegung der beiden Summanden *(E1)* und *(E2 - E1)* ergeben haben:

---

11 Dies sind - absolut gesehen - 6,0 %/6,4 % der für die Dispersion *(E1)* und 6,0 %/6,3 % der für das Element (I) gemessenen Beträge.

12 Es wären immerhin Werte bis hinab zu den Grenzen -43,19/-0,04667 möglich gewesen.

Tabelle 34

Ableitung der Komponenten des Explanandums (*E*2) aus den für (*E*1) und (*E*2 - *E*1) ermittelten Komponenten

Ursache / Zerlegung von	*nur* interregionale Beschäftigungs-strukturunterschiede	*nur* interregionale Lohn- und Gehaltsunterschiede	*Zusammenwirken* von interregionalen Beschäftigungsstruktur- und Lohn- und Gehaltsunterschieden
(*E*1)	0,00/ 0,00000	43,19/ 0,04667	−0,51/−0,00034
(*E*2 − *E*1)	9,24/ 0,00995	−2,57/−0,00295	−1,98/−0,00242
(*E*2)	9,24/ 0,00995	40,62/ 0,04372	−2,49/−0,00276

Auf der Basis der in der letzten Zeile angegebenen Werte lassen sich nunmehr die folgenden Aussagen formulieren:

(a) Als Konsequenz der interregionalen Lohn- und Gehaltsunterschiede *allein* würde sich eine Dispersion der regionalen Durchschnittsverdienste in Höhe von 40,62/0,04372 - dies sind 85,8 %/85,9 % der tatsächlich gemessenen Dispersion - ergeben. Hinzu kommen 6,75/0,00719 bzw. 14,2 %/14,1 %, die *zumindest auch* auf die interregionalen Beschäftigungsstrukturunterschiede zurückzuführen sind.

(b) Die interregionalen Unterschiede der Beschäftigungsstruktur *allein* würden eine Dispersion in Höhe von 9,24/0,00995 bzw. 19,5 %/19,5 % hervorrufen. Weitere 38,13/0,04096 bzw. 80,5 %/80,5 % gehen dagegen *zumindest auch* auf die interregionalen Lohn- und Gehaltsunterschiede zurück.

Beide Aussagen lassen sich wie folgt zusammenfassen[13]:

(a + b) Auf interregionale Unterschiede der Beschäftigungsstruktur lassen sich 14,2 % bis 19,5 %/14,1 % bis 19,5 % der Dispersion der regionalen Durchschnittsverdienste zurückführen. Die restlichen 80,5 % bis 85,8 %/80,5 % bis 85,9 % beruhen auf interregionalen Lohn- und Gehaltsunterschieden.

Die angegebenen Bereiche dürfen nicht mit Konfidenzintervallen verwechselt werden, d. h. mit Intervallen, innerhalb deren mit einer gewissen Wahrscheinlichkeit *ein* bestimmter „richtiger" Wert liegt. Die Bereiche sind vielmehr Ausdruck des ungelösten allgemeinen Zurechnungsproblems; *jeder* Wert darin ist in diesem Sinne „richtig".

Insbesondere die Aussage (a + b) ist dazu geeignet, die sehr wichtige Frage zu beantworten, inwieweit die Dispersion der regionalen Durchschnittsverdienste lediglich auf das unterschiedliche Gewicht der beiden Arbeitnehmergruppen in den verschiedenen Regionen oder aber tatsächlich auf „echte" interregionale Verdienstunterschiede zwischen Arbeitskräften der gleichen Gruppe zurückzuführen ist. Es

13 Im Interesse der Übersichtlichkeit werden hier nur die Prozentwerte angegeben.

zeigt sich, daß mindestens ein knappes Siebentel und höchstens ein knappes Fünftel der gemessenen Dispersion auf die angesprochenen Unterschiede der Beschäftigungsstruktur zurückgeht – kein aufsehenerregend hoher, aber sicher auch kein zu vernachlässigender Anteil.

Es ist nunmehr möglich, die fünf zentralen Aussagen dieses Abschnitts neu zu formulieren:

- Die vor allem für die Regionalpolitik bedeutsame Dispersion der regionalen Durchschnittsverdienste wird zu 14,2 bis 19,5 %/14,1 bis 19,5 % durch interregionale Unterschiede in der Verteilung der Beschäftigten auf die beiden Arbeitnehmergruppen hervorgerufen.
- Die verbleibenden 80,5 bis 85,8 %/80,5 bis 85,9 % sind eine Folge „echter" Verdienstunterschiede zwischen Angehörigen jeweils der gleichen Arbeitnehmergruppe.
- Das genannte Maß erfaßt andererseits nicht die gesamte Dispersionswirkung, die in den Arbeitnehmergruppen von den erwähnten Verdienstunterschieden ausgeht. Mit 89,3 bis 94,0 %/88,4 bis 93,7 % ist der erfaßte Anteil aber relativ hoch; lediglich die restlichen 6,0 bis 10,7 %/6,3 bis 11,6 % gehen bei der Bildung der Verdienstdurchschnitte verloren.
- Wenn es gelingen würde, (a) c. p. die interregionalen Unterschiede der Verdienste in den einzelnen Arbeitnehmergruppen auszuschalten oder (b) c. p. die interregionalen Unterschiede in der Verteilung der Beschäftigten auf die beiden Arbeitnehmergruppen zu beseitigen, so könnte die Dispersion der regionalen Durchschnittsverdienste um (a) 80,5 %/80,5 % bzw. (b) 14,2 %/14,1 gesenkt werden.
- Für die besonders aus der Arbeitnehmersicht bedeutsame Durchschnittsdispersion der nach Arbeitnehmergruppen aufgegliederten Verdienste ergäbe sich im Fall (a) selbstverständlich eine totale Elimination, andererseits aber im Fall (b) noch eine Erhöhung um 1,2 %/0,7 %.

50111 Einflüsse der Sektoren

Die ausführliche Interpretation der in der Spalte b der Tabelle 33 verzeichneten Ergebnisse erhält man ohne weiteres durch eine analoge Übertragung der Gedankengänge des vorigen Abschnitts. Der an Einzelheiten interessierte Leser kann sie leicht selbst vollziehen. An dieser Stelle genügt es, die zentralen Aussagen wiederzugeben. Sie lauten:

Nur 67,0 bis 77,8 %/66,3 bis 79,5 % der, wie erwähnt, besonders für die Regionalpolitik wichtigen Dispersion der regionalen Durchschnittsverdienste sind tatsächlich eine Folge „echter" Verdienstunterschiede zwischen Angehörigen jeweils des gleichen Sektors. Die restlichen 22,2 bis 33,0 %/20,5 bis 33,7 % kommen dadurch zustande, daß das Gewicht der einzelnen Sektoren, gemessen an den relativen Beschäftigtenzahlen, interregional variiert. Die Tatsache, daß bestimmte Regionen mehr über typische Hoch- und andere mehr über typische Niedrigverdienstindustrien verfügen, wirkt sich also in nicht unerheblichem Maße aus.

In der Dispersion der regionalen Durchschnittsverdienste wird auf der anderen Seite durchaus nicht die ganze streuende Wirkung sichtbar, die innerhalb der Sektoren von den genannten „echten" Verdienstunterschieden tatsächlich ausgeht. Mit 70,0 bis 74,5 %/69,1 bis 74,4 % ist der erfaßte Anteil sogar relativ gering; 25,5 bis 30,0 %/25,6 bis 30,9 % gehen bei der Bildung der Verdienstdurchschnitte verloren.

Die Dispersion der regionalen Durchschnittsverdienste könnte um 67,0 %/66,3 % reduziert werden, wenn es c. p. gelänge, die interregionalen Verdienstunterschiede innerhalb der Sektoren zu beseitigen. Eine ebenfalls c. p. vorgenommene interregionale Angleichung der sektoralen Beschäftigungsstrukturen würde dagegen die obengenannte Dispersion nur um 22,2 %/20,5 % senken, während die vor allem aus der Arbeitgebersicht bedeutsame Durchschnittsdispersion der nach Sektoren aufgegliederten Verdienste sogar noch um 9,2 %/11,4 % erhöht würde. Es läßt sich zeigen, daß diese Erhöhung ganz überwiegend die Grundstoff-, Produktionsgüter- und Investitionsgüterindustrien träfe.

50112 Vergleich zwischen den Einflüssen der Arbeitnehmergruppen und Sektoren

Wie die folgende Abbildung verdeutlicht, üben die interregionalen Unterschiede der sektoralen Beschäftigungsstruktur eine (noch) stärkere streuende Wirkung auf die regionalen Durchschnittsverdienste aus als die interregionalen Unterschiede der Verteilung der Beschäftigten auf die beiden Arbeitnehmergruppen:

betrachtetes Merkmal[14]:	Normierung:	Ergebnisse[15]:
a	nein	6,75 9,24
s	nein	10,50 15,64
a	ja	0,00719 0,00995
s	ja	0,01044 0,01717

Abb. 12a. Auswirkungen der interregionalen Beschäftigungsstrukturunterschiede auf die Dispersion der regionalen Durchschnittsverdienste

Von der gemessenen Dispersion der regionalen Durchschnittsverdienste verbleibt bei der Arbeitnehmergruppen-Betrachtung ein entsprechend größerer Teil als bei der Sektoren-Betrachtung, der auf die „echten" interregionalen Verdienstunterschiede zurückzuführen ist:

---

14 Die Buchstaben „*a*" und „*s*" stehen wiederum für die Merkmale „Arbeitnehmergruppen" und „Sektoren".

15 In Zahlen angegeben werden die Grenzen der Intervalle.

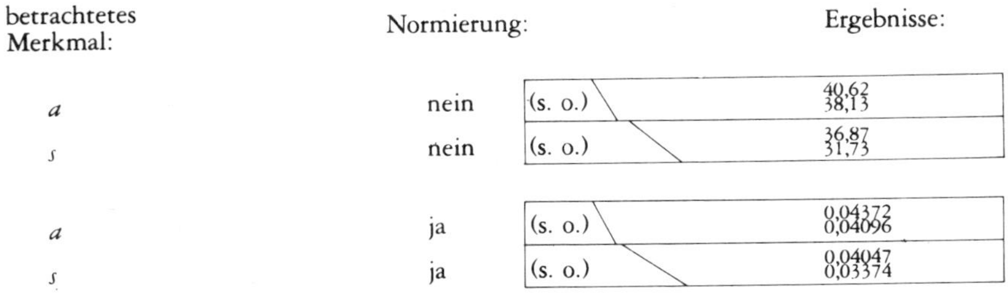

Abb. 12b. Auswirkungen der „echten" interregionalen Verdienstunterschiede auf die Dispersion der regionalen Durchschnittsverdienste

Die Dispersion der regionalen Durchschnittsverdienste vermag andererseits einen erheblichen Teil der Dispersionswirkung, die in den Sektoren von den oben genannten Verdienstunterschieden ausgeht, nicht zu erfassen. Günstiger ist, wie die folgende Abbildung zeigt, die Situation bei der Arbeitnehmergruppen-Betrachtung:

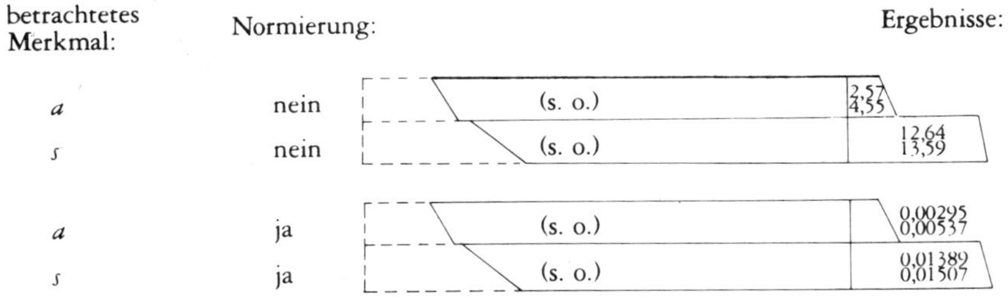

Abb. 12c. Nicht erfaßte Anteile der in den Arbeitnehmergruppen bzw. Sektoren von den „echten" Verdienstunterschieden ausgehenden Dispersionswirkungen

Der an weiteren Einzelheiten interessierte Leser sei auf die Spalten *a* und *b* der Tabelle 33 verwiesen.

5012 Einflüsse der Sektoren in den beiden Arbeitnehmergruppen

50120 Einflüsse bei den Arbeitern

Die interregionalen Unterschiede in der Verteilung der Arbeiter auf die 51 Sektoren sind (in Verbindung mit den intersektoralen Lohnunterschieden) stark genug, um mit einem Anteil von immerhin 26,4 bis 37,6 %/25,1 bis 38,3 % an der Entstehung der Dispersion der regionalen Durchschnittslöhne beteiligt zu sein. Die zugehörige mittlere interregionale Lohndifferenz beträgt 20,82 bis 29,66 DM bzw., bei relativer Betrachtung, 2,4 bis 3,7 % des Durchschnittslohns im Gesamtgebiet. Nur 62,4 bis 73,6 %/61,7 bis 74,9 % der Dispersion, entsprechend einer absoluten bzw. relativen mittleren Differenz von 49,14 bis 57,98 DM bzw. 5,9 bis 7,1 %, sind eine Folge „echter" Lohnunterschiede zwischen Arbeitern jeweils des gleichen Sektors.

Die Dispersion der regionalen Durchschnittslöhne erfaßt somit zwar einerseits mehr als nur die „echten" Lohnunterschiede innerhalb der Sektoren, andererseits beschreibt sie diese aber keineswegs vollständig. Mit 63,9 bis 69,2 %/63,0 bis 69,2 % ist der erfaßte Anteil sogar recht gering; 30,8 bis 36,1 %/30,8 bis 37,0 % werden statistisch aufgerechnet und bleiben somit unberücksichtigt.

Gelänge es, c. p. die interregionalen Unterschiede der Löhne in den einzelnen Sektoren zu beseitigen oder in allen Regionen die Arbeiter im gleichen Verhältnis auf die 51 Sektoren zu verteilen, so könnte die Dispersion der regionalen Durchschnittslöhne um 62,4 %/61,7 % bzw. um 26,4 %/25,1 % verringert werden. Für die Durchschnittsdispersion der nach Sektoren aufgegliederten Löhne ergäbe sich im zweiten Fall andererseits noch eine spürbare Erhöhung um 8,9 %/10,6 %. Weitere Einblicke gewährt die folgende Tabelle der (absoluten und relativen) mittleren interregionalen Lohndifferenzen vor und nach der Nivellierung:

Tabelle 35

Auswirkungen der Nivellierungsmaßnahmen auf die mittleren interregionalen Lohndifferenzen

Situation / mittlere interregionale Differenz	vor der Nivellierung	nach interregionaler Nivellierung der Löhne in den Sektoren	nach interregionaler Nivellierung der sektoralen Beschäftigungsstruktur
zwischen den Löhnen im gleichen Sektor	76,94 DM 9,3 %	0,00 DM 0,0 %	83,80 DM 10,3 %
zwischen den regionalen Durchschnittslöhnen	78,80 DM 9,5 %	29,66 DM 3,7 %	57,98 DM 7,1 %

50121 Einflüsse bei den Angestellten

Rund ein Viertel der Dispersion der regionalen Durchschnittsgehälter – die genauen Werte lauten 22,8 bis 27,3 %/21,1 bis 27,9 % – ist auf die interregionalen Unterschiede in der Verteilung der Angestellten auf die 51 Sektoren zurückzuführen. Die zugehörige mittlere Gehaltsdifferenz beträgt 24,02 bis 28,76 DM bzw. – bei relativer Betrachtung – 1,8 bis 2,4 %. Für die verbleibenden 72,7 bis 77,2 %/72,1 bis 78,9 % der Dispersion sowie für eine mittlere Differenz der regionalen Durchschnittsgehälter in Höhe von 76,48 bis 81,22 DM bzw. 6,1 bis 6,7 % sind dagegen die „echten" Gehaltsunterschiede zwischen Angehörigen jeweils des gleichen Sektors verantwortlich.

Die Rangfolge der Regionen hinsichtlich der Höhe der Gehälter ist in den einzelnen Sektoren recht unterschiedlich. Dies hat zur Folge, daß nicht weniger als 36,3 bis 37,1 %/36,3 bis 37,6 % der innerhalb der Sektoren von den genannten Gehaltsunterschieden ausgehenden Dispersionswirkungen bei der Bildung der Gehaltsdurchschnitte über die Sektoren verlorengehen. Lediglich 62,9 bis 63,7 %/62,4 bis 63,7 % sind auch in der Dispersion der regionalen Durchschnittsgehälter noch erkennbar.

Gelänge es, (a) c. p. die interregionalen Unterschiede der Gehälter in den einzelnen Sektoren auszuschalten oder (b) c. p. die interregionalen Unterschiede in der Verteilung der Angestellten auf die 51 Sektoren zu beseitigen, so könnte die Dispersion der regionalen Durchschnittsgehälter um (a) 72,7 %/72,1 % bzw. (b) 22,8 %/21,1 % gesenkt werden. Die Durchschnittsdispersion der nach Sektoren aufgegliederten Gehälter würde im Fall (a) selbstverständlich eliminiert, andererseits aber im Fall (b) noch um 5,0 %/7,4 % erhöht. Die mittleren interregionalen Gehaltsdifferenzen, die sich bei absoluter bzw. bei relativer Betrachtung in den verschiedenen Situationen ergeben würden, verzeichnet die folgende Tabelle:

Tabelle 36

Auswirkungen der Nivellierungsmaßnahmen auf die mittleren interregionalen Gehaltsdifferenzen

Situation / mittlere interregionale Differenz	vor der Nivellierung	nach interregionaler Nivellierung der Gehälter in den Sektoren	nach interregionaler Nivellierung der sektoralen Beschäftigungsstruktur
zwischen den Gehältern im gleichen Sektor	121,58 DM 9,7 %	0,00 DM 0,0 %	127,60 DM 10,5 %
zwischen den regionalen Durchschnittsgehältern	105,24 DM 8,4 %	28,76 DM 2,4 %	81,22 DM 6,7 %

50122 Vergleich zwischen den Einflüssen bei den Arbeitern und den Angestellten

Die interregionalen Unterschiede der sektoralen Beschäftigungsstruktur üben im nicht normierten Fall auf die regionalen Durchschnittslöhne und die regionalen Durchschnittsgehälter annähernd die gleiche streuende Wirkung aus. Im normierten Fall ist dagegen die Wirkung auf die Löhne deutlich stärker:

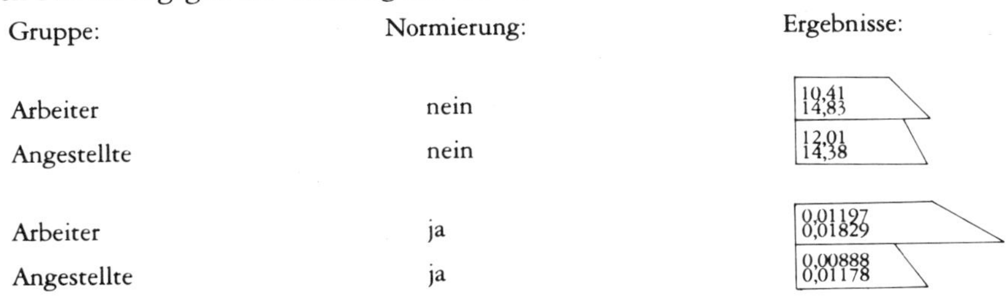

Abb. 13a: Auswirkungen der interregionalen Unterschiede der sektoralen Beschäftigungsstruktur auf die Dispersion der regionalen Durchschnittslöhne bzw. -gehälter

Der restliche Teil der Dispersion der regionalen Durchschnittslöhne bzw. der korrespondierenden Dispersion der Gehälter geht auf „echte" interregionale Verdienstunterschiede zurück, die zwischen Arbeitern bzw. Angestellten jeweils des gleichen Sektors bestehen. Absolut gesehen ist dieser Teil im unnormierten Fall bei den Angestellten erheblich größer, während sich im normierten Fall keine eindeutige Aussage machen läßt. Relativ betrachtet ist der Anteil, unabhängig von der Frage der Normierung, bei den Angestellten tendenziell[16] größer:

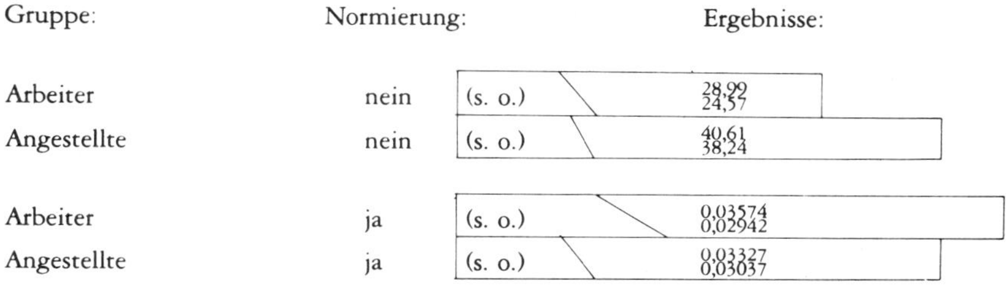

Abb. 13b. Auswirkungen der „echten" interregionalen Lohn- bzw. Gehaltsunterschiede auf die Dispersion der regionalen Durchschnittslöhne bzw. -gehälter

Die Dispersion der regionalen Durchschnittslöhne erfaßt ebenso wie die entsprechende Dispersion der Gehälter nicht die gesamte Dispersionswirkung, die in den Sektoren von den „echten" Lohn- bzw. Gehaltsunterschieden ausgeht. Absolut und relativ gesehen ist der nicht erfaßte Teil bei den Angestellten größer als bei den Arbeitern[17]:

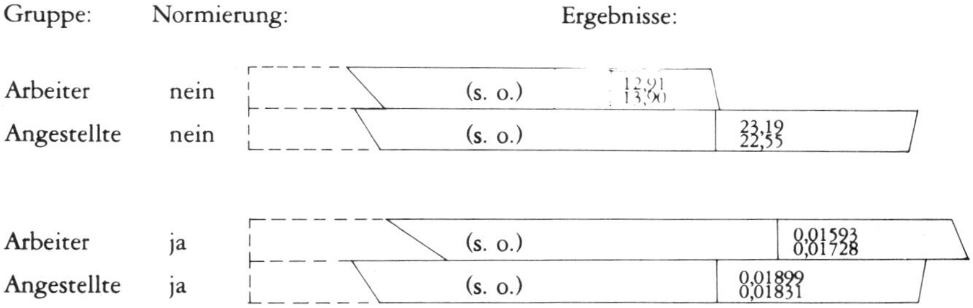

Abb. 13c. Nicht erfaßte Anteile der in den Sektoren von den „echten" Lohn- bzw. Gehaltsunterschieden ausgehenden Dispersionswirkungen

---

[16] Die Untergrenze des Anteils bei den Angestellten liegt niedriger als die Obergrenze des Anteils bei den Arbeitern. Daher kann nur von einer „Tendenz" gesprochen werden.

[17] Bei relativer Betrachtung im normierten Fall gilt diese Aussage allerdings wiederum nur tendenziell.

Wenn es gelingen würde, (a) c. p. die interregionalen Unterschiede der Löhne bzw. der Gehälter in den einzelnen Sektoren zu beseitigen, so würde die Dispersion der regionalen Durchschnittsgehälter absolut und relativ stärker gedämpft als jene der Durchschnittslöhne. Gelänge es dagegen, (b) c. p. die interregionalen Unterschiede in der Verteilung der Arbeiter bzw. der Angestellten auf die Sektoren zu beseitigen, so wäre, den unnormierten Fall in absoluter Sicht ausgenommen, umgekehrt eine stärkere Senkung der Dispersion der regionalen Durchschnittslöhne zu beobachten:

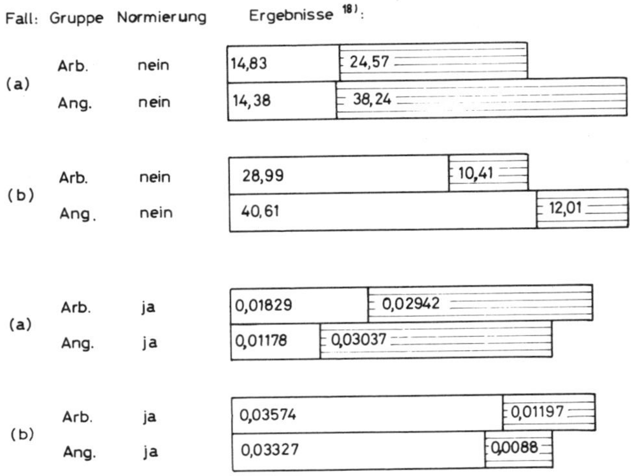

Abb. 14. Auswirkungen der Nivellierungsmaßnahmen auf die Dispersion der regionalen Durchschnittslöhne bzw. -gehälter

Die Durchschnittsdispersion der nach Sektoren aufgegliederten Löhne würde in der obigen Situation (b) stärker erhöht als die entsprechende Dispersion der Gehälter:

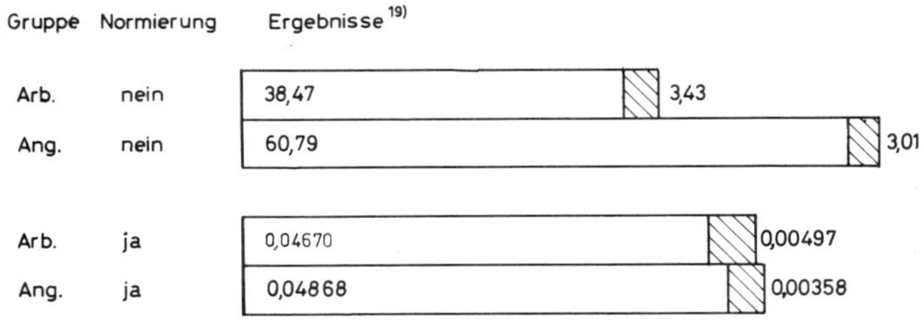

Abb. 15. Auswirkungen der Nivellierungsmaßnahmen auf die Durchschnittsdispersion der nach Sektoren aufgegliederten Löhne bzw. Gehälter

18 Die gestreiften Felder geben die Dämpfung an.

19 Die schraffierten Felder kennzeichnen die Verstärkung der Dispersion.

5013 Verknüpfung der in den Abschnitten 50110 und 5012 gewonnenen Ergebnisse

Es ist abschließend möglich, die Resultate der Analysen (α) der globalen Einflüsse der Arbeitnehmergruppen und (β) der Einflüsse der Sektoren in den Arbeitnehmergruppen miteinander zu verknüpfen. Verwendet man im Fall (β) nicht die Einzelergebnisse, sondern die über die Arbeitnehmergruppen hinweg gebildeten gewogenen Mittel[20], so steht ein gemeinsames Element und damit ein geeignetes Bindeglied in der Durchschnittsdispersion der nach Arbeitnehmergruppen aufgegliederten Verdienste zur Verfügung. Stellt man die Ergebnisreihen zu (α) und (β) in der Art verschoben nebeneinander, daß die als Bindeglied dienenden Komponenten einander gegenüberstehen, so ergibt sich das folgende Bild:

Komponente[21]		Ergebnisse im nicht normierten Fall		Ergebnisse im normierten Fall	
(β)	(α)	(β)	(α)	(β)	(α)
(I)		47,33	→ Abschnitt 51 ← – – – →	0,05182	
+ (II)		− 3,32		−0,00463	
(E1)		44,01		0,04719	
+ (III)		+14,72		+0,01668	
+ (IV)	(I)	−15,46	43,19	−0,01669	0,04667
+ (V)	+ (II)	− 0,59	− 0,51	−0,00085	−0,00034
(E2)	(E1)	42,68 ←	42,68	0,04633 ←	0,04633
	+ (III)		+ 9,24		+0,00995
	+ (IV)		− 2,57		−0,00295
	+ (V)		− 1,98		−0,00242
	(E2)		47,37		0,05091

Die durchgezogenen Pfeile verdeutlichen den Gang einiger wesentlicher Teile der bisherigen Analyse: Von der Ausgangsdispersion (α/E2) führte der Weg zur Durchschnittsdispersion der nach Arbeitnehmergruppen aufgegliederten Verdienste (α/E1 = β/E2), von dort unter anderem zur Durchschnittsdispersion der nach

20 Vgl. hierzu die äußerste rechte Spalte der Tabelle 33.

21 Die genauen Bezeichnungen können wiederum den Abschnitten 50021 und 50023 entnommen werden.

Sektoren aufgegliederten Löhne bzw. Gehälter (Mittelwert = *β/E*1) sowie schließlich zum Durchschnittseffekt der reinen Lohnunterschiede in den Sektoren und dem entsprechenden Wert für die Gehälter (Mittelwert = *β/I*). Hier wird, wie die gestrichelten Pfeile andeuten, im Abschnitt 51 die weitere Analyse anzusetzen haben.

Zunächst soll jedoch nochmals auf die Rolle der interregionalen Beschäftigungsstrukturunterschiede hingewiesen werden[22]:

(a) Von der Dispersion der regionalen Durchschnittsverdienste, die die Werte 47,37/0,05091 erreicht, ist ein Anteil in Höhe von 9,24/0,00995 allein auf die interregionalen Unterschiede in der Verteilung der Beschäftigten auf die beiden Arbeitnehmergruppen zurückzuführen. Als Restkomponente verbleiben die Werte 38,13/0,04096.

(b) Für diese Restkomponente sind die (unstandardisiert gewichteten) interregionalen Lohn- und Gehaltsunterschiede verantwortlich. Sie schlagen sich darin nahezu in voller Stärke nieder, denn ihr in den Arbeitnehmergruppen gemessener vollständiger Dispersionseffekt ist mit 42,68/0,04633 nur unwesentlich größer.

(c) Dieser Dispersionseffekt beruht seinerseits mit einem Betrag von 14,72/0,01668 allein auf den interregionalen Unterschieden in der Verteilung der Arbeiter und der Angestellten auf die 51 Sektoren. Lediglich die restlichen 27,96/0,02965 bedürfen der Mitwirkung der „echten" Lohn- bzw. Gehaltsunterschiede zwischen Arbeitern bzw. Angestellten jeweils des gleichen Sektors.

In der graphischen Darstellung ergibt sich das folgende Bild:

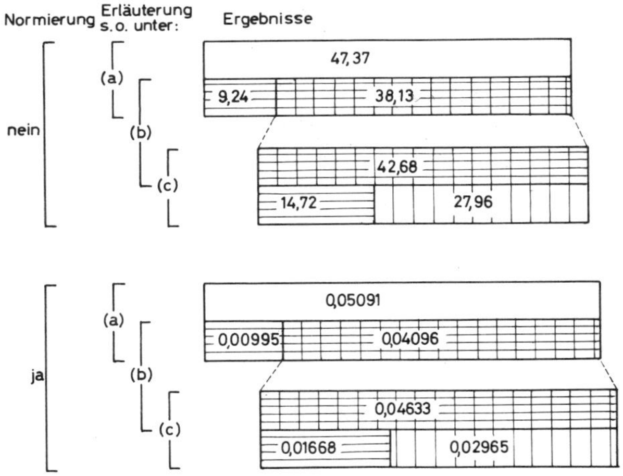

Abb. 16. Verknüpfung einiger wichtiger Ergebnisse der Abschnitte 50110 und 5012

Die nicht zu übersehende Bedeutung der interregionalen Beschäftigungsstrukturunterschiede für die Dispersion der regionalen Durchschnittsverdienste muß bei der Beurteilung der im nächsten Kapitel folgenden Ergebnisse vorab berücksichtigt werden. Auf die Dispersionswirkungen dieser Unterschiede kann dort nicht erneut eingegangen werden.

51 Erklärung mit Hilfe gemischter Techniken

510 Verfahren

Der Abschnitt 5 ist der Erklärung der auf der Regierungsbezirksebene gemessenen Verdienstdispersionen gewidmet. Im Unterabschnitt 50 wurden in diesem Zusammenhang zunächst die Einflüsse der Arbeitnehmergruppen und der Sektoren berücksichtigt, wobei auf die Anwendung von Verfahren der sog. „schließenden" (d. h. auf der Wahrscheinlichkeitsrechnung beruhenden) Statistik verzichtet werden konnte. Die fortlaufenden Zerlegungen endeten, wie im vorigen Abschnitt erläutert wurde[23], schließlich bei den folgenden Maßen:

Tabelle 37

Durchschnittseffekte der reinen Lohn- bzw. Gehaltsunterschiede in den Sektoren

Gruppe \ Normierung	nein	ja
Arbeiter	$G_{1s,\,t,\,s} = 41{,}90$	$GN_{1s,\,t,\,s} = 0{,}05167$
Angestellte	$G_{2s,\,t,\,s} = 63{,}80$	$GN_{2s,\,t,\,s} = 0{,}05226$
∅	$(G_{as,\,t,\,s})_{\varnothing} = 47{,}33$	$(GN_{as,\,t,\,s})_{\varnothing} = 0{,}05182$

Die in der Tabelle wiedergegebenen Werte bedürfen ihrerseits der erklärenden Zerlegung. Eine solche Möglichkeit ist gegeben, wenn man die Ergebnisse der Regressionsrechnungen, die im Abschnitt 4 der Erklärung der Verdiensthöhen in den einzelnen Regionen dienten, zur Erklärung nunmehr ganzer Dispersionen heranzieht. Da die Regressionsgleichungen auf stochastischen Ansätzen beruhen und geschätzt sind, tritt insoweit ein schließendes Element auf. Der gegenwärtige Stand der statistischen Forschung erlaubt es jedoch nicht, explizit mit schließenden Techniken fortzufahren. Die zutreffende Schätzung der Regressionskoeffizienten, soweit

22 Vgl. zu den nachstehenden Ausführungen die folgende Aufstellung:

(c)	$(\beta/I) + (\beta/II) + (\beta/IV) + (\beta/V)$	27,96	0,02965
	$+ (\beta/III)$	+ 14,72	+ 0,01668
(b)	$(\beta/E2)$	42,68	0,04633
	$+ (\alpha/IV) + (\alpha/V)$	− 4,55	− 0,00537
(a)	$(\alpha/I) + (\alpha/II) + (\alpha/IV) + (\alpha/V)$	38,13	0,04096
	$+ (\alpha/III)$	+ 9,24	+ 0,00995
	$(\alpha/E2)$	47,37	0,05091

23 Vgl. S. 121 f.

sie signifikant von Null verschieden sind[24], wird im folgenden nicht mehr in Frage gestellt, so daß Verfahren, die auf deterministischen Ansätzen aufbauen, angeschlossen werden können.

Es führt zu keinem wesentlichen Erkenntnisverlust, wenn man sich im vorliegenden Zusammenhang auf die Betrachtung der unnormierten Maße beschränkt. Ausgangspunkt ist dann die Größe:

$$G_{as,\,t,\,s} = \frac{1}{n_{a..}} \sum_{s} n_{a.s}\, G_{as,\,t}$$

$$= \frac{1}{2n^3_{a..}} \sum_{s} n_{a.s} \sum_{r} \sum_{r'} n_{ar.}\, n_{ar'.} \,|l_{ars} - l_{ar's}|$$

für $a = 1, 2$.

Um die Auswirkungen der Regressoren auf $G_{as,\,t,\,s}$ analysieren zu können, fügt man D_r, B_{rs} und A_{rs} in geeigneter Form in die Dispersionsfunktion ein[25]:

$$\tilde{G}_{as,\,t,\,s} = \frac{1}{2n^3_{a..}} \sum_{s} n_{a.s} \sum_{r} \sum_{r'} \{ n_{ar.}\, n_{ar'.}$$

$$[1 - \lambda_n (1 - \frac{n^2_{a..}}{D_r D_{r'} (\sum_r \frac{n_{ar.}}{D_r})^2})]$$

$$|\lambda_l (l_{ars} - l_{ar's}) - \lambda_d \hat{a}_{1as} (D_r - D_{r'}) -$$

$$- \lambda_b \hat{a}_{2as} (B_{rs} - B_{r's}) -$$

$$- \lambda_a \hat{a}_{3as} (A_{rs} - A_{r's}) | \}^*$$

für $a = 1, 2$.

Eine Übereinstimmung von $\tilde{G}_{as,\,t,\,s}$ und $G_{as,\,t,\,s}$ ist selbstverständlich allgemein nur für

$$\lambda_l = 1 \text{ und } \lambda_n = \lambda_d = \lambda_b = \lambda_a = 0$$

gegeben. Außer in diesem ersten und einfachsten Fall sind aber auch in den nachstehend aufgezählten Fällen 2 bis 9 sinnvolle Aussagen möglich:

---

24 Wenn die Werte der nicht signifikant von Null verschiedenen Regressionskoeffizienten hier gleich Null gesetzt werden, so ist dies nicht als Annahme der Nullhypothese zu interpretieren; die Möglichkeit einer Einwirkung der Regressoren wird vielmehr auch in diesen Fällen nicht ausgeschlossen. Die im folgenden zu behandelnden Fragestellungen legen es jedoch nahe, lediglich die „bekannten" Einflüsse, deren Existenz als gesichert angesehen werden kann, zu berücksichtigen.

25 λ_n, λ_l, λ_d, λ_b und λ_a sind Parameter, die die Werte 0 oder 1 annehmen können. Das Zeichen „^" über den Regressionskoeffizienten zeigt an, daß es sich um geschätzte Werte handelt. Zu den übrigen Abkürzungen vgl. die Abschnitte 21101, 41 und 50001.

* Auf die Bedeutung des in der eckigen Klammer stehenden Bruchs wird unten noch eingegangen werden.

Tabelle 38
Übersicht über die im Abschnitt 51 betrachteten Fälle

Fall	λ_n	λ_l	λ_d	λ_b	λ_a
1	0	1	0	0	0
2	1	1	1	0	0
3	0	1	0	1	0
4	0	1	0	0	1
5	1	1	1	1	1
6	0	0	1	0	0
7	1	0	0	1	0
8	1	0	0	0	1
9	0	0	1	1	1

Im Fall 1 wird, wie erwähnt, der „Durchschnittseffekt der reinen Lohn- (Gehalts-)Unterschiede in den Sektoren" ($G_{1s,t,s}$ bzw. $G_{2s,t,s}$) gemessen.

Die entsprechenden Werte, die sich bei *Eliminierung* der bekannten Einflüsse jeweils *eines* Regressors ergäben, werden zum Vergleich in den Fällen 2 bis 4 ermittelt[26]. Im Fall 5 werden, darüber hinausgehend, die bekannten Einflüsse *aller* Regressoren gleichzeitig eliminiert. Es verbleibt jener Dispersionsrest, dessen Ursachen nicht weiter spezifiziert werden können.

In den Fällen 6 bis 8 erfolgt umgekehrt eine *Isolierung* der bekannten Einflüsse jeweils *eines* Regressors; alle sonstigen (bekannten und nicht bekannten) Einflüsse werden vernachlässigt. Im Fall 9 schließlich werden die bekannten Einflüsse *aller* Regressoren gleichzeitig berücksichtigt, während die gesamten nicht bekannten Resteinflüsse ausgeschaltet bleiben.

Die praktische Bedeutung der Fälle 2 bis 9 ist unterschiedlich. Bei einer ersten Gruppe (2 bis 4 sowie 5) steht der mehr„politische" Aspekt im Vordergrund.

[26] Ein besonderes Problem wirft bei sonst analoger Behandlung der Fall 2 auf, in dem die bekannten Einflüsse der Bevölkerungsdichte eliminiert werden. Die Beschäftigungsgewichte können bei einem Ausgleich der Bevölkerungsdichten nicht konstant bleiben. Unter der Annahme unveränderter spezifischer Erwerbsquoten in den Regionen gilt vielmehr die Beziehung $\tilde{n}_{ar.} = Dn_{ar.}/D_r$, worin $\tilde{n}_{ar.}$ für die korrigierte Beschäftigtenzahl und D für die durchschnittliche Bevölkerungsdichte in der Bundesrepublik (ohne Berlin) steht. Da sich die $\tilde{n}_{ar.}$-Werte über die Regionen nicht genau zu $n_{a..}$ addieren, werden sie noch mit

$$n_{a..}/D \sum_r (n_{ar.}/D_r)$$

multipliziert, so daß sich insgesamt

$$n_{ar.}\, n_{a..}/D_r \sum_r (n_{ar.}/D_r)$$

ergibt.

Untersucht wird, welche Dispersion sich vermutlich ergäbe, wenn einige genau bestimmte Einflüsse c. p. beseitigt würden. Die zweite Gruppe versucht umgekehrt, die mehr wissenschaftlich relevante Frage nach der isolierten Wirkung bestimmter Einflußgrößen zu beantworten. Wenn es auch praktisch ausgeschlossen ist, alle Einflüsse (einschließlich der nicht bekannten) bis auf einen oder einige wenige zu eliminieren, so ist eine entsprechende gedankliche Konstruktion für die Fortentwicklung der volkswirtschaftlichen Theorie dennoch von beträchtlichem Nutzen.

511 Ergebnisse

5110 Zusammenfassende Übersicht

Für die im vorigen Abschnitt beschriebenen neun Fälle wurden die folgenden $\tilde{G}_{as,\,t,\,s}$-Werte errechnet[27]:

Tabelle 39

Ergebnisse der $\tilde{G}_{as,\,t,\,s}$-Messungen in den beiden Arbeitnehmergruppen (Angaben in DM)

Fall	berücksichtigte Einflüsse[28]				Ergebnisse der Messungen für die Arbeiter	für die Angestellten
1	D	B	A	R	40,6	63,4
2	-	B	A	R	32,3	57,6
3	D	-	A	R	39,3	58,3
4	D	B	-	R	38,4	63,2
5	-	-	-	R	28,5	51,2
6	D	-	-	-	24,1	38,6
7	-	B	-	-	11,0	19,2
8	-	-	A	-	8,3	2,2
9	D	B	A	-	32,1	47,6

Zwischen den einzelnen Resultaten gibt es zahlreiche Vergleichsmöglichkeiten. Soweit sie nur oder zumindest auch die Fälle 6 bis 9 betreffen, wird darauf im übernächsten Kapitel einzugehen sein, während der sich hier unmittelbar anschließende Abschnitt der vergleichenden Betrachtung der Fälle 1 bis 5 vorbehalten bleibt.

---

27 Im Fall 1 ergeben sich aus schätztechnischen Gründen geringfügige Abweichungen von den im Abschnitt 50 berechneten Werten.

28 Die Abkürzungen D, B und A stehen hier für die bekannten Einflüsse der Bevölkerungs-*D*ichte, der durchschnittlichen *B*etriebsgröße und der durchschnittlichen *A*rbeitszeit der Arbeiter (bzw. der Korrelate dieser Arbeitszeit), während R die gesamten nicht bekannten *R*esteinflüsse bezeichnet.

5111 Eliminierung der bekannten Einflüsse

Wie die folgende Abbildung zeigt, verringert sich bei einer Eliminierung der bekannten Einflüsse eines oder aller Regressoren die Dispersion in beiden Arbeitnehmergruppen zwar zum Teil durchaus spürbar, doch ist in keinem Fall eine wirklich drastische Abnahme zu beobachten:

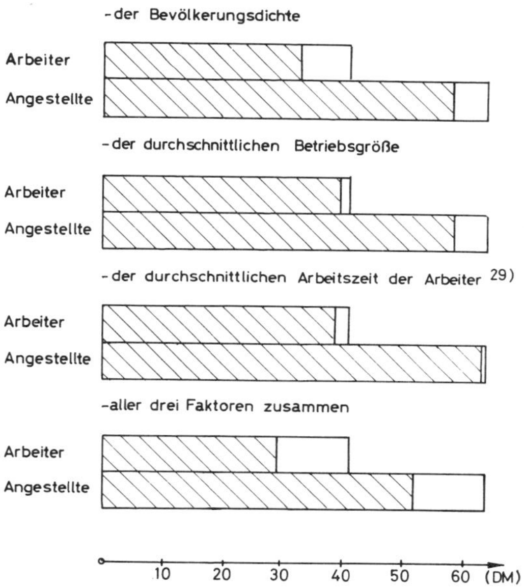

Abb. 17. Resultate der Messungen in der Ausgangssituation und bei Eliminierung der bekannten Einflüsse

Die Dispersionsverminderung ist – wie die nicht schraffierten Diagrammabschnitte erkennen lassen – vor allem im Fall 2 (Eliminierung der bekannten Einflüsse der Bevölkerungsdichte) in beiden Arbeitnehmergruppen nicht unbeachtlich. Die gemessenen Veränderungsraten betragen -20,4 % bei der Lohn- und -9,1 % bei der Gehaltsdispersion. Ebenfalls erwähnenswert ist mit immerhin noch -8,0 % die relative Abnahme der Gehaltsdispersion bei einer Ausschaltung der bekannten Einflüsse der durchschnittlichen Betriebsgröße (Fall 3). Selbst in dem in der obigen Abbildung an letzter Stelle berücksichtigten Fall 5 aber, in dem alle bekannten Einflüsse *gleichzeitig* ausgeschaltet werden, bleibt mit mehr als 70 % bei

---

[29] Im Interesse der sprachlichen Vereinfachung wird hier und im folgenden auch bei den Angestellten lediglich von den „bekannten Einflüssen der durchschnittlichen Arbeitszeit der Arbeiter“ gesprochen und nicht von den „bekannten Einflüssen der mit der durchschnittlichen Arbeitszeit der Arbeiter korrelierten Faktoren“, obwohl der Regressor A_{rs} im Falle $a = 2$ vor allem als Indikator für die regionale Branchenkonjunktur verwendet wurde.

den Arbeitern bzw. mehr als 80 % bei den Angestellten letztlich doch der weitaus größte Teil der in der Ausgangssituation gemessenen Dispersion erhalten.

5112 Isolierung der bekannten Einflüsse

Einen Überblick über die Resultate der Messungen in jenen vier Fällen, in denen die bekannten Einflüsse eines bzw. aller drei Regressoren jeweils isoliert berücksichtigt wurden, vermittelt mit ihrem schraffiert gezeichneten Teil die folgende Abbildung:

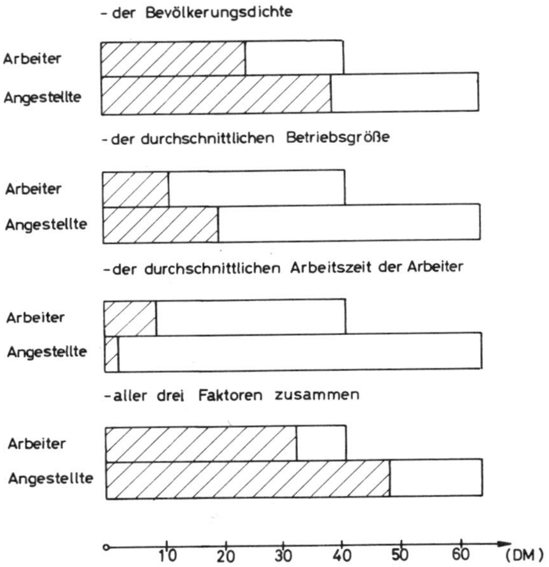

Abb. 18. Resultate der Messungen in der Ausgangssituation und bei Isolierung der bekannten Einflüsse

Auffallend ist vor allem die starke Wirksamkeit des Regressors „Bevölkerungsdichte“: Die bekannten Einflüsse dieses Faktors allein genügen bereits, um eine Lohn- bzw. Gehaltsdispersion zu erzeugen, die mit einer Höhe von 24,1 DM bzw. 38,6 DM nicht weniger als 59,4 % bzw. 60,9 % der in der Ausgangssituation gemessenen Werte erreicht. Auch die für den Regressor „durchschnittliche Betriebsgröße“ ermittelten entsprechenden Resultate sind mit 11,0 DM bzw. 19,2 DM und 27,1 % bzw. 30,3 % noch durchaus bemerkenswert.

Die bekannten Einflüsse der drei Faktoren gemeinsam würden eine Lohndispersion in Höhe von 32,1 DM und eine Gehaltsdispersion in Höhe von 47,6 DM hervorrufen. Diese Werte liegen um lediglich 20,9 % bzw. 24,9 % unter jenen, die in der Ausgangssituation gemessen wurden. Es fällt allerdings auf, daß in beiden Arbeitnehmergruppen die Dispersion im Fall 9 spürbar kleiner ist als die Summe der in den Fällen 6 bis 8 ermittelten Werte, ein Zeichen dafür, daß sich die Einflüsse der verschiedenen Regressoren teilweise gegenseitig aufheben.

Legt man abschließend die Banddiagramme der Abb. 17 seitenverkehrt über die entsprechenden Diagramme der Abb. 18, so ergibt sich das folgende Bild:

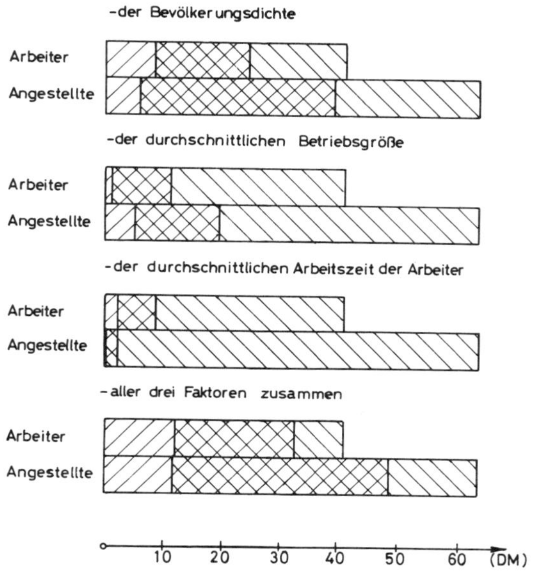

Abb. 19. Erklärungsanteile der bekannten Einflüsse

Die linken, in aufsteigender Richtung schraffierten Abschnitte zeigen an, welcher Teil der in der Ausgangssituation gemessenen Dispersion eindeutig auf die bekannten Einflüsse des jeweils genannten Faktors zurückgeführt werden kann. Bei den rechten, in absteigender Richtung schraffierten Abschnitten ist dagegen eine Beteiligung dieser Einflüsse auszuschließen. Die doppelt schraffierten Segmente schließlich kennzeichnen jene Dispersionskomponente, deren *eindeutige* Zurechnung wegen der Überlagerung verschiedener Einflüsse nicht möglich ist.

6 Verbindung von horizontaler und vertikaler Analyse: Ergänzende Erklärung der interregionalen Verdienstdispersion auf der Ebene von Bundesländern

60 Daten und Verfahren

Die Ergebnisse, die im folgenden wiedergegeben werden, basieren auf demselben Datenmaterial, das im Abschnitt 3 verwendet und dort unter der Nummer 30 genauer beschrieben wurde. Die Unterschiede gegenüber den zuletzt analysierten Daten sollen lediglich in Stichworten noch einmal genannt werden. Es sind dies

(a) die regionale Gliederung in 10 Bundesländer anstatt in 36 Regierungsbezirke,

(b) die lückenlose Erfassung aller Zweige der Verarbeitenden Industrie, jedoch verbunden mit einer sektoralen Gliederung in 33 anstatt in 51 Sektoren,

(c) die weitere Aufgliederung nach dem Geschlecht und nach Leistungsgruppen,

(d) der Bezug auf den Oktober anstatt auf den September 1968,

(e) der Ausschluß der Lehrlinge und der leitenden Angestellten und

(f) der Ausschluß sog. „einmaliger" Bezüge.

Die Verfahren, die im folgenden zur Aufdeckung der globalen Einflüsse der Arbeitnehmergruppen und zur Offenlegung der Einflüsse der Sektoren in den beiden Arbeitnehmergruppen angewandt werden, sind die gleichen, die im Abschnitt 500 ausführlich beschrieben wurden. Die Formeln für die Analyse der Einflüsse der Leistungsgruppen bzw. des Geschlechts in den beiden Arbeitnehmergruppen erhält man aus jenen für die Analyse der entsprechenden Einflüsse der Sektoren durch einfaches Ersetzen des Index s durch p bzw. g und des Index t durch q bzw. h.

Die im Abschnitt 50002 vereinbarten terminologischen Vereinfachungen gelten auch hier.

61 Ergebnisse

610 Zusammenfassende Übersicht

Die wichtigsten Resultate der elementaren Dispersionsmessungen können nach dem Muster der Tabellen 31 und 32 in einer umfassenden Ergebnisliste geordnet zusammengestellt werden. Da auf die Betrachtung der globalen Einflüsse der Sektoren im folgenden verzichtet wird und auf der anderen Seite in den Arbeitnehmergruppen neben den Einflüssen der Sektoren (vgl. unten b1 und b2) nunmehr auch jene der Leistungsgruppen (c1 und c2) sowie jene der Geschlechtsgruppen (d1 und d2) berücksichtigt werden, sind gegenüber den vorgenannten Tabellen allerdings einige Veränderungen in der Zeilenaufteilung erforderlich:

Tabelle 40

Ausgewählte Ergebnisse der elementaren Dispersionsmessungen

			l standardisiert *n* standardisiert	*l* standardisiert *n* unstandardisiert	*l* unstandardisiert *n* standardisiert	*l* unstandardisiert *n* unstandardisiert
unnormierte Werte	Dispersionsmessung vor der Durchschnittsbildung	(a)	$G = 0$	$G = 0$	$G_{ax,\,b,\,a} = 31{,}0$	$G_{ax,\,u,\,a} = 30{,}8$
		(b1)	$G = 0$	$G = 0$	$G_{1s,\,t,\,s} = 31{,}2$	$G_{1s,\,u,\,s} = 28{,}8$
		(b2)	$G = 0$	$G = 0$	$G_{2s,\,t,\,s} = 29{,}2$	$G_{2s,\,u,\,s} = 27{,}7$
		(c1)	$G = 0$	$G = 0$	$G_{1p,\,q,\,p} = 33{,}7$	$G_{1p,\,u,\,p} = 34{,}2$
		(c2)	$G = 0$	$G = 0$	$G_{2p,\,q,\,p} = 32{,}0$	$G_{2p,\,u,\,p} = 31{,}1$
		(d1)	$G = 0$	$G = 0$	$G_{1g,\,b,\,g} = 24{,}1$	$G_{1g,\,u,\,g} = 23{,}7$
		(d2)	$G = 0$	$G = 0$	$G_{2g,\,b,\,g} = 20{,}6$	$G_{2g,\,u,\,g} = 20{,}4$
	Durchschnittsbildung vor der Dispersionsmessung	(a)	$G = 0$	$G_{xx,\,a} = 1{,}7$	$G_{xx,\,b} = 30{,}1$	$G_{xx,\,u} = 30{,}8$
		(b1)	$G = 0$	$G_{1x,\,s} = 9{,}7$	$G_{1x,\,t} = 25{,}7$	$G_{1x,\,u} = 34{,}5$
		(b2)	$G = 0$	$G_{2x,\,s} = 3{,}6$	$G_{2x,\,t} = 20{,}0$	$G_{2x,\,u} = 19{,}8$
		(c1)	$G = 0$	$G_{1x,\,p} = 5{,}5$	$G_{1x,\,q} = 33{,}4$	$G_{1x,\,u} = 34{,}5$
		(c2)	$G = 0$	$G_{2x,\,p} = 25{,}2$	$G_{2x,\,q} = 27{,}2$	$G_{2x,\,u} = 19{,}8$
		(d1)	$G = 0$	$G_{1x,\,g} = 12{,}3$	$G_{1x,\,b} = 23{,}6$	$G_{1x,\,u} = 34{,}5$
		(d2)	$G = 0$	$G_{2x,\,g} = 7{,}1$	$G_{2x,\,b} = 17{,}1$	$G_{2x,\,u} = 19{,}8$
normierte Werte	Dispersionsmessung vor der Durchschnittsbildung	(a)	$GN = 0$	$GN = 0$	$GN_{ax,\,b,\,a} = 0{,}0305$	$GN_{ax,\,u,\,a} = 0{,}0303$
		(b1)	$GN = 0$	$GN = 0$	$GN_{1s,\,t,\,s} = 0{,}0319$	$GN_{1s,\,u,\,s} = 0{,}0293$
		(b2)	$GN = 0$	$GN = 0$	$GN_{2s,\,t,\,s} = 0{,}0252$	$GN_{2s,\,u,\,s} = 0{,}0238$
		(c1)	$GN = 0$	$GN = 0$	$GN_{1p,\,q,\,p} = 0{,}0345$	$GN_{1p,\,u,\,p} = 0{,}0350$
		(c2)	$GN = 0$	$GN = 0$	$GN_{2p,\,q,\,p} = 0{,}0277$	$GN_{2p,\,u,\,p} = 0{,}0271$
		(d1)	$GN = 0$	$GN = 0$	$GN_{1g,\,b,\,g} = 0{,}0239$	$GN_{1g,\,u,\,g} = 0{,}0235$
		(d2)	$GN = 0$	$GN = 0$	$GN_{2g,\,b,\,g} = 0{,}0185$	$GN_{2g,\,u,\,g} = 0{,}0184$
	Durchschnittsbildung vor der Dispersionsmessung	(a)	$GN = 0$	$GN_{xx,\,a} = 0{,}0016$	$GN_{xx,\,b} = 0{,}0292$	$GN_{xx,\,u} = 0{,}0298$
		(b1)	$GN = 0$	$GN_{1x,\,s} = 0{,}0098$	$GN_{1x,\,t} = 0{,}0261$	$GN_{1x,\,u} = 0{,}0348$
		(b2)	$GN = 0$	$GN_{2x,\,s} = 0{,}0031$	$GN_{2x,\,t} = 0{,}0174$	$GN_{2x,\,u} = 0{,}0171$
		(c1)	$GN = 0$	$GN_{1x,\,p} = 0{,}0056$	$GN_{1x,\,q} = 0{,}0337$	$GN_{1x,\,u} = 0{,}0348$
		(c2)	$GN = 0$	$GN_{2x,\,p} = 0{,}0217$	$GN_{2x,\,q} = 0{,}0234$	$GN_{2x,\,u} = 0{,}0171$
		(d1)	$GN = 0$	$GN_{1x,\,g} = 0{,}0124$	$GN_{1x,\,b} = 0{,}0239$	$GN_{1x,\,u} = 0{,}0348$
		(d2)	$GN = 0$	$GN_{2x,\,g} = 0{,}0061$	$GN_{2x,\,b} = 0{,}0148$	$GN_{2x,\,u} = 0{,}0171$

Die Anwendung der im Abschnitt 5002 ausführlich dargestellten Verfahren auf diese Meßwerte führt zu den in den nachstehenden Tabellen wiedergegebenen Resultaten:

Tabelle 41a–d

Ergebnisse der komplexen Messungen

Tabelle 41a

Globale Einflüsse der Arbeitnehmergruppen

Komponente	unnormiert	normiert
(I)	31,0	0,0305
+ (II)	− 0,2	−0,0002
= (E1)	=30,8	=0,0303
+ (III)	+ 1,7	+0,0016
+ (IV)	− 0,9	−0,0013
+ (V)	− 0,8	−0,0008
= (E2)	=30,8	=0,0298

Tabellen 41b–d siehe S. 133–135.

Die Bedeutung der Numerierung in den Vorspalten der Tabellen 41a und b wurde in den Abschnitten 50021 und 50023 erklärt. Die Symbole in den Vorspalten der Tabellen 41c und d sind analog jenen in der Tabelle 41b zu interpretieren.

611 Globale Einflüsse der Arbeitnehmergruppen

Die in der Tabelle 41a verzeichneten Werte lassen erkennen, daß von der auf der Länderebene gemessenen Dispersion der regionalen Durchschnittsverdienste lediglich 2,3 bis 5,5 %/2,0 bis 5,4 %[1] auf die interregionalen Unterschiede in der Verteilung der Beschäftigten auf die beiden Arbeitnehmergruppen zurückzuführen sind. Diese Anteile sind wesentlich kleiner als jene, die im Rahmen der entsprechenden Analyse auf der Regierungsbezirksebene ermittelt worden waren. Der relative Beitrag der „echten“ Verdienstunterschiede zwischen Angehörigen jeweils der gleichen Arbeitnehmergruppe übertrifft dagegen mit einer Höhe von 94,5 bis 97,7 %/94,6 bis 98,0 % die im Abschnitt 5 ermittelten korrespondierenden Quoten um durchschnittlich 13 Prozentpunkte. Weitere Einblicke gewährt die Tabelle 42 auf S. 136.

Die Dispersion der regionalen Durchschnittsverdienste erfaßt nunmehr nahezu die gesamte Streuungswirkung, die in den Arbeitnehmergruppen von den oben

1 Vor dem Schrägstrich werden wieder die Werte für den unnormierten, danach jene für den normierten Fall genannt.

Tabelle 41b

Einflüsse der Sektoren in den beiden Arbeitnehmergruppen

Komponente	Löhne		Gehälter		gewogener Durchschnitt	
	unnormiert	normiert	unnormiert	normiert	unnormiert	normiert
(I)	31,2	0,0319	29,2	0,0252	30,7	0,0302
+ (II)	– 2,4	– 0,0026	– 1,5	– 0,0014	– 2,2	– 0,0023
= (E1)	= 28,8	= 0,0293	= 27,7	= 0,0238	= 28,5	= 0,0279
+ (III)	+ 9,7	+ 0,0098	+ 3,6	+ 0,0031	+ 8,2	+ 0,0081
+ (IV)	– 5,5	– 0,0058	– 9,2	– 0,0078	– 6,4	– 0,0063
+ (V)	+ 1,5	+ 0,0015	– 2,3	– 0,0020	+ 0,5	+ 0,0006
= (E2)	= 34,5	= 0,0348	= 19,8	= 0,0171	= 30,8	= 0,0303

Tabelle 41c

Einflüsse der Leistungsgruppen in den beiden Arbeitnehmergruppen

Kompo-nente	Löhne		Gehälter		gewogener Durchschnitt	
	unnormiert	normiert	unnormiert	normiert	unnormiert	normiert
(I)	33,7	0,0345	32,0	0,0277	33,2	0,0328
+ (II)	+ 0,5	+ 0,0005	− 0,9	− 0,0006	+ 0,1	+ 0,0002
= (E1)	= 34,2	= 0,0350	= 31,1	= 0,0271	= 33,3	= 0,0330
+ (III)	+ 5,5	+ 0,0056	+ 25,2	+ 0,0217	+ 10,5	+ 0,0096
+ (IV)	− 0,3	− 0,0008	− 4,8	− 0,0043	− 1,4	− 0,0017
+ (V)	− 4,9	− 0,0050	− 31,7	− 0,0274	− 11,6	− 0,0106
= (E2)	= 34,5	= 0,0348	= 19,8	= 0,0171	= 30,8	= 0,0303

Tabelle 41d

Einflüsse der Geschlechtsgruppen in den beiden Arbeitnehmergruppen

Kompo-nente	Löhne		Gehälter		gewogener Durchschnitt	
	unnormiert	normiert	unnormiert	normiert	unnormiert	normiert
(I)	24,1	0,0239	20,6	0,0185	23,2	0,0225
+ (II)	− 0,4	− 0,0004	− 0,2	− 0,0001	− 0,3	− 0,0003
= (E1)	= 23,7	= 0,0235	= 20,4	= 0,0184	= 22,9	= 0,0222
+ (III)	+ 12,3	+ 0,0124	+ 7,1	+ 0,0061	+ 11,0	+ 0,0108
+ (IV)	− 0,5	− 0,0000	− 3,5	− 0,0037	− 1,3	− 0,0009
+ (V)	− 1,0	− 0,0011	− 4,2	− 0,0037	− 1,8	− 0,0018
= (E2)	= 34,5	= 0,0348	= 19,8	= 0,0171	= 30,8	= 0,0303

Tabelle 42

Aufgliederung der absoluten und der relativen mittleren Differenzen zwischen den Durchschnittsverdiensten der Länder bzw. der Regierungsbezirke

mittlere interregionale Differenz / Ursache	der Durchschnittsverdienste der Länder	der Durchschnittsverdienste der Regierungsbezirke
Unterschiede der Verteilung der Beschäftigten auf die Arbeitnehmergruppen	1,4 – 3,4 DM 0,1 – 0,3 %	13,5 – 18,5 DM 1,4 – 2,0%
„echte“ Verdienstunterschiede zwischen Beschäftigten der gleichen Arbeitnehmergruppe	58,2 – 60,2 DM 5,6 – 5,8%	76,2 – 81,2 DM 8,2 – 8,8 %
Σ	61,6 DM 5,9 %	94,7 DM 10,2 %

erwähnten „echten“ Verdienstunterschieden ausgeht. Lediglich ein Anteil in Höhe von 2,9 bis 5,5 %/4,3 bis 6,9 % geht bei der Verdienstdurchschnittsbildung durch Aufrechnung verloren.

Wenn es gelingen würde, c. p. die interregionalen Unterschiede der Verdienste in den einzelnen Arbeitnehmergruppen auszuschalten, so könnte die Dispersion der regionalen Durchschnittsverdienste um 94,5 %/94,6 % gesenkt werden. Gelänge es dagegen, c. p. die interregionalen Unterschiede in der Verteilung der Beschäftigten auf die beiden Arbeitnehmergruppen zu beseitigen, so erführe die Dispersion der regionalen Durchschnittsverdienste eine leichte Senkung um 2,3 %/2,0 % und die Durchschnittsdispersion der nach Arbeitnehmergruppen aufgegliederten Verdienste eine geringfügige Steigerung um 0,6 %/0,7 %.

612 Einflüsse der Sektoren, Leistungsgruppen und Geschlechtsgruppen in den beiden Arbeitnehmergruppen

Angesichts der großen Zahl der Vergleichsmöglichkeiten zwischen den in den Tabellen 41b, c und d wiedergegebenen Resultaten liegt es nahe, im vorliegenden Kapitel auf jene besonders übersichtliche graphische Form der Darstellung zurückzugreifen, die dem Leser schon aus den Abschnitten 50112 und 50122 vertraut ist. Die im folgenden verwendeten Diagramme enthalten wiederum je drei Segmente, deren Bedeutungen in der Abbildung 20 am Beispiel eines Lohndispersions-Diagramms nochmals kurz erläutert werden. Besondere Aufmerksamkeit verdienen die sich daran unmittelbar anschließenden Abbildungen 21a und 21b; sie gewähren einen umfassenden Überblick über die auf der Länderebene zu beobachtenden Einflüsse der Sektoren, der Leistungsgruppen und der Geschlechtsgruppen in den beiden Arbeitnehmergruppen.

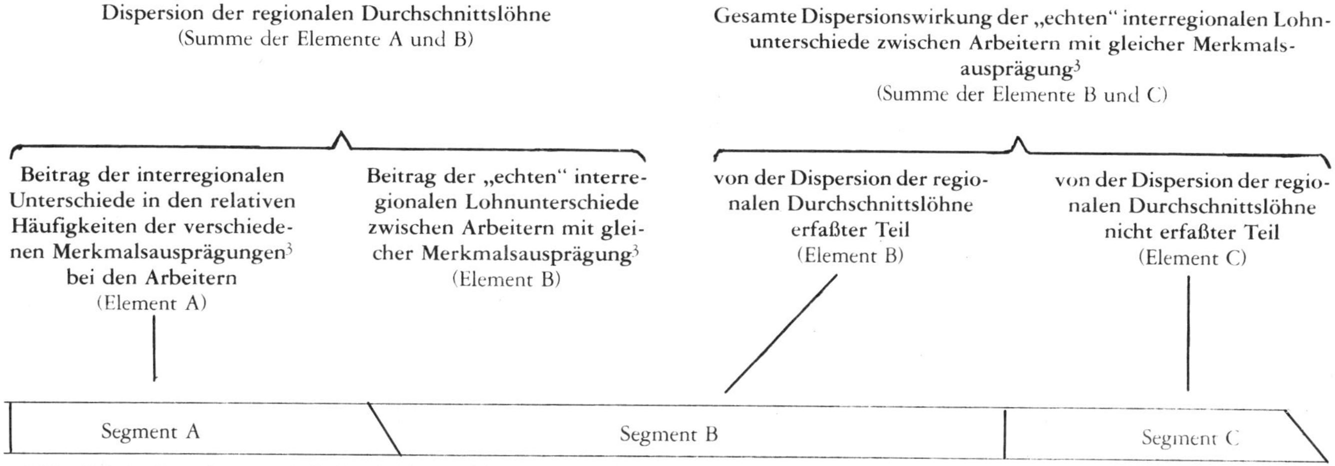

[2] Die Gehaltsdispersions- und die kombinierten Diagramme sind analog zu interpretieren.
[3] Es werden im folgenden nacheinander die Merkmale *s, p* und *g* betrachtet.

Abb. 20. Legende zu den Lohndispersions-Diagrammen[2] der Abbildungen 21a und b

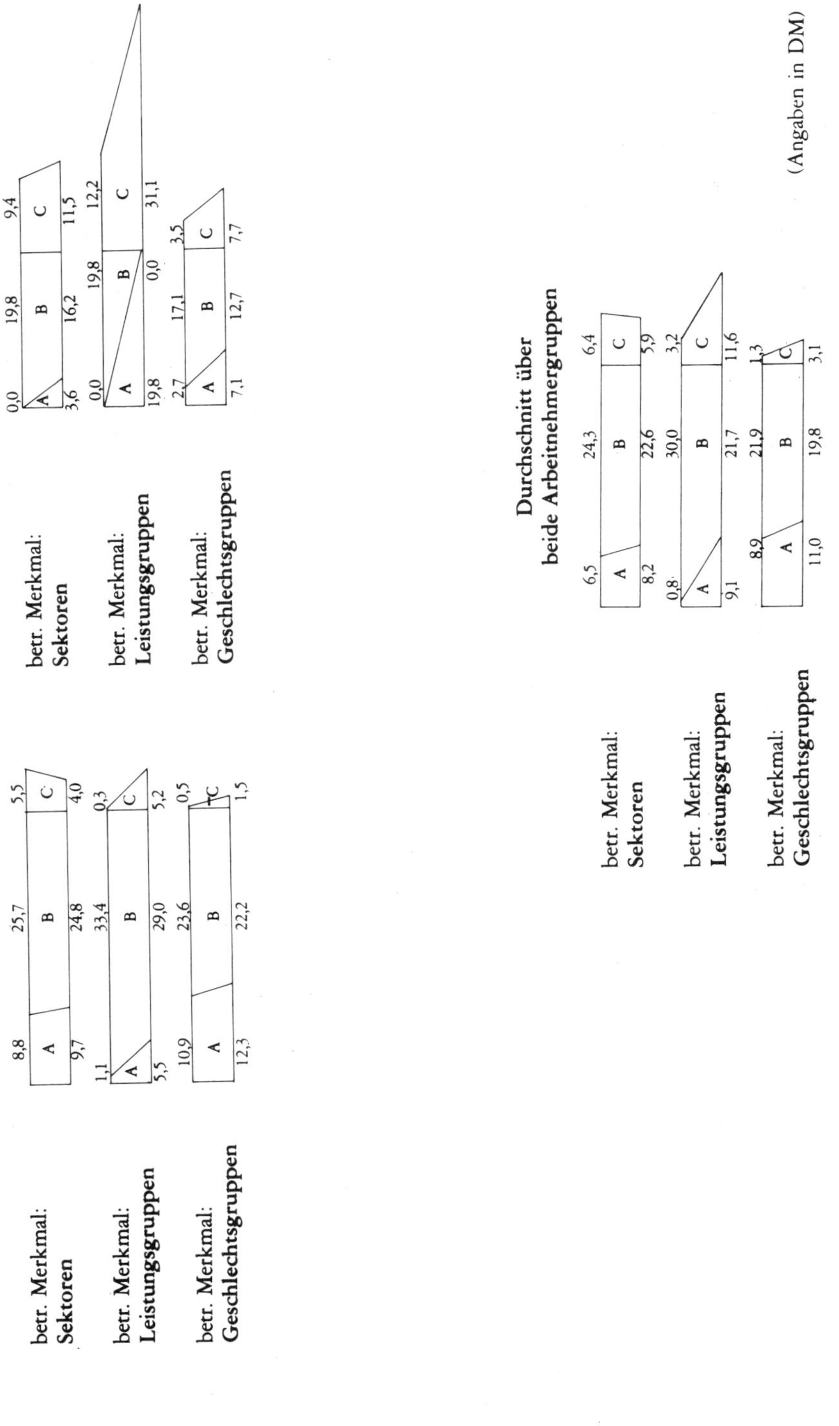

Abb. 21a. Zerlegung der in den Arbeitnehmergruppen gemessenen unnormierten Dispersionen

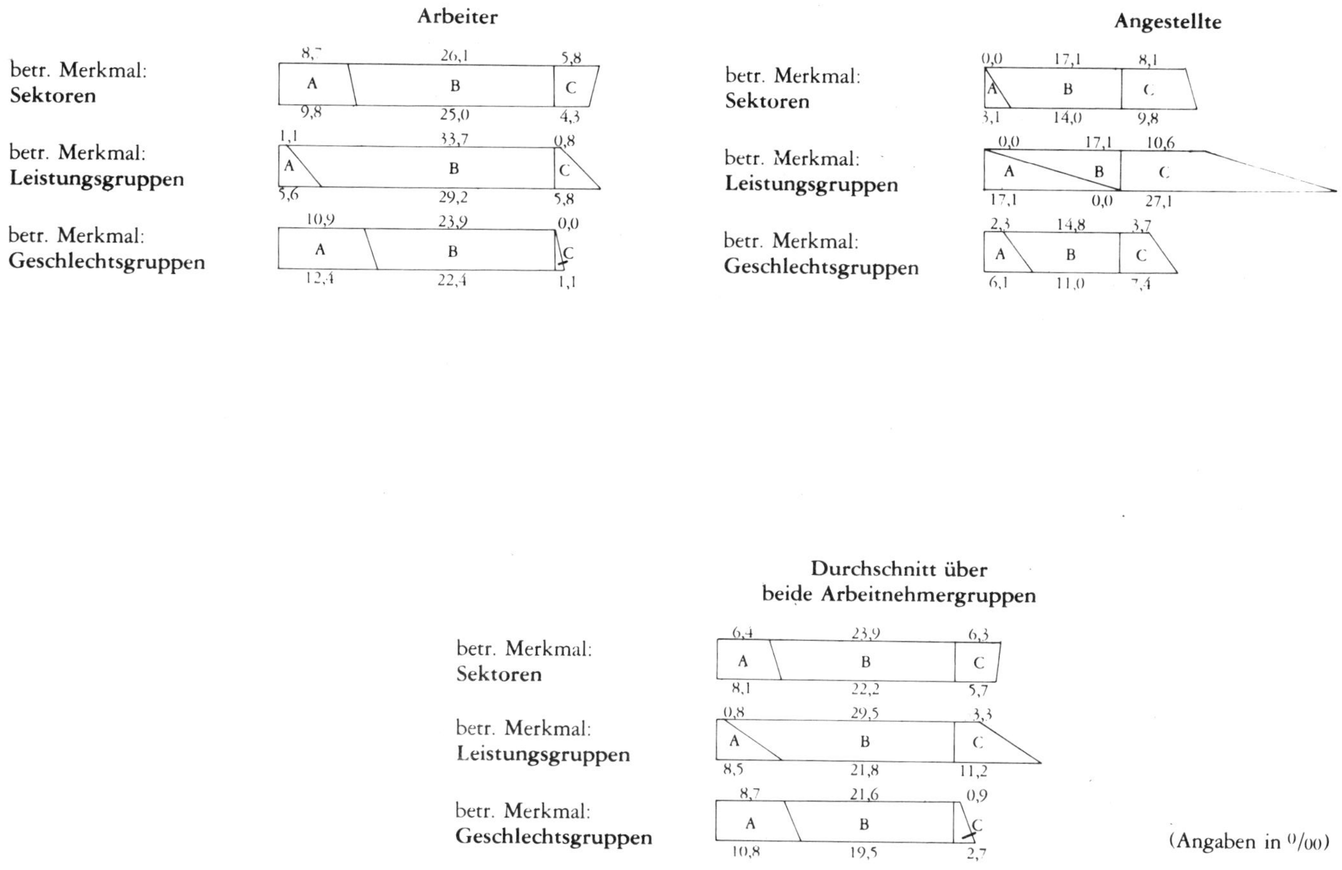

Abb. 21b. Zerlegung der in den Arbeitnehmergruppen gemessenen normierten Dispersionen

Ein erster Blick auf die Abbildungen 21a und b, insbesondere auf die drei jeweils zuunterst eingezeichneten Diagramme, zeigt, daß das Element *B* in der Regel dominiert. Die Elemente *A* und *C* sind demgegenüber in den meisten Fällen von geringerem Gewicht, ohne jedoch vernachlässigt werden zu können.

Die weitere Auswertung wird vereinfacht, wenn man jedem Element statt der in den Abbildungen numerisch angegebenen beiden Grenzwerte nur eine einzige Zahl zuordnet. Als eine plausible Größe bietet sich in diesem Zusammenhang das arithmetische Mittel der beiden Grenzwerte an; es ist zugleich der Fläche des auf das einzelne Element entfallenden Diagrammabschnitts proportional. Für die mit Hilfe dieser Mittelwerte bzw. Segmentflächen rangmäßig nunmehr eindeutig einzustufenden Elemente sind im unnormierten ebenso wie im normierten Fall die folgenden Feststellungen zu treffen:

(0.0) Das Element *A* ist bei der Sektoren- und der Geschlechtsgruppen- (nicht aber bei der Leistungsgruppen-) Betrachtung für die Arbeiter größer als für die Angestellten.

(0.1) Das Element *A* ist bei der Geschlechtsgruppenbetrachtung stets größer als bei der Sektorenbetrachtung. (Der *A*-Wert für die Leistungsgruppenbetrachtung nimmt bei den Arbeitern die niedrigste, bei den Angestellten dagegen die höchste Position ein.)

(0.2) Für $\frac{A}{A+B}$ gelten die gleichen Aussagen wie für *A*.

(1.0) Das Element *B* ist in allen Fällen für die Arbeiter größer als für die Angestellten.

(1.1) Das Element *B* ist bei der Geschlechtsgruppenbetrachtung stets kleiner als bei der Sektorenbetrachtung. (Der *B*-Wert für die Leistungsgruppenbetrachtung nimmt bei den Arbeitern die höchste, bei den Angestellten dagegen die niedrigste Position ein.)

(1.2) Für $\frac{B}{A+B}$ gelten notwendigerweise die umgekehrten Aussagen wie für $\frac{A}{A+B}$.

(2.0) Das Element *C* ist in allen Fällen für die Angestellten größer als für die Arbeiter.

(2.1) Das Element *C* ist bei der Geschlechtsgruppenbetrachtung stets kleiner als bei der Sektorenbetrachtung. (Der *C*-Wert für die Leistungsgruppenbetrachtung nimmt bei den Arbeitern eine mittlere, bei den Angestellten dagegen die höchste Position ein.)

(2.2) Für $\frac{C}{B+C}$ gelten die gleichen Aussagen wie für *C*.

Einen Überblick über die prozentualen Veränderungen einiger wichtiger Dispersionen als Folge c. p. durchgeführter Nivellierungsmaßnahmen geben abschließend die Tabellen 43a und 43b, die nach den Ausführungen in den vorangegangenen Abschnitten keiner weiteren Erläuterung mehr bedürfen:

Tabelle 43a

Auswirkungen der Nivellierungsmaßnahmen auf die in den Arbeitnehmergruppen gemessenen unnormierten Dispersionen

prozentuale Änderung / bei interregionaler Nivellierung	der Löhne in den Sektoren	der Gehälter in den Sektoren	der Löhne in den Leistungsgruppen	der Gehälter in den Leistungsgruppen	der Löhne in den Geschlechtsgruppen	der Gehälter in den Geschlechtsgruppen	der Verteilung der Arbeiter auf die Sektoren	der Verteilung der Angestellten auf die Sektoren	der Verteilung der Arbeiter auf die Leistungsgruppen	der Verteilung der Angestellten auf die Leistungsgruppen	der Verteilung der Arbeiter auf die Geschlechtsgruppen	der Verteilung der Angestellten auf die Geschlechtsgruppen
der Dispersion der regionalen Durchschnittslöhne	− 71,9	0,0	− 84,1	0,0	− 64,3	0,0	− 25,5	0,0	−3,2	0,0	−31,6	0,0
der Dispersion der regionalen Durchschnittsgehälter	0,0	− 81,8	0,0	+ 27,3	0,0	− 64,1	0,0	+1,0	0,0	+37,4	0,0	−13,6
der durchschnittlichen Dispersion der nach Arbeitnehmergruppen aufgegliederten Verdienste	− 60,3	− 13,2	− 70,5	+ 4,4	− 53,9	− 10,3	− 21,4	+0,2	−2,7	+ 6,1	−26,5	− 2,2
	− 73,5		− 66,1		− 64,2		− 21,2		+3,4		−28,7	
der durchschnittlichen Dispersion der nach *s* bzw. *p* bzw. *g* aufgegliederten Löhne	−100,0	0,0	−100,0	0,0	−100,0	0,0	+ 8,3	0,0	−1,5	0,0	+ 1,7	0,0
der durchschnittlichen Dispersion der nach *s* bzw. *p* bzw. *g* aufgegliederten Gehälter	0,0	−100,0	0,0	−100,0	0,0	−100,0	0,0	+5,4	0,0	+ 2,9	0,0	+ 1,0
der durchschnittlichen Dispersion der nach Arbeitnehmergruppen und *s* bzw. *p* bzw. *g* aufgegliederten Verdienste	− 75,6	− 24,4	− 76,6	− 23,4	− 77,6	− 22,4	+ 6,3	+1,3	−1,1	+ 0,7	+ 1,3	+ 0,2
	−100,0		−100,0		−100,0		+ 7,6		−0,4		+ 1,5	

Tabelle 43b

Auswirkungen der Nivellierungsmaßnahmen auf die in den Arbeitnehmergruppen gemessenen normierten Dispersionen

bei interregionaler Nivellierung / prozentuale Änderung	der Löhne in den Sektoren	der Gehälter in den Sektoren	der Löhne in den Leistungsgruppen	der Gehälter in den Leistungsgruppen	der Löhne in den Geschlechtsgruppen	der Gehälter in den Geschlechtsgruppen	der Verteilung der Arbeiter auf die Sektoren	der Verteilung der Angestellten auf die Sektoren	der Verteilung der Arbeiter auf die Leistungsgruppen	der Verteilung der Angestellten auf die Leistungsgruppen	der Verteilung der Arbeiter auf die Geschlechtsgruppen	der Verteilung der Angestellten auf die Geschlechtsgruppen
der Dispersion der regionalen Durchschnittslöhne	− 71,8	0,0	− 83,9	0,0	− 64,4	0,0	− 25,0	0,0	−3,2	0,0	−31,3	0,0
der Dispersion der regionalen Durchschnittsgehälter	0,0	− 81,9	0,0	+ 26,9	0,0	− 64,3	0,0	+1,8	0,0	+36,8	0,0	−13,5
der durchschnittlichen Dispersion der nach Arbeitnehmergruppen aufgegliederten Verdienste	− 61,6	− 11,5	− 72,0	+ 4,0	− 55,2	− 9,0	− 21,3	+0,4	−2,6	+ 5,4	−26,8	− 1,7
	− 73,1		− 68,0		− 64,2		−20,9		+2,8		−28,5	
der durchschnittlichen Dispersion der nach *s* bzw. *p* bzw. *g* aufgegliederten Löhne	−100,0	0,0	−100,0	0,0	−100,0	0,0	+ 8,9	0,0	−1,4	0,0	+ 1,7	0,0
der durchschnittlichen Dispersion der nach *s* bzw. *p* bzw. *g* aufgegliederten Gehälter	0,0	−100,0	0,0	−100,0	0,0	−100,0	0,0	+5,9	0,0	+ 2,2	0,0	+ 0,5
der durchschnittlichen Dispersion der nach Arbeitnehmergruppen und *s* bzw. *p* bzw. *g* aufgegliederten Verdienste	− 78,6	− 21,4	− 79,4	− 20,6	− 79,2	− 20,8	+ 7,0	+1,3	−1,1	+ 0,5	+ 1,3	+0,1
	−100,0		−100,0		−100,0		+ 8,3		−0,6		+ 1,4	

7 Zusammenfassung der wichtigsten Resultate der Untersuchung

Der folgende abschließende Überblick ist selektiv und summarisch zugleich: Die Vielzahl der Einzelresultate legt es nahe, an dieser Stelle die wichtigsten Ergebnisse nochmals gesondert hervorzuheben, also selektiv vorzugehen; sie läßt es außerdem ratsam erscheinen, eng miteinander verbundene Aussagen nunmehr möglichst zusammenzufassen, d. h. sie summarisch zu behandeln[1]. Beibehalten wird die Gliederung der Ergebnisse in drei Gruppen mit zusammen fünf Untergruppen:

Tabelle 44

Aufgliederung der Untersuchungsergebnisse in Gruppen und Untergruppen

Gruppe	0		1	2	
Bezeichnung	Ergebnisse der horizontalen Analyse		Ergebnisse der vertikalen Analyse	Ergebnisse der Verbindung von horizontaler und vertikaler Analyse	
Aufgabe	Beschreibung der interregionalen Verdienstunterschiede in verdichteter Form		Erklärung der Verdiensthöhe in den einzelnen Regionen	Erklärung der interregionalen Verdienstunterschiede in verdichteter Form	
angewandte Verfahren	Dispersionsmessungen		multiple Regressionsanalysen	Dispersionszerlegungen unter Anwendung verschiedener Standardisierungstechniken	
Untergruppe	0.0	0.1	1	2.0	2.1
Datensatz (s. u.)	I	II	I	I	II

Auf die wichtigsten Unterschiede der beiden Datensätze sei nochmals kurz hingewiesen:

---

[1] Sofern damit ein Informationsverlust verbunden ist, erfolgt gleichzeitig eine Selektion.

Tabelle 45

Zusammenfassende Gegenüberstellung der verwendeten Datensätze

Datensatz	I	II
Quelle	monatliche Industrieberichterstattung vom September 1968	vierteljährliche Verdienstserhebung vom Oktober 1968
regionale Gliederung	36 Regierungsbezirke	10 Bundesländer
weitere Disaggregationsmöglichkeiten	2 Arbeitnehmergruppen (Arbeiter/Angestellte) und 51 Sektoren	2 Arbeitnehmergruppen (Arbeiter/Angestellte) und { 33 Sektoren oder 3 bzw. 4 Leistungsgruppen oder 2 Geschlechtsgruppen
nicht berücksichtigt	18 % der Beschäftigten der Verarbeitenden Industrie (als Folge der Geheimhaltungsvorschrift)	Lehrlinge; leitende Angestellte; sog. „einmalige" Bezüge

(0.0)[2] Im Rahmen einer *horizontalen Analyse* auf der Grundlage des *ersten Datensatzes* wurden zunächst 161 Paare[3] interregionaler Verdienstdispersionen berechnet. Um die Auffassungen

(a) der Regionalpolitiker,
(b) der Arbeitnehmerseite,
(c) der Arbeitgeberseite und
(d) der Wirtschaftswissenschaft

soweit wie möglich[4] berücksichtigen zu können, wurden die regionalen Verdienstdurchschnitte

(a) für die Verarbeitende Industrie insgesamt,
(b) für die beiden Arbeitnehmergruppen getrennt,
(c) für die 51 Sektoren getrennt bzw.
(d) in jeder Arbeitnehmergruppe für die 51 Sektoren getrennt

ermittelt und den Dispersionsmessungen zugrunde gelegt. Hervorzuheben sind insbesondere die folgenden vier Ergebnispaare[5]:

---

[2] Die Numerierung entspricht hier und im folgenden jener, die in der vorletzten Zeile der Tabelle 44 verwendet wurde.

[3] Die Dispersionen (Konzentrationsverhältnisse von Gini) wurden stets in der unnormierten und der mit dem arithmetischen Mittel normierten Form, also paarweise, berechnet.

[4] Art und Umfang der Aufgliederung des verfügbaren Datenmaterials setzten hier eine Grenze.

(a) interregionale Verdienstdispersion in der Verarbeitenden Industrie (ohne weitere Aufgliederung):
47,37 DM / 5,1 %,

(b) gewogener Durchschnitt der interregionalen Verdienstdispersionen in den Arbeitnehmergruppen:
42,68 DM / 4,6 %,

(c) gewogener Durchschnitt der interregionalen Verdienstdispersionen in den Sektoren:
45,32 DM / 4,9 %,

(d) gewogener Durchschnitt der interregionalen Verdienstdispersionen in den sektoral aufgegliederten Arbeitnehmergruppen:
44,01 DM / 4,7 %.

Um die Beurteilung der Einzelresultate zu erleichtern, wurden die Angaben mit dem Faktor zwei multipliziert; es ergab sich dann jeweils (in absoluter bzw. relativer Form) die gewogene mittlere Differenz zwischen den Durchschnittsverdiensten

(a) verschiedener Regionen in der Verarbeitenden Industrie (ohne weitere Aufgliederung):
94,74 DM /10,2 %,

(b) verschiedener Regionen in der gleichen Arbeitnehmergruppe:
85,36 DM / 9,3 %,

(c) verschiedener Regionen im gleichen Sektor:
90,64 DM / 9,8 %,

(d) verschiedener Regionen in der gleichen Arbeitnehmergruppe und dem gleichen Sektor:
88,02 DM / 9,4 %.

Diese Werte sind durchweg von recht beträchtlicher Höhe. Interessant und keineswegs selbstverständlich ist, daß sich die vier Dispersionen (bzw. die mittleren Differenzen) sowohl in der unnormierten als auch in der normierten Fassung nur relativ unwesentlich voneinander unterscheiden. Aus jedem der vier oben aufgezählten Blickwinkel[6] ergibt sich also ungefähr das gleiche Bild. Die fortschreitende Disaggregation verändert die Dispersion nur wenig.

Anders als die zuvor genannten vier Doppelmaße erfassen die übrigen 157 Dispersionspaare die Situation jeweils nur in bestimmten Arbeitnehmergruppen und/oder Sektoren. Mit ihrer Berechnung eröffnen sich insbesondere zahlreiche Vergleichsmöglichkeiten. Es wurde beispielsweise festgestellt, daß die nicht normierte interregionale Dispersion der Durchschnittsgehälter um 34 % größer ist als

[5] Basis der Prozentangaben ist nur im Fall (a) der Durchschnittsverdienst in der Verarbeitenden Industrie im Gesamtgebiet, während in den Fällen (b) – (d) die Durchschnittsverdienste in den jeweils betrachteten einzelnen Teilbereichen (Arbeitnehmergruppen und/oder Sektoren) im Gesamtgebiet als Bezugsgrößen dienen.

[6] Vgl. S. 144.

jene der Durchschnittslöhne. Bezogen auf den jeweiligen Durchschnittsverdienst im Gesamtgebiet, der bei den Angestellten um mehr als die Hälfte höher liegt als bei den Arbeitern, ist sie zwar um 13 % kleiner, doch übertreffen innerhalb der einzelnen Sektoren auch die normierten Gehaltsdispersionen in den meisten Fällen die entsprechenden Lohndispersionen[7].

Die interregionalen Verdienstdispersionen in den einzelnen Sektoren unterscheiden sich nicht unerheblich voneinander, gleichgültig ob die Verdienste nur der Arbeiter, nur der Angestellten oder beider Gruppen zusammengefaßt betrachtet werden. Im letzten Fall ergibt sich bei normierter Berechnung z. B. das folgende Bild:

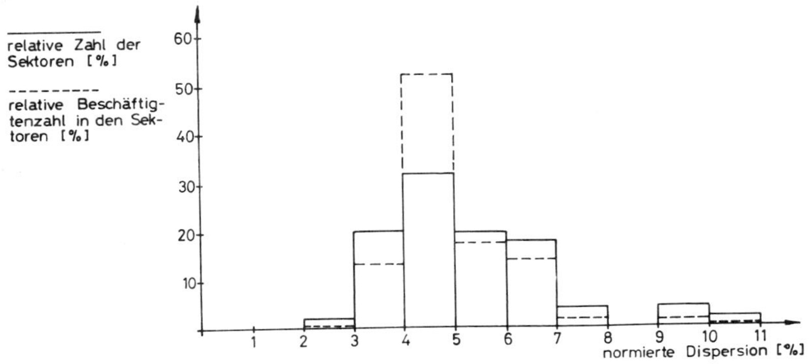

Abb. 22. Relative Gewichte der einzelnen Werteklassen bei der intrasektoralen Verdienstdispersionsmessung

Korrelationsrechnungen führten zu dem etwas überraschenden Ergebnis, daß von der Höhe der Lohndispersion in einem Sektor nicht auf die Höhe der entsprechenden Gehaltsdispersion geschlossen werden kann und umgekehrt. Auch ein nennenswerter Zusammenhang zwischen der (normierten oder unnormierten) interregionalen Verdienstdispersion in einem Sektor und dem Durchschnittsverdienst in diesem Sektor konnte weder bei den Arbeitern noch bei den Angestellten nachgewiesen werden.

(0.1) Im zweiten Teil der *horizontalen Analyse*, nunmehr auf der Basis des *zweiten Datensatzes*, wurden 90 weitere Dispersionspaare berechnet. Anhand eines Teils der Resultate wurde zunächst für die Mehrzahl der zuvor erzielten, oben unter 0.0 kurz zusammengefaßten Ergebnisse geprüft, inwieweit sie auch bei einer regionalen Gliederung der Daten nach 10 Bundesländern anstatt nach 36 Regierungsbezirken[8] gültig bleiben.

Die quantitativen Verschiebungen erwiesen sich als nicht unerheblich. Beobachtet wurde vor allem eine deutliche, wenn auch keineswegs drastische Senkung des

7 Die intrasektoralen Gehaltsdifferenzen zwischen den Regionen heben sich bei der Durchschnittsbildung über die Sektoren zu einem relativ großen Teil gegenseitig auf.

8 Daneben gibt es eine Reihe weiterer Unterschiede; vgl. oben Tab. 45.

Dispersionsniveaus. Den auf S. 145 angegebenen mittleren Differenzen, d. h. den verdoppelten Dispersionen, entsprechen beispielsweise auf der Länderebene die folgenden Werte[9] (in Klammern die relative Verringerung):

Gewogene mittlere Differenz zwischen den Durchschnittsverdiensten

(a) verschiedener Regionen in der Verarbeitenden Industrie (ohne weitere Aufgliederung):

61,6 DM (–35 %) / 6,0 % (–41 %),

(b) verschiedener Regionen in der gleichen Arbeitnehmergruppe:

61,6 DM (–28 %) / 6,1 % (–34 %),

(d) verschiedener Regionen in der gleichen Arbeitnehmergruppe und dem gleichen Sektor:

57,0 DM (–35 %) / 5,6 % (–40 %).

Qualitativ waren nur wenige Aussagen, zudem meist von geringerem Gewicht, gegenüber dem ersten Teil der horizontalen Analyse zu modifizieren. Eine etwas überraschende Veränderung ihrer Stellung erfuhren allerdings sowohl die interregionale Dispersion der Durchschnittsgehälter als auch die durchschnittliche interregionale Dispersion der nach Sektoren aufgegliederten Gehälter. Beide sanken in weit überdurchschnittlichem Maße ab; sie sind auf der Länderebene unnormiert und normiert kleiner als die entsprechenden Maße für die Löhne.

Unter den 17 Dispersionspaaren (bzw. Paaren mittlerer Differenzen), die zwar auf der Grundlage des zweiten Datensatzes berechnet werden konnten, für die aber ein Gegenstück im ersten Teil der horizontalen Analyse fehlt, ist vor allem auf zwei wegen ihres besonderen Gewichts sowohl für die Arbeitnehmerseite als auch für die Wirtschaftswissenschaft nochmals hinzuweisen. Betrachtet wurden die regionalen Verdienstdurchschnitte nunmehr nicht nur

(d) in jeder Arbeitnehmergruppe für die 33 Sektoren getrennt[10], sondern auch

(e) in jeder Arbeitnehmergruppe für die 3 bzw. 4 Leistungsgruppen getrennt und

(f) in jeder Arbeitnehmergruppe für die beiden Geschlechtsgruppen getrennt.

Die zugehörigen interregionalen Dispersionen entsprechen verdoppelt wieder den gewogenen mittleren Differenzen, hier zwischen den Durchschnittsverdiensten

(d) verschiedener Regionen in der gleichen Arbeitnehmergruppe und dem gleichen Sektor:

57,0 DM / 5,6 %,

(e) verschiedener Regionen in der gleichen Arbeitnehmer- und Leistungsgruppe:

66,6 DM / 6,6 %,

---

[9] Die Werte zu (c) wurden nicht erneut berechnet.

[10] Der Fall (d) wird hier zu Vergleichszwecken nochmals angeführt. Zu den Fällen (a) bis (c) vgl. oben und S. 145.

(f) verschiedener Regionen in der gleichen Arbeitnehmer- und Geschlechtsgruppe:
45,8 DM / 4,4 %.

Auch diese Differenzen können durchweg nicht als geringfügig bezeichnet werden. Mit der niedrigsten interregionalen Verdienstdispersion sehen sich im Durchschnitt die Angehörigen der gleichen Arbeitnehmer- und Geschlechtsgruppe konfrontiert, mit der höchsten die Angehörigen der gleichen Arbeitnehmer- und Leistungsgruppe. Die Verdienstunterschiede innerhalb der gleichen Arbeitnehmergruppe und des gleichen Sektors nehmen dagegen eine Mittelposition ein. Diese Reihenfolge gilt auch für jede Arbeitnehmergruppe einzeln.

Die folgende Abbildung gibt einen Überblick über die interregionalen Lohn- und Gehaltsdispersionen in den verschiedenen Leistungsgruppen:

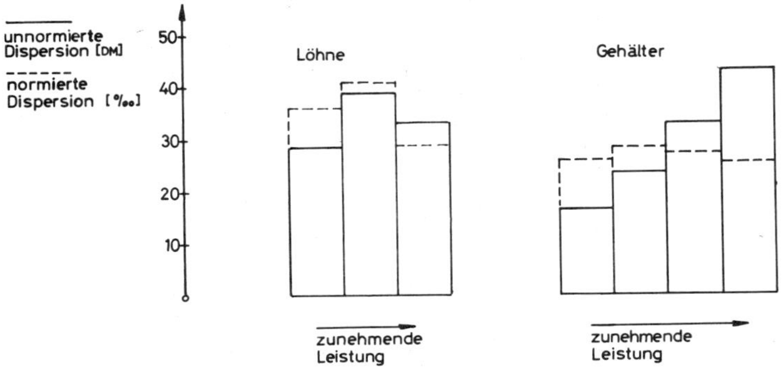

Abb. 23. Ergebnisse der Lohn- und Gehaltsdispersionsmessungen in den Leistungsgruppen

Ein eindeutiger Zusammenhang zwischen dem Leistungsgrad (und damit auch der Höhe des Durchschnittsverdienstes der Gruppe im Gesamtgebiet) und dem Umfang der interregionalen Verdienstdispersion läßt sich nur für die Gehälter bei unnormierter Betrachtung feststellen. Dies ist zugleich der einzige Fall, in dem sich die drei bzw. vier Dispersionen sehr erheblich voneinander unterscheiden.

Für die Lohn- und Gehaltsdispersionen der männlichen und der weiblichen Arbeitnehmer wurden die folgenden Einzelwerte ermittelt:

Tabelle 46a und b

Ergebnisse der Lohn- und Gehaltsdispersionsmessungen in den Geschlechtsgruppen

	unnormierte Disp. (DM) Arbeiter	Angestellte
Männer	27,2	21,0
Frauen	13,6	19,3

	normierte Disp. (%) Arbeiter	Angestellte
Männer	2,5	1,6
Frauen	2,0	2,3

Ein klarer Zusammenhang mit den zugehörigen Durchschnittsverdiensten im Gesamtgebiet[11] besteht nicht bzw. nur, wenn von der Situation bei den männlichen Angestellten abgesehen wird.

Einen zusammenfassenden Vergleich der (unnormierten bzw. normierten) durchschnittlichen Verdienstdispersionen in den beiden Arbeitnehmergruppen ermöglicht die folgende Aufstellung:

Tabelle 47

Durchschnittliche Dispersionen der nach den verschiedenen Merkmalen aufgegliederten Löhne und Gehälter

	gewogener Durchschnitt der interregionalen Dispersionen der Löhne	der Gehälter
in den Sektoren	28,8 DM 2,9 %	27,7 DM 2,4 %
in den Leistungsgruppen	34,2 DM 3,5 %	31,1 DM 2,7 %
in den Geschlechtsgruppen	23,7 DM 2,3 %	20,4 DM 1,8 %

Die durchschnittliche Lohndispersion übertrifft in allen Fällen die durchschnittliche Gehaltsdispersion. Andererseits sind die relativ geringen Unterschiede zwischen den Ergebnissen für die Arbeiter und jenen für die Angestellten insofern bemerkenswert, als zuvor bei den aggregierten Löhnen eine Dispersion von immerhin DM 34,5 bzw. 3,5 % gegenüber einer entsprechenden Gehaltsdispersion von nur DM 19,8 bzw. 1,7 % gemessen wurde. Die mit der Disaggregation nach Sektoren, Leistungsgruppen oder Geschlechtsgruppen verbundene Homogenisierung wirkt bei den Löhnen dispersionsvermindernd, während bei den Gehältern umgekehrt die Aufdeckung zusätzlicher interregionaler Differenzen überwiegt.

(1) Im Rahmen der *vertikalen Analyse* wurden auf der Grundlage des *ersten Datensatzes* insgesamt 102 Regressionsgleichungen geschätzt. Zu erklären waren die regionalen Durchschnittslöhne bzw. die regionalen Durchschnittsgehälter in den einzelnen Sektoren. Nachdem sich

- das sog. „Bruttoinlandsprodukts-Potential" (ein Maß für die Nähe zu den inländischen Zentren wirtschaftlicher Aktivität) und

---

[11] Diese betragen (in DM):

Tabelle 48

Durchschnittslöhne und -gehälter in den Geschlechtsgruppen

	Arbeiter	Angestellte
Männer	1094	1337
Frauen	697	832

● die relative[12] Abwanderung aus der Landwirtschaft

als im vorliegenden Zusammenhang praktisch bedeutungslos herausgestellt hatten, wurden diese Größen aus den Regressionsgleichungen eliminiert und die Schätzungen wiederholt. Der Ansatz im zweiten Durchgang lautete

$$l_{ars} = a_{0as} + a_{1as} D_r + a_{2as} B_{rs} + a_{3as} A_{rs} + u_{ars}.$$

Darin bezeichnen *a, r* und *s* als Indizes die Arbeitnehmergruppe, die Region und den Sektor, *l* den Verdienst, a_0 das Absolutglied, a_1 bis a_3 die Regressionskoeffizienten und *u* die Störvariable. *D, B* und *A* stehen für die Bevölkerungsdichte, die durchschnittliche Betriebsgröße und die durchschnittliche Arbeitszeit der Arbeiter[13].

Gesondert ausgewertet wurden die Ergebnisse für jene 37 unter den 51 Sektoren, für die mindestens zwanzig Beobachtungen vorliegen. In der folgenden Abbildung werden die prozentualen Häufigkeiten der Sektoren, in denen ein Einfluß der Regressoren nur bei den Löhnen, nur bei den Gehältern bzw. bei beiden als gesichert[14] angesehen werden kann, durch Abschnitte mit waagerechter, diagonaler bzw. doppelter Schraffur gekennzeichnet[15]:

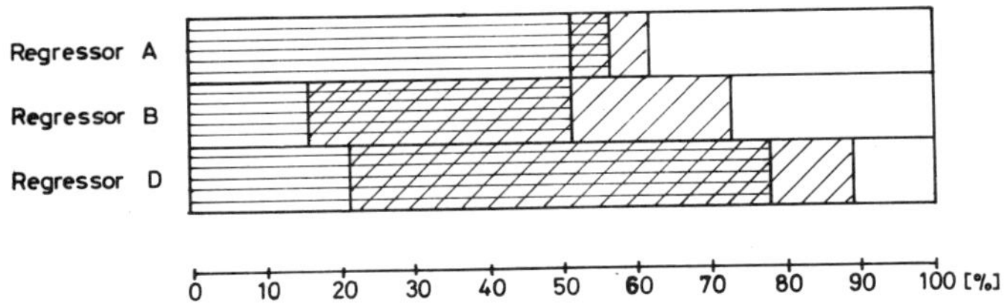

Abb. 24. Relative Häufigkeiten signifikant von null verschiedener Regressionskoeffizienten

Der Regressor *D* übt in mehr als drei Vierteln der Sektoren einen signifikanten Einfluß auf die Löhne aus; bei den Gehältern beträgt der entsprechende Anteil immerhin noch mehr als zwei Drittel. Die Bevölkerungsdichte hat damit den eindeutig weitestreichenden gesicherten Einfluß unter den hier betrachteten Regressoren. Bei den Löhnen folgen auf den nächsten Plätzen die durchschnittliche Arbeitszeit der Arbeiter und, beinahe gleichauf, die durchschnittliche Betriebsgröße, während bei den Gehältern die nachweisliche Bedeutung der letzteren erheblich, jene der ersteren dagegen sehr gering ist. Auffallend ist der relativ große Anteil der Sektoren, in denen ein signifikanter Einfluß eines Regressors nur in jeweils einer Arbeitnehmergruppe beobachtet werden konnte.

12 Bezugsgröße war die Zahl der nichtlandwirtschaftlich Erwerbstätigen in der betreffenden Region.

13 Die durchschnittlichen Arbeitszeiten der Angestellten sind nicht bekannt. Als mutmaßliche Indikatoren für die regionale Branchenkonjunktur wurden die Arbeitszeiten der Arbeiter jedoch versuchsweise auch bei den Angestellten verwendet.

14 Das Signifikanzniveau beträgt 5 %.

15 Es ist nochmals daran zu erinnern, daß in den verbleibenden Sektoren ein entsprechender Einfluß selbstverständlich nicht ausgeschlossen werden kann; er ist lediglich statistisch nicht gesichert.

Die signifikant von Null verschiedenen Regressionskoeffizienten in den 37 Sektoren, für die zwanzig und mehr Beobachtungen vorliegen, erreichen im (ungewogenen) Mittel die folgenden Werte:

Tabelle 49

Mittelwerte der ausgewählten Regressionskoeffizienten

Regressor	mittlerer Koeffizient Löhne	Gehälter	Einheit = DM im Monat / x
A	3,83	0,02	x = geleist. Arbeiterstunden im Monat je Arbeiter
B	0,63	2,34	x = Beschäftigte je Betrieb
D	2,24	3,74	x = Einwohner je qkm

Die Einzelwerte unterscheiden sich intersektoral nicht unerheblich voneinander, wie z. B. die folgende Tabelle zeigt:

Tabelle 50

Quartilswerte und Mediane der ausgewählten Regressionskoeffizienten

Regressor	Koeffizienten für die Löhne			Koeffizienten für die Gehälter		
	unteres Quartil	Median	oberes Quartil	unteres Quartil	Median	oberes Quartil
A	2,69	3,40	4,42	−6,06	−1,20	6,10
B	0,32	0,48	0,75	0,36	1,22	2,13
D	1,92	2,09	2,57	3,03	3,80	4,34

Vergleiche zwischen den Ergebnissen für verschiedene Regressoren sind an dieser Stelle wegen der Maßstabsunterschiede problematisch. Auf die Resultate nach Vollzug der erforderlichen Umrechnungen wird unten noch zusammenfassend eingegangen werden.

(2.0) Die dritte Ergebnisgruppe, die aus der *Verbindung der horizontalen mit einer vertikalen Analyse* hervorging, enthält im wesentlichen Aussagen über die Bestimmungsgründe der wichtigsten Verdienstdispersionen. Es genügt, wenn im folgenden die Ergebnisse nur für die nicht normierten Dispersionen zusammengefaßt werden, da sich die für die normierten Maße erzielten Resultate kaum davon unterscheiden.

Die Aufmerksamkeit galt zunächst den auf der Grundlage des *ersten Datensatzes* berechneten Dispersionen und hier wiederum zuerst jener, die unter Verzicht auf eine weitere Aufgliederung die Unterschiede der regionalen Durchschnittsverdienste in der Verarbeitenden Industrie zusammenfassend beschreibt[16]. Es zeigte sich, daß 81–86 % dieser Dispersion auf interregionale Lohn- bzw. Gehaltsdifferenzen zurückgehen, während 14–19 % lediglich eine Folge der interregional unterschied-

[16] Vgl. den Fall (a) auf S. 145.

lichen Verteilung der Beschäftigten auf die Gruppen der Arbeiter und Angestellten sind. Ein mit 22–33 % deutlich größerer Anteil kann in alternativer Sicht auf die interregionalen Unterschiede des „industry mix", d. h. der sektoralen Beschäftigungsstruktur, zurückgeführt werden; 67–78 % verbleiben dann für den Einfluß der intrasektoralen Verdienstunterschiede.

Zu beachten ist, daß die Dispersion von den interregionalen Verdienstdifferenzen auf der nächstniedrigeren Disaggregationsstufe zwar, wie erwähnt, beeinflußt wird, daß sie deren tatsächliche Stärke aber teilweise nur recht unzureichend widerspiegelt. Während nämlich von den innerhalb der beiden Arbeitnehmergruppen auftretenden Differenzen immerhin noch 89–94 % erfaßt werden, sind es von jenen innerhalb der 51 Sektoren nur 70–74 %. Die Restbeträge gehen durch Aufrechnung entgegengesetzt gerichteter Differenzen bei der Bildung der Verdienstdurchschnitte über die Arbeitnehmergruppen bzw. die Sektoren verloren.

Aus der Sicht der Arbeitnehmerseite von größerem Interesse als das bisher betrachtete, mehr regionalpolitisch relevante Maß ist die durchschnittliche Dispersion in den Arbeitnehmergruppen[17]. Zu ihrer Entstehung tragen die interregionalen Unterschiede der Verteilung der Beschäftigten auf die beiden Arbeitnehmergruppen nicht positiv bei. Einen Überblick über die Höhe der verschiedenen Erklärungsbeiträge gibt die folgende Tabelle:

Tabelle 51

Erklärungsbeiträge zur Durchschnittsdispersion in den Arbeitnehmergruppen (Regierungsbezirks-Betrachtung)

	Erklärungsbeitrag der interregionalen Unterschiede der sektoralen Beschäftigungsstruktur	Erklärungsbeitrag der „echten" interregionalen Verdienstunterschiede zwischen Beschäftigten des gleichen Sektors	Σ
Arbeiter	18 - 26 %	43 - 51 %	69 %
Angestellte	7 - 9 %	22 - 24 %	31 %
Σ	25 - 35 %	65 - 75 %	100 %

Der Erklärungsbeitrag der interregionalen Unterschiede in der Verteilung der Arbeiter auf die Sektoren ist nicht nur absolut, sondern auch im Verhältnis zum Gesamtbeitrag der Gruppe zumindest tendenziell größer als der entsprechende Erklärungsbeitrag bei den Angestellten[18].

17 Vgl. den Fall (b) auf S. 145.

18 Die Aussage gilt bei relativer Betrachtung nur tendenziell, denn $18 : 69 > 7 : 31$ und $26 : 69 > 9 : 31$, aber $18 : 69 < 9 : 31$.

Wenn es c. p. gelingen würde, die Beschäftigungsstrukturen bzw. die Verdienste interregional zu nivellieren, so wären die folgenden Veränderungen zu verzeichnen:

Tabelle 52

Auswirkungen der Nivellierungsmaßnahmen auf die Durchschnittsdispersion in den Arbeitnehmergruppen (Regierungsbezirks-Betrachtung)

<table>
<tr><th>interregionale Angleichung[19]</th><th colspan="2">Veränderung der Dispersion</th><th>interregionale Angleichung[19]</th><th colspan="2">Veränderung der Dispersion</th></tr>
<tr><td>der Verteilung der Beschäftigten auf die Arbeitnehmergruppen</td><td colspan="2">+1 %</td><td>der Durchschnittsverdienste in den einzelnen Arbeitnehmergruppen</td><td colspan="2">−100 %</td></tr>
<tr><td>der Verteilung der Arbeiter auf die Sektoren</td><td>−18 %</td><td rowspan="2">−25 %</td><td>der Durchschnittslöhne in den einzelnen Sektoren</td><td>−43 %</td><td rowspan="2">− 65 %</td></tr>
<tr><td>der Verteilung der Angestellten auf die Sektoren</td><td>−7 %</td><td>der Durchschnittsgehälter in den einzelnen Sektoren</td><td>−22 %</td></tr>
</table>

Die durchschnittliche Dispersion in den Arbeitnehmergruppen erfaßt, wie in der Tab. 51 gezeigt wurde, mehr als nur die in den einzelnen Sektoren auftretenden Lohn- bzw. Gehaltsunterschiede. Andererseits beschreibt sie diese keineswegs vollständig: 31–36 % der Lohn- und 36–37 % der Gehaltsdifferenzen in den Sektoren bleiben bei der Messung unberücksichtigt. Diese Eigenschaft der betrachteten Dispersion ist für die Beantwortung bestimmter Fragen durchaus von Nutzen. Für die Prüfung wirtschaftswissenschaftlicher Hypothesen über die Lohn- und Gehaltsdispersion ist sie dagegen häufig ein Hindernis.

Als ein in dieser Hinsicht besser geeignetes Maß steht die durchschnittliche Dispersion in den sektoral aufgegliederten Arbeitnehmergruppen[20] zur Verfügung. Sie wurde im Rahmen der vorliegenden Untersuchung in drei aufeinanderfolgenden Schritten analysiert, beginnend mit der folgenden Zerlegung in zwei Teildispersionen:

---

19 Bei interregionaler Angleichung der Werte mehrerer Verursachungsfaktoren ist eine Addition der Einzelergebnisse nur in den beiden angegebenen Fällen sinnvoll.

20 Vgl. den Fall (d) auf S. 145.

44,01 DM
(Ausgangsdispersion)
=

28,93 DM (Beitrag der Löhne) + 15,08 DM (Beitrag der Gehälter)

28,93 DM = 38,47 DM (durchschnittl. Dispersion der Löhne in den Sektoren) · 0,7519 (relatives Gewicht)

15,08 DM = 60,79 DM (durchschnittl. Dispersion der Gehälter in den Sektoren) · 0,2481 (relatives Gewicht)

Jede der beiden Teildispersionen setzt sich additiv zusammen aus dem Erklärungsbeitrag der interregionalen Unterschiede der sektoralen Beschäftigungsstruktur, der jeweils negativ ist, und der „bereinigten" Dispersion als Residuum:

		Arbeiter:	Angestellte:
	durchschn. Dispersion der Verdienste in den Sektoren	38,47 DM	60,79 DM
=	Erklärungsbeitrag der interregionalen Unterschiede der sektoralenBeschäftigungsstruktur	= - 3,43 DM	= −3,01 DM
+	„bereinigte" durchschnittliche Dispersion der Verdienste in den Sektoren	+41,90 DM	+63,80 DM

Die „bereinigten" Dispersionen konnten auf die folgenden Ursachen zurückgeführt werden[21]:

Tabelle 53

Erklärungsbeiträge zur „bereinigten" durchschnittlichen Dispersion der Löhne bzw. Gehälter in den Sektoren

Erklärungsbeitrag	zur Lohndispersion	zur Gehaltsdispersion
der interregionalen Unterschiede der Bevölkerungsdichte	20,4 - 59,4 %	9,1 - 60,9 %
der interregionalen Unterschiede der durchschnittlichen Betriebsgrößen in den Sektoren	3,3 - 27,1 %	8,0 - 30,3 %
der interregionalen Unterschiede der durchschnittlichen Arbeitszeiten der Arbeiter in den Sektoren	5,4 - 20,4 %	0,3 - 3,5 %
der interregionalen Unterschiede aller drei Faktoren zusammen	29,8 - 79,1 %	19,2 - 75,1 %

[21] Es ist nochmals daran zu erinnern, daß bei der Berechnung der nachstehend wiedergegebenen Werte nur jene Einflüsse berücksichtigt wurden, deren Existenz statistisch als gesichert angesehen werden kann.

Die Erklärungsbeiträge zu den beiden bereinigten Dispersionen sind nicht außergewöhnlich hoch; von einer „vollständigen“ Erklärung kann also nicht gesprochen werden. Dies entwertet die erzielten Resultate jedoch keineswegs.

Aufschlußreich sind insbesondere die Grenzwerte der berechneten Intervalle. Der jeweils zuerst angegebene, kleinere Wert läßt sich in allen Fällen deuten als die geschätzte prozentuale Verringerung der bereinigten Dispersion bei einer Beseitigung der in der Vorspalte angegebenen Unterschiede. Angesichts der geringen Beträge ist festzustellen, daß wohl keiner der genannten Faktoren als Ansatzpunkt für globale politische Maßnahmen zur Beeinflussung der interregionalen Verdienststruktur in Frage kommt. Auch eine interregionale Angleichung der Bevölkerungsdichten würde, obgleich sie relativ noch am wirksamsten wäre, mit einer Dispersionsverminderung von schätzungsweise 20,4 % bzw. 9,1 % nicht den durchschlagenden Erfolg bringen, der von ihr oftmals erwartet wird.

Die Intervallobergrenzen, d. h. die jeweils an zweiter Stelle genannten Werte, lassen erkennen, welcher Anteil der Lohn- bzw. Gehaltsdispersion vermutlich erhalten bliebe, wenn mit Ausnahme der in der Vorspalte genannten Unterschiede alle (bekannten und nicht bekannten) Einflußgrößen unwirksam würden. Die überwiegend recht hohen Beträge unterstreichen die Fruchtbarkeit des gewählten Erklärungsansatzes und im einzelnen besonders die starke Wirksamkeit der Faktoren Bevölkerungsdichte und Betriebsgröße.

Die auffallenden Intervallbreiten und damit zugleich die beträchtlichen Differenzen zwischen den oben näher erläuterten Werten sind darauf zurückzuführen, daß die explizit berücksichtigten Faktoren einerseits und die nicht explizit berück-

Tabelle 54

Einzel- und Gesamtwirkungen auf die bereinigte durchschnittliche Dispersion der Löhne bzw. der Gehälter in den Sektoren

	Höhe der bereinigten durchschnittlichen Dispersion	
	der Löhne in den Sektoren (in % des tatsächlichen Wertes)	der Gehälter in den Sektoren (in % des tatsächlichen Wertes)
Isolierte Wirkung der Gruppe der drei berücksichtigten Faktoren	+ 79,1	+ 75,1
+ Isolierte Wirkung der Gruppe aller nicht berücksichtigten Faktoren	+ 70,2	+ 80,8
– gegenseitige Kompensation der Wirkungen der beiden Gruppen	– 49,3	– 55,9
= Gesamtwirkung aller Faktoren	= 100,0	= 100,0

sichtigten Faktoren andererseits oftmals entgegengesetzt gerichtete Verdienstgefälle hervorrufen. Ihre dispersionserzeugenden Wirkungen kompensieren sich somit großenteils gegenseitig. Für die in der letzten Zeile der Tabelle 53 angegebenen Intervalle gelten beispielsweise die in der Tabelle 54 dargestellten Zusammenhänge. Der Umfang der Kompensation (vgl. die vorletzte Zeile der Tabelle 54) entspricht jeweils der Intervallbreite.

Einige der oben dargestellten Ergebnisse können in zweckmäßiger Weise miteinander verknüpft werden. Man erhält dann z. B. die folgende zusammenfassende Aufstellung:

			Lohn-dispers. (DM)	*Gehalts-dispers. (DM)*
(I)		Wirkung der interregionalen Unterschiede der Bevölkerungsdichten auf die durchschnittliche Lohn-(Gehalts-)Dispersion in den Sektoren	24,1	38,6
(II)	+	Wirkung der interregionalen Unterschiede der Betriebsgrößen ebendort	+11,0	+19,2
(III)	+	Wirkung der interregionalen Unterschiede der Arbeitszeiten der Arbeiter ebendort	+ 8,3	+ 2,2
(IV)	-	gegenseitige Kompensation von (I) - (III)	-11,3	-12,4
(V)		Gesamteffekt von (I) - (III)	32,1	47,6
(VI)	+	Zuschlag auf Grund der Mitwirkung unbekannter Faktoren	+ 8,5	+15,8
(VII)		bereinigte durchschnittliche Lohn-(Gehalts-)Dispersion in den Sektoren	40,6	63,4
(A)		Wert dieser Dispersion nach schätztechnisch bedingter Korrektur	41,9	63,8
(B)	+	Ergebnis der Wechselwirkung zwischen den „reinen" interregionalen Lohn-(Gehalts-)Unterschieden in den Sektoren und den interregionalen Unterschieden der Verteilung der Arbeiter (Angestellten) auf die Sektoren	− 3,4	− 3,0
(C)		durchschnittliche Lohn-(Gehalts-)Dispersion in den Sektoren	38,5	60,8
(D)	+	Wirkung der Aufrechnung entgegengesetzt gerichteter Lohn-(Gehalts-)Unterschiede bei der Durchschnittsbildung über die Sektoren	-12,9	-23,2
(E)	+	Ergebnis der Wechselwirkung zwischen den durchschnittlichen intersektoralen Lohn-(Gehalts-)Unterschieden und den interregionalen Unterschieden der Verteilung der Arbeiter (Angestellten) auf die Sektoren	+14,8	+14,4
(F)	-	Abzug (bzw. +Zuschlag) für Interaktion zwischen (C), (D) und (E)	- 1,0	+ 0,6

(G)		Dispersion der Durchschnittslöhne (-gehälter)	39,4	52,6
(H)		gewogenes Mittel dieser Werte = durchschnittliche Verdienstdispersion in den Arbeitnehmergruppen	42,7	
(I)	+	Wirkung der Aufrechnung entgegengesetzt gerichteter Verdienstunterschiede bei der Durchschnittsbildung über die Arbeitnehmergruppen	- 2,5	
(J)	+	Ergebnis der Wechselwirkung zwischen dem Unterschied der Durchschnittsverdienste der beiden Arbeitnehmergruppen und den interregionalen Unterschieden der Verteilung der Beschäftigten auf diese Gruppen	+ 9,2	
(K)	-	Abzug für Interaktionen zwischen (H), (I) und (J)	- 2,0	
(L)		Dispersion der (nicht weiter aufgegliederten) regionalen Durchschnittsverdienste	47,4	

(2.1) Im fünften Teil der Analyse wurden ergänzend einige jener interregionalen Verdienstdispersionen, die unter Verwendung des *zweiten Datensatzes,* d. h. auf der Ebene von Bundesländern, errechnet worden waren, auf ihre Bestimmungsgründe hin untersucht.

Die Aufmerksamkeit galt zunächst wieder der Dispersion auf dem höchsten Aggregationsniveau, d. h. jenem Maß, das unter Verzicht auf eine weitere Aufgliederung die interregionalen Differenzen der Durchschnittsverdienste in der Verarbeitenden Industrie zusammenfassend beschreibt. Nur 2-6 % des Wertes konnten auf die Unterschiede in der Verteilung der Beschäftigten auf die beiden Arbeitnehmergruppen zurückgeführt werden; 94-98 % verbleiben dagegen für die Wirkung der „echten“ Verdienstunterschiede innerhalb der beiden Arbeitnehmergruppen. Eine interregionale Nivellierung der Angestelltenquoten würde die Dispersion um nur 2 % senken, eine interregionale Nivellierung der Durchschnittslöhne und -gehälter dagegen um 94 %. Auch in der umgekehrten Richtung ist der Zusammenhang zwischen den Verdienstunterschieden in den Arbeitnehmergruppen und der betrachteten Dispersion sehr eng: Die letztere erfaßt nicht weniger als 95-97 % der ersteren.

Als wichtigstes Maß auf der nächstniedrigeren Aggregationsstufe wurde die durchschnittliche interregionale Dispersion in den Arbeitnehmergruppen untersucht. Sie konnte auf die in der Tabelle 55[22] angegebenen Ursachen zurückgeführt werden.

Die Vergleichsmöglichkeiten zwischen den Werten der Tabelle sind zu zahlreich, als daß es möglich wäre, an dieser Stelle nochmals im einzelnen darauf einzugehen. Lediglich beispielhaft sei hingewiesen auf den geringen Beitrag der Gehälter zur Dispersion und auf die zwar bedeutenden, in isolierter Betrachtung aber nicht überragenden Einflüsse der verschiedenen Beschäftigungsstrukturunterschiede.

[22] Vgl. S. 158.

Wenn es c. p. möglich wäre, die Beschäftigungsstrukturen bzw. die Verdienste interregional zu nivellieren, so könnten die in der Tabelle 56[23] verzeichneten Änderungen der durchschnittlichen Dispersion in den Arbeitnehmergruppen erreicht werden.

Bestätigt wurde auch im vorliegenden Falle die Zweckmäßigkeit einer Dispersionsberechnung auf verschiedenen Aggregationsniveaus. Die mittlere interregionale Dispersion in den Arbeitnehmergruppen kann beispielsweise durch die in der ersten Zeile der Tabelle 57[24] genannten Maße nicht ohne weiteres ersetzt werden: Einerseits verzichtet sie darauf, die von diesen beschriebenen Sachverhalte vollständig zu erfassen (Zeile 2), andererseits bezieht sie in bedeutendem Umfang zusätzliche streuende Elemente mit ein (Zeile 3). Trotz zum Teil kleiner Gesamtdifferenzen zwischen den Maßen (Zeile 4) ergibt sich somit eine sachlich nur recht beschränkte Übereinstimmung.

Tabelle 55

Erklärungsbeiträge zur Durchschnittsdispersion in den Arbeitnehmergruppen (Länder-Betrachtung)

		Erklärungsbeitrag der inter-regionalen Unterschiede der Beschäftigungsstruktur bezüglich des betrachteten Merkmals	Erklärungsbeitrag der „echten" interregionalen Verdienstunterschiede zwischen Beschäftigten mit gleicher Merkmalsausprägung	Σ
betrachtetes Merkmal:	Arbeiter	21-24	60-63	84
	Angestellte	0- 3	13-16	16
Sektoren	Σ	21-27	73-79	100
betrachtetes Merkmal:	Arbeiter	3-13	71-81	84
	Angestellte	0-16	0-16	16
Leistungsgruppen	Σ	3-29	71-97	100
betrachtetes Merkmal:	Arbeiter	27-30	54-57	84
	Angestellte	2- 6	10-14	16
Geschlechtsgruppen	Σ	29-36	64-71	100

[23] Vgl. S. 159.

[24] Vgl. S. 160.

Tabelle 56

Auswirkungen der Nivellierungsmaßnahmen auf die Durchschnittsdispersion in den Arbeitnehmergruppen (Länder-Betrachtung)

interregionale Angleichung	prozentuale Veränderung der Dispersion		interregionale Angleichung	prozentuale Veränderung der Dispersion	
der Verteilung der Beschäftigten auf die Arbeitnehmergruppen	+1		der Durchschnittsverdienste in den einzelnen Arbeitnehmergruppen	−100	
der Verteilung der Arbeiter auf die Sektoren	−21	−21	der Durchschnittslöhne in den einzelnen Sektoren	−60	−73
der Verteilung der Angestellten auf die Sektoren	+ 0		der Durchschnittsgehälter in den einzelnen Sektoren	−13	
der Verteilung der Arbeiter auf die Leistungsgruppen	− 3	+ 3	der Durchschnittslöhne in den einzelnen Leistungsgruppen	−70	−66
der Verteilung der Angestellten auf die Leistungsgruppen	+ 6		der Durchschnittsgehälter in den einzelnen Leistungsgruppen	+ 4	
der Verteilung der Arbeiter auf die Geschlechtsgruppen	−27	−29	der Durchschnittslöhne in den einzelnen Geschlechtsgruppen	−54	−64
der Verteilung der Angestellten auf die Geschlechtsgruppen	− 2		der Durchschnittsgeh. in den einzelnen Geschlechtsgruppen	−10	

Die Tatsache, daß nicht von *der* interregionalen Verdienstdispersion schlechthin gesprochen werden kann, sondern daß es mehrere derartige Dispersionen gibt, die ihrem Gewicht nach durchaus vergleichbar sind, sich hinsichtlich ihrer Ursachen aber zum Teil sehr deutlich voneinander unterscheiden, vergrößert die Zahl der Probleme, die bei der Ausgestaltung der interregionalen Verdienststrukturpolitik auftreten, nicht unerheblich. Da es aus praktischen Gründen kaum möglich sein dürfte, alle interregionalen Verdienstdispersionen gleichzeitig in der gewünschten

Tabelle 57

Vergleich der Durchschnittsdispersion in den Arbeitnehmergruppen mit den Durchschnittsdispersionen auf der nächstniedrigeren Aggregationsstufe

(1) Vergleichsmaß	mittlere interregionale Dispersion bei Aufgliederung der Verdienste nach Arbeitnehmergruppen und		
	Sektoren	Leistungsgruppen	Geschlechtsgruppen
(2) davon nicht erfaßt*	20,7 %	39,0 %	13,5 %
(3) demgegenüber zusätzlich berücksichtigt*	28,8 %	31,5 %	48,0 %
(4) Saldo*	+ 8,1 %	− 7,5 %	+34,5 %

* Angaben in % der unter (1) genannten Dispersion

Weise zu beeinflussen, ist es erforderlich, Prioritäten zu setzen und den Mitteleinsatz entsprechend zu steuern[25].
Auch die Möglichkeiten zur Beeinflussung der ausgewählten einzelnen Dispersionen dürfen jedoch nicht überschätzt werden. Ebensowenig, wie es „die" interregionale Verdienstdispersion schlechthin gibt, kann für eine der in den vorangegangenen Abschnitten auf ihre Bestimmungsgründe hin untersuchten Dispersionen von „dem" Verursachungsfaktor gesprochen werden. Die Fruchtbarkeit der gewählten Erklärungsansätze wurde zwar im allgemeinen durchaus bestätigt, doch bedarf es jeweils der Berücksichtigung einer nicht geringen Zahl von Einflußgrößen, wenn ein befriedigender Dispersionsanteil erklärt werden soll. Für die interregionale Verdienststrukturpolitik bedeutet das, daß nur eine sehr erhebliche Variation *mehrerer* Faktoren eine wirklich durchschlagende Dispersionsänderung erwarten läßt. Angesichts der Zahl und Schwere der unter diesen Umständen erforderlich werdenden Eingriffe erscheint es fraglich, ob eine auf das genannte Ziel ausgerichtete Politik realisiert und ob somit mehr als jeweils nur eine bescheidene Dispersionsänderung erreicht werden kann.

25 Dabei sind die verschiedenen (unerwünschten oder erwünschten) Nebenwirkungen zu beachten. Es ist beispielsweise daran zu erinnern, daß eine interregionale Angleichung der sektoralen Beschäftigungsstruktur zwar in einem beschränkten Umfang zur Verringerung der Dispersion der sektoral aggregierten Verdienste beizutragen vermag, daß durch sie das Problem der sehr erheblichen *intra*sektoralen Verdienstunterschiede zwischen den Regionen aber eher noch verschärft wird.

Literaturverzeichnis

Adam, Adolf, *Helten,* Elmar und *Scholl,* Friedrich: Kybernetische Modelle und Methoden, Köln/Opladen 1970.

Arndt, Helmut und *Ollenburg,* Günter: Begriff und Arten der Konzentration, in: Arndt, Helmut (Hrsg.): Die Konzentration in der Wirtschaft, Band 1, Berlin 1960, S. 3 ff.

Bell, Frederick: The Relation of the Region, Industrial Mix, and Production Function to Metropolitan Wage Levels, in: Review of Economics and Statistics, 1967, S. 368 ff. (*).

Bihn, Willi: Die informationstheoretische Messung von Struktursystemen des internationalen Handels, Freiburg 1967.

Bryce, Herrington: Regional Labor Earnings Differentials in a Small Developing Country: The Republic of Panama, in: Journal of Regional Science, 1969, S. 405 ff. (*).

Buckley, John: Intraoccupational Wage Dispersion in Metropolitan Areas, 1967–68, in: Monthly Labor Review, 1969, S. 24 ff. (*).

Chimerine, Lawrence: An Econometric Analysis of Regional Wage Differentials, Diss. Brown University 1965 (*).

Coelho, Philip und *Ghali,* Moheb: The End of the North-South Wage Differential, in: American Economic Review, 1971 (*).

David, Lily und *Ober,* Harry: Intercity Wage Differences, 1945–46, in: Monthly Labor Review, 1948, S. 599 ff. (*).

Fuchs, Victor: Differentials in Hourly Earnings by Region and City Size, 1959, New York/London 1967 (*).

Fuchs, Victor und *Perlman,* Richard: Recent Trends in Southern Wage Differentials, in: Review of Economics and Statistics, 1960, S. 292 ff. (*).

Gallaway, Lowell: The North-South Wage Differential, in: Review of Economics and Statistics, 1963, S. 264 ff. (*).

Hanna, Frank: Contribution of Manufacturing Wages to Regional Differences in Per Capita Income, in: Review of Economics and Statistics, 1951, S. 18 ff. (*).

– State Per Capita Income Components, 1919–1951, in: Review of Economics and Statistics, 1956, S. 449 ff. (*).

Hoffmann, Kenneth: Metropolitan Area Pay Differences, 1964, in: Monthly Labor Review, 1965, S. 407 ff. (*).

Hugh-Jones, E. M.: Wage-Structure in Theory and Practice, Amsterdam 1966 (*).

Jarrell, A. N.: Job Pay Levels, Differentials, and Trends in 20 Labor Markets, in: Monthly Labor Review, 1959, S. 1120 ff. (*).

Jöhrens, Egbert: Regionale Lohn- und Gehaltsunterschiede in der Bundesrepublik Deutschland, in: Wochenbericht des Deutschen Instituts für Wirtschaftsforschung, 1973, S. 275 ff. (*).

– Analyse regionaler Lohn- und Gehaltsunterschiede in der Bundesrepublik Deutschland, in: Vierteljahreshefte zur Wirtschaftsforschung, 1973, S. 256 ff. (*).

Johnson, John: The Effects of Industry-Mix and Wage Rates on Per Capita Income in Kentucky, in: Southern Economic Journal, 1953, S. 51 ff. (*).

Johnston, J.: Econometric Methods, New York/San Francisco/Toronto/London 1963.

Kanninen, Toivo: Wage Differences among Labor Markets, in: Monthly Labor Review, 1962, S. 614 ff. (*).

Kendall, Maurice and *Stuart,* Alan: The Advanced Theory of Statistics, Bd. 1, London 1958.

Koller, Siegfried: Zur Problematik des statistischen Messens, in: Allgemeines Statistisches Archiv, 1956, S. 322 ff.

Lampert, Heinz: Die Lohnstruktur der Industrie, Berlin 1963 (*).

Landon, John: The Effect of Product-Market Concentration on Wage Levels: An Intra-Industry Approach, in: Industrial and Labor Relations Review, 1970, S. 237 ff. (*).

Leser, C. E. V.: Earnings in British Regions in 1948, in: Scottish Journal of Political Economy, 1954, S. 268 ff. (*).

Lewis, Earl: City Comparisons of Wage Levels and Skill Differentials, in: Monthly Labor Review, 1952, S. 643 ff. (*).

Mansfield, Edwin: The Measurement of Wage Differentials, in: Journal of Political Economy, 1954, S. 346 f.

Marchal, Jean und *Lecaillon,* Jacques: La Répartition du Revenu National, Band 1, Paris 1958 (*).

Marfels, Christian: Probleme der Messung der Unternehmenskonzentration, Diss. FU Berlin 1966.

Mason, Sandra: Comparing Union and Nonunion Wages in Manufacturing, in: Monthly Labor Review, 1971, S. 20 ff. (*).

Müller, J. Heinz: Nivellierung und Differenzierung der Arbeitseinkommen in Deutschland seit 1925, Berlin 1954.

Pardee, Scott: A Study of Inter-City Wage Differentials, Research Report to the Federal Reserve Bank of Boston, No. 20, 1962 (*).

Rapping, Leonard und *McGuire,* Timothy: The Supply of Labor and Manufacturing Wage Determination in the United States: An Empirical Examination, in: International Economic Review, 1970, S. 258 ff. (*).

Sachverständigenrat zur Begutachtung der gesamtwirtschaftlichen Entwicklung: Im Sog des Booms, Jahresgutachten 1969/70, Stuttgart/Mainz 1969.

Saville, Lloyd: Earnings of Skilled and Unskilled Workers in New England and the South, in: Journal of Political Economy, 1954, S. 390 ff. (*).

Schutz, Robert: On the Measurement of Income Inequality, in: American Economic Review, 1951, S. 107 ff.

Scully, Gerald: Interstate Wage Differentials – A Cross Section Analysis, in: American Economic Review, 1969, S. 757 ff. (*).

– The North-South Manufacturing Wage Differential, 1869–1919, in: Journal of Regional Science, 1971, S. 235 ff. (*).

Segal, Martin: Regional Wage Differences in Manufacturing in the Postwar Period, in: Review of Economics and Statistics, 1961, S. 148 ff. (*).

Stange, Kurt: Angewandte Statistik, Bd. 1, Berlin/Heidelberg/New York 1970.

Statistisches Bundesamt: Fachserie A (Bevölkerung und Kultur), Reihe 6/I, Entwicklung der Erwerbstätigkeit (Ergebnisse des Mikrozensus), April 1970, Stuttgart/Mainz 1971.

Statistisches Bundesamt: Fachserie D (Industrie und Handwerk), Reihe 4, Sonderbeiträge zur Industriestatistik, Beschäftigte nach der Stellung im Betrieb, September 1968, Stuttgart/Mainz 1970.

Statistisches Bundesamt: Fachserie M (Preise, Löhne, Wirtschaftsrechnungen), Reihe 15, Arbeitnehmerverdienste in Industrie und Handel, Oktober 1968, Stuttgart/Mainz 1969.

Statistisches Landesamt der Freien und Hansestadt Hamburg: Statistik des Hamburgischen Staates, Heft 94, Hamburgs Industrie 1968/69, Ergebnisse der Industrieberichterstattung, Hamburg 1969.

Steden, Werner: Der Arbeitsmarkt in der bayrischen Industrie, ein interregionaler Vergleich, Berlin 1969 (*).

Theil, Henri: Economics and Information Theory, Amsterdam 1961.

Thoss, Rainer: Einkommenspotential und Multiplikatoranalyse, in: Raumforschung und Raumordnung, 1969, S. 222 ff.

Wonnacott, R. J.: Wage Levels and Employment Structure in United States Regions: A Free Trade Precedent, in: Journal of Political Economy, 1964, S. 414 ff. (*).

Wronski, Bruno: Regionale Lohnunterschiede und Industriestandort, Bad Godesberg 1956 (*).

Yntema, Dwight: Measures of the Inequality in the Personal Distribution of Wealth or Income, in: Journal of the American Statistical Association, 1933, S. 423 ff.